CB001100

Pós-Brasília:
Rumos da Arquitetura Brasileira

Coleção Estudos
Dirigida por J. Guinsburg

Equipe de realização – Revisão de Provas: Évia Yasumaru; Diagramação e Sobrecapa: Sergio Kon; Produção: Ricardo W. Neves e Sergio Kon.

Maria Alice Junqueira Bastos

PÓS-BRASÍLIA: RUMOS DA ARQUITETURA BRASILEIRA

DISCURSO: PRÁTICA E PENSAMENTO

 PERSPECTIVA

Dados Internacionais de Catalogação na Publicação (CIP)
(Câmara Brasileira do Livro, SP, Brasil)

Bastos, Maria Alice Junqueira
Pós-Brasília: rumos da arquitetura brasileira: discurso
prática e pensamento / Maria Alice Junqueira Bastos
– São Paulo : Perspectiva, 2007. – (Estudos ; 190 /
dirigida por J. Guinsburg)

1ª reimpr. da 1ª ed. de 2003.
Bibliografia.
ISBN 978-85-273-0340-8

1. Arquitetura – Brasil – História 2. Arquitetura –
Brasília (DF) I. Título II. Título: Rumos da arquitetura
brasileira. III. Série.

03-0752   CDD-720-981

Índices para catálogo sistemático:
1. Arquitetura brasileira : História 720.981
2. Brasil : Arquitetura : História 720.981

1ª edição – 1ª reimpressão
[PPD]

Direitos reservados em língua portuguesa à
EDITORA PERSPECTIVA LTDA.
Av. Brigadeiro Luís Antônio, 3025
01401-000 São Paulo SP Brasil
Telefax: (011) 3885-8388
www.editoraperspectiva.com.br

2019

Sumário

Agradecimentos

Agradeço a todos que contribuíram para a elaboração deste trabalho. Ao meu orientador, professor Paulo Bruna; aos professores Carlos Alberto Ferreira Martins e Lúcio Gomes Machado, que participaram da banca de qualificação; aos familiares e amigos, especialmente Floriano, Pedro, Sebastião e Zico; às instituições USP e Fapesp; e aos indiretamente envolvidos, profissionais engajados no ensino, na crítica e na prática arquitetônica, que com seu trabalho constroem a arquitetura brasileira.

Apresentação

Este livro, que em boa hora a Editora Perspectiva tem o mérito de trazer ao público, tem qualidades que o destacam da produção corrente por várias razões:

Em primeiro lugar pela coragem de examinar um período tão recente da arquitetura brasileira e ao mesmo tempo tão controverso e denso de tensões ideológicas, que a autora administra com tranquilidade. O distanciamento temporal permite, em geral, discernir com mais clareza o que foi importante ou não num determinado período; neste caso, o método escolhido para examinar 30 obras consideradas paradigmáticas permitiu observar os anos posteriores à inauguração de Brasília com relativa isenção;

Em segundo lugar porque não se limita a examinar algumas obras mais conhecidas, mas alarga seu espectro de forma a abarcar, realmente o que de mais importante foi produzido, usando para isso um volume impressionante de informações esparsas em centenas de publicações. Para o interessado em aprofundar o conhecimento da arquitetura brasileira contemporânea as referências bibliográficas de cada obra, de cada polêmica publicada, são inestimáveis porque nada relevante escapou ao escrutínio atento da autora. Essas referências são amplas e ao mesmo tempo objetivas e pontuais. Constituem a base a partir da qual novas pesquisas poderão começar; o bom trabalho é aquele que abre portas;

Em terceiro lugar porque vem preencher uma lacuna na historiografia da arquitetura brasileira contemporânea. O trabalho de Maria Alice Junqueira Bastos pouco a pouco transformou-se de uma relação ou análise quantitativa das obras mais publicadas pelas revistas especializadas, numa aguda observação de como a crítica de fato examinou essas obras. Ou seja de um método quantitativo proposto para examinar algumas obras consideradas significativas, passou a um nível superior, onde a evolução do pensamento crítico sobre a arquitetura brasileira desvenda-se de forma simples, clara, precisa. É como ouvir uma polifonia de vozes que subitamente se organizam, entram em sintonia e se fazem ouvir com clareza. O método é simples: a autora permite que as vozes dos críticos que vivenciaram e escreveram sobre aquelas obras sejam ouvidas na sua singeleza original, com a paixão com que foram escritas, dando-lhes a autenticidade que só a observação direta pode trazer;

Em quarto lugar porque ao escolher através de um método "quase científico e quase neutro", parafraseando Oriol Bohigas, 30 obras exemplares desse período a autora nos brinda com uma antologia pessoal, sem dúvida, mas suficientemente ampla para poder afirmar que nada foi esquecido. Todas as obras que tiveram repercussão em seu período de construção estão relacionadas. Evidentemente faltarão à essa listagem aquelas obras que com o passar do tempo se revelaram significativas, e que hoje, sabe-se com certeza, deveriam estar na listagem, como os alojamentos para os professores da UNB na Colina, do arquiteto João Filgueiras Lima ou a Reitoria dessa mesma Universidade, do arquiteto Paulo Zimbres para ficar apenas em Brasília. A resposta da autora está no método da escolha, "quase objetivo, quase intransigente", que permitiu não apenas salientar as obras com maior número de publicações, mas isto é importante, com o maior número de referências críticas. A ênfase está portanto nas avaliações críticas, nos textos e nos comentários críticos, o que confere ao trabalho seu interesse maior.

Passar em retrospecto essas críticas permitiu à autora observar nos anos 80 e mais claramente nos anos 90, "um corpo de ideias dominante, nas apreciações de projeto e no discurso teórico, constituindo um pensamento crítico/teórico nacional, cujas características principais são":

• A crescente valorização da coerência construtiva, da adequação climática, da preocupação entre o custo e o benefício da obra. Ainda que a autora veja esse aspecto mais como continuidade do que como ruptura da arquitetura contemporânea em relação à arquitetura moderna brasileira, ela no entretanto, como todo trabalho consequente, abre novas portas ou percepções críticas de como examinar, por exemplo, o período brutalista dos anos 1970 em que a arquitetura brasileira, sobretudo a paulista, caracterizou-se pelo despropósito estrutural e pela ausência de respeito às condições climáticas. Quando o custo da energia para produzir os materiais e manter as edificações torna-se parte da equação que o arquiteto deve resolver, a percepção desses valores permite reavaliar o que foi construído em nome da ideologia ou da euforia de um país em crescimento acelerado. Esse é um caminho fértil de análise que ainda será longamente explorado nos próximos anos.

• "O entendimento de que existe uma história oficial da arquitetura moderna brasileira, que se prestou ao propósito de afirmação da arquitetura moderna no país, mas que criou mitos e cometeu injustiças". Essa observação da autora vem ao encontro de um volume crescente de publicações, teses de doutorado e dissertações, que não apenas estudam episódios desprezados na história oficial, por terem sido marginais nos discursos crítico-ideológicos dominantes, como também obras de maior envergadura, trazendo por exemplo a contribuição dos primeiros arquitetos modernos que trabalharam para os programas habitacionais dos IAPs, ou dos arquitetos imigrantes ou que haviam estudado no exterior e que se fixaram fora do Rio de Janeiro nos anos 1930/40. Esse conjunto crescente de trabalhos, alguns dos quais felizmente publicados, deverá a médio prazo produzir uma profunda revisão da história da arquitetura brasileira.

• A compreensão de que o trabalho do arquiteto, na sua especificidade disciplinar não pode ser substituído por uma análise político-ideológica da arquitetura. É notável como os problemas derivados da intoxicação ideológica que dominou as escolas de arquitetura nos anos 1960, diga-se de passagem em todo o mundo e culminando com os grandes distúrbios de 1968, tenham demorado tantos anos para serem superados. É possível que no Brasil após oito anos de estabilidade política e econômica o desenvolvimento de responsabilidades sociais mais consequentes permita voltar a discutir nas escolas de arquitetura e nos meios profissionais a importância de aprimorar a discussão da especificidade da disciplina arquitetura, como uma resposta competente e responsável às exigências da sociedade, não apenas para desmistificar o criador absoluto e genial, como também para encontrar o exato equilíbrio entre progresso técnico e necessidades sociais.

• A valorização, no dizer da autora, "da realidade e do cotidiano em que se vai intervir com consequente valorização da história em substituição à criação de um mundo novo". Em outras palavras, observa-se a substituição da renovação urbana indiscriminada, fruto de um planejamento estratégico de gabinete, por uma atitude mais humilde, mais adequada à realidade de país em desenvolvimento, onde é mais sensato recuperar, restaurar, reformular, do que demolir e começar tudo novamente. A valorização da história nesse caso, significa revalorizar as experiências urbanas e sobretudo os edifícios, mesmo ecléticos e protomodernos que guardam a memória da cidade e de seus habitantes.

• Na mesma linha de pensamento a autora identifica a "revalorização do espaço urbano tradicional, com consequente valorização
do meio urbano na inserção da obra arquitetônica". Nessa linha de
pensamento a autora menciona como positivas algumas obras nas
quais as "pré-existências ambientais", como as denominava Ernesto
N. Rogers foram consideradas e em suporte dessa consciência crítica
lembra o texto clássico de Carlos Eduardo Comas, ao criticar os
grandes conjuntos do BNH: "[...] o urbanismo de rua, praça, quadra,
fachada, alinhamento, esquina, pátio e quintal revaloriza-se. Suas
virtudes salientam-se: a clara caracterização de domínios públicos e
privados urbanos mediante a adoção normativa da edificação contínua alinhada ao longo da rua e da praça; a versatilidade do plano da
fachada que, ao mesmo tempo que ordena e estabiliza a paisagem
pública, admite a existência de ritmos diversos de evolução funcional e estilística no domínio privado". É uma pena que essas observações não tão recentes não tenham ainda chegado às COHABs, às
CDHUs, enfim às companhias habitacionais do Estado, que conti-
nuam praticando uma arquitetura e um desenho urbano tão obsoletos.
• Finalmente a autora lembra a "persistência da senda popular"
referindo-se à valorização de uma arquitetura erudita que se nutre
da arquitetura popular. Nesse sentido é interessante observar que um
número relativamente grande de obras selecionadas pela autora tem
essa característica. De fato o "discurso sobre o popular comportou
caminhos diversos nos anos 80 e início dos 90, quer com a valorização da contribuição do operário na residência dos padres claretianos;
no *pop* de Eólo Maia das fontes luminosas, vidros coloridos, abundância de cores e formatos nos revestimentos; na apropriação de
soluções construtivas autóctones, como na obra de Severiano Porto;
no emprego de uma gama de materiais considerados feios, *kitsch* ou
pobres, na obra de James L. Vianna; no trabalho direto com as comunidades, no caso da experiência de pré-fabricação de Joan Villá,
ou na definição da cidade de Nova Itá, o popular aparece ainda na
pesquisa sobre arquitetura anônima civil, familiar e cotidiana, onde
se nutre a obra de Luis Paulo Conde".

Por todas essas razões escritas ou apenas sugeridas, examinadas
em detalhe ou deixadas para futuros pesquisadores é que o trabalho
que ora se publica tem o mérito de ser uma referência e ao mesmo
tempo um estímulo aos futuros historiadores da arquitetura brasileira.

Paulo Bruna
Arquiteto e Professor da FAU-USP

Parte I
Os Primeiros Anos

1. Brasília como Marco

Na retomada do debate arquitetônico que ocorreu em fins da década de 1970 e início da década de 1980, introduziu-se a questão da arquitetura que havia sido produzida nos últimos quinze anos, pós-1960 ou pós-Brasília. Arquitetura esta que, no final da década de 1970 se julgava desconhecida devido à escassez de revistas especializadas, de congressos e debates. A partir dessa retomada, pelas tentativas de compreender o período numa perspectiva histórica, foi ficando clara a visão de Brasília como um marco na arquitetura contemporânea brasileira, apogeu ou coroamento de um período, ou ainda, como o início de um caminho estéril para a arquitetura nacional.

A ideia de Brasília como marco ou ponto de inflexão pode ser analisada sob três aspectos principais:

1. Sua coincidência, em termos cronológicos, com uma reversão no rumo político do país, com grandes consequências sobre a arquitetura.

2. Uma alteração na expressão formal da arquitetura, que coincide com o brutalismo[1] em São Paulo em sucessão à escola carioca.

---

1. O emprego do termo é discutível. Em artigo na revista *AU*, Rosa Artigas e Dalva Thomaz Silva argumentam que o emprego desse termo para "rotular" as experiências que ocorreram em São Paulo a partir de meados da década de 1950, como fez Bruno Alfieri, nega "a trajetória de buscas e conflitos que concede a autoridade para criar a própria obra" ("Sobre Brutalismo, Mitos e Bares", *AU*, n. 17, abr./maio 1988, p. 61-63). Entretanto, neste trabalho o termo é utilizado por ser mais específico que "arquitetura paulista" ou "escola paulista", para caracterizar o período em questão.

3. Sob o ponto de vista urbano, a instituição da ideia de plane-jamento e reforma urbana.

COINCIDÊNCIA CRONOLÓGICA COM UMA REVERSÃO NO RUMO POLÍTICO DO PAÍS

O pós-Brasília se confunde com o pós-1964 pela quebra de expectativas políticas e arquitetônicas que estavam entrelaçadas num momento anterior. Hugo Segawa, em artigo publicado na re-vista *Projeto*[2], mostrou como o Plano de Metas do presidente Jus-celino Kubitschek teve a capacidade de promover uma política de conciliação ideológica que congregou grupos políticos antagônicos sob a bandeira do nacional-desenvolvimentismo. Assim, houve uma culminância de expectativas econômicas, políticas, culturais e so-ciais simbolizadas na construção de Brasília que se frustraram ou tiveram um desenvolvimento muito diferente do esperado, trazendo determinadas consequências para a arquitetura contemporânea bra-sileira. Brasília foi a corporificação dos anseios de desenvolvi-mento e modernização do país que viriam com a industrialização; de superação do passado agrário, centrado em privilégios; ocupação equilibrada do território nacional; de mudanças profundas no sis-tema educacional, a partir da Universidade de Brasília (UnB); e de maior justiça social.

As décadas de 1940 e 1950 constituíram uma época de glória para a arquitetura nacional, inclusive com grande repercussão ex-terna desde que a exposição no Morna (janeiro de 1943) e respectivo catálogo *Brazil Builds* divulgaram a nova arquitetura brasileira. Esta arquitetura era contemporânea, porém, com forte acento brasileiro, o que vinha de encontro a um movimento mais amplo de valorização da cultura nacional (Villa-Lobos, Graciliano Ramos, José Lins do Rego). Uma arquitetura que servia à perfeição para simbolizar o novo e moderno país e, naturalmente, o banimento do Brasil rural, do pau--a-pique, do telhado de capim, do Jeca e sua tristeza. Brasília, uma cidade nova no coração do Brasil projetada de acordo com os ideais urbanísticos da arquitetura moderna, era um símbolo de transforma-ções profundas. Especificamente para os arquitetos brasileiros, foi um momento muito inebriante, a arquitetura nacional já gozava de grande prestígio, o Brasil em desenvolvimento e a ocupação do inte-rior do país significariam grandes possibilidades de atuação e eman-cipação definitiva da nossa arquitetura. Para os arquitetos era natural contar com um grande papel neste Brasil emergente a ser industria-

2. Hugo Segawa, "Brazilian Architecture School e Outras Medidas", *Projeto*, n. 53, jul. 1983, p. 73.

lizado e urbanizado, uma vez que o próprio símbolo deste novo Brasil era a arquitetura.

O golpe de 1964 representou o fim da política de conciliação ideológica. Grande parte dos arquitetos era de esquerda e tinha, portanto, um projeto para o país que se refletia num desenho para a ocupação do território nacional. Desenho que talvez comungasse muitas das características de Brasília, que agora se prestava a sede de um regime extremamente repressor das liberdades individuais, com um modelo econômico concentrador de renda, que afastava o país de um futuro socialista. Além disso, a repressão cultural imposta pelo novo regime trouxe sérias consequências para a arquitetura por sua atuação sobre a universidade (com professores cassados, desmantelamento da experiência da UnB e, a partir de 1968, o súbito aumento das escolas de arquitetura) e sobre a imprensa especializada em arquitetura. Não se difundia mais a produção nacional, não havia mais interesse internacional sobre nossa arquitetura.

ALTERAÇÃO NA EXPRESSÃO FORMAL DA ARQUITETURA

A construção de Brasília coincidiu com um momento de alteração na expressão arquitetônica nacional. É corrente a ideia de que até a construção de Brasília, foi predominante a escola carioca, cuja arquitetura, em termos formais, se caracterizou pela leveza, sinuosidade, vinculação ao clima pelo uso de protetores solares, integração das artes com emprego de murais cerâmicos e esculturas. Enfim, a arquitetura que havia angariado grande prestígio no segundo pós-guerra europeu, vinculada principalmente ao grupo carioca formado por Oscar Niemeyer, Afonso Eduardo Reidy, M.M. Roberto, Jorge Moreira, Lúcio Costa, entre outros. O pós-Brasília se associa ao emprego do concreto aparente, à proeza estrutural dos grandes vãos e balanços, à ideia da estrutura como definidora da forma e à mudança do centro difusor da arquitetura do Rio de Janeiro para São Paulo, que na década de 1960 passou a sediar as pesquisas arquitetônicas mais interessantes.

Essa mudança na expressão arquitetônica, porém, já vinha ocorrendo desde meados da década de 1950, momento em que a arquitetura paulista gerou uma linguagem própria, independente da escola carioca. Essa arquitetura foi influenciada pelo brutalismo[3] e pelo uso que Le Corbusier passou a fazer do concreto, a partir da unidade de Marselha (1947-1952), passando a empregá-lo em *bruto* nas suas

---

3. O termo refere-se a um movimento surgido nos anos de 1950 na Europa, que formalmente caracteriza-se "pela exposição contundente da estrutura do edifício, a valorização dos materiais por suas qualidades inerentes e a expressão de cada um dos elementos técnicos" (J. Maria Montaner, *Después del Movimiento Moderno: Arquitectura de la Segunda Mitad del Siglo XX*, Barcelona, GG, 1993, p. 73).

obras, tirando partido da expressividade do material. Enquanto na Europa, o brutalismo surgiu como uma postura crítica à reconstrução que vinha sendo feita no pós-guerra, no Brasil, a arquitetura da Escola Paulista se caracterizou por um idealismo extremado. Talvez o momento específico que o país estava vivendo, dentro da política desenvolvimentista de JK levasse a esperanças desmedidas quanto a um novo Brasil, e mesmo ao papel do arquiteto neste novo Brasil. Sérgio Ferro, quando projetou a casa de Boris Fausto (1961-64), se dedicou ao projeto de elementos a serem produzidos em série, encarando a experiência como um protótipo, pois, na sua concepção, a evolução do Brasil logo criaria o desenvolvimento de um grande mercado de arquitetura popular, em que a função do arquiteto seria exatamente o projeto dos elementos industrializáveis (Yves Bruand, *Arquitetura Contemporânea no Brasil*, p. 318). Com a ideia de um novo Brasil, surgia a ideia de uma nova sociedade, tanto da parte de um arquiteto como Artigas, engajado politicamente na esquerda, como, por exemplo, da parte de Paulo Mendes da Rocha, que por meio dos seus programas residenciais procurava soluções que valorizavam os espaços comuns, às expensas dos espaços de uso privado, procurando levar a um uso mais comunitário da casa.

Este momento da arquitetura paulista, de fins dos anos de 1950 até meados dos anos de 1960, pela sua radicalidade, pela sua crença ideológica num novo homem e numa nova sociedade e no papel transformador que a arquitetura poderia assumir, se encontra mais próximo das vanguardas europeias que o início da arquitetura moderna brasileira. Também as vanguardas procuravam criar um meio ambiente transformador da vida por meio de obras que "[...] levavam os usuários a se comportarem de maneira nova, que os obrigava a romperem com seus hábitos e que introduziam em sua prática cotidiana comportamentos livres de todo reflexo individualista" (Anatole Kopp, *Quando o Moderno não Era um Estilo e sim uma Causa*, p. 98).

Como ocorreu com as vanguardas europeias, que tiveram sua linha de pesquisa interrompida pela ascensão do nazismo, e sua crença numa nova ordem, abalada, também aqui este movimento se esvaziou com o golpe militar de 1964, subsistindo por mais alguns anos como atividade de resistência, utilizando os projetos de residência como especulação de uma arquitetura para uma nova ordem político-social. Formalmente, esta arquitetura caracterizou-se pela ênfase na verdade construtiva – levando à exposição da estrutura, em geral em concreto, das alvenarias de vedação, feitas em tijolos ou blocos de concreto, das tubulações – e pela aspiração à industrialização da construção e ao desenvolvimento técnico. Ao contrário da arquitetura da Escola Carioca, caracterizada pela leveza e elegância, a arquitetura paulista explorava o peso, a horizontalidade. Sua forma não procurava mascarar uma realidade[4], mas, antes, denunciar, não se importando de ser tosca, rude.

Também a obra de Niemeyer passou por uma mudança de direção na década de 1950, fruto de uma revisão crítica do arquiteto, motivada pela crítica internacional, que acusava o formalismo excessivo de suas obras e por uma viagem à Europa (1954), de Lisboa a Moscou. Em depoimento publicado na *Módulo*, em 1958, Niemeyer fez uma autocrítica[5], desculpando-se pelo pouco tempo dedicado a alguns projetos e pelo excesso de originalidade de suas obras, que por vezes comprometeu a qualidade da arquitetura. Ao explicar o pouco tempo que dedicou a alguns projetos, Niemeyer deixou transparecer o conflito ideológico que acompanhou sua atuação profissional. Afirmou que embora tivesse sempre mantido o interesse pela arquitetura, havia encarado-a como atividade secundária, complemento de coisas mais importantes, "como um exercício que deveria ser praticado com espírito esportista e nada mais" (*Módulo*, n. 9), o que fez com que aceitasse muito trabalho, confiando em sua habilidade e capacidade de improviso para completá-los rapidamente. A partir dessa revisão, Niemeyer adotou uma posição mais controlada, buscando nas suas propostas formais soluções simples e geométricas, formas puras e a expressividade por meio da própria estrutura e não de elementos secundários, evitando assim projetos compostos por múltiplos elementos.

O projeto para o Museu de Arte Moderna de Caracas (1954) e Brasília inauguraram essa nova fase do arquiteto. Nos palácios de Brasília vê-se bem a transição; neles não se nota mais a multiplicidade de elementos que caracterizaram os primeiros projetos de Niemeyer, porém, ainda estão claros os elementos constituintes da estrutura (pilares e laje) e, embora definidos por um volume único, há um jogo entre os volumes da caixa de vidro e da estrutura. Na Catedral de Brasília e nas cúpulas do Congresso Nacional a nova concisão buscada pelo arquiteto já parece ter sido atingida. Niemeyer passou do entendimento do concreto armado como um material plástico que permitia uma solução formal e estrutural diferente da permitida pelo aço (a estrutura ortogonal de pilares e vigas) à noção do desafio estrutural; pilares que apenas tocam o solo, cascas, o grande vão. Sua liberdade no uso do concreto passou da brincadeira de fazer uma marquise com o contorno irregular das nuvens (Casa de Baile, Pampulha) à exigência máxima dos calculistas de concreto. Nieme-

---

4. De acordo com Miguel A. Buzzar (*João Batista Vilanova Artigas: Elementos para a Compreensão de um Caminho da Arquitetura Brasileira, 1938-1967*, São Paulo, dissertação de mestrado, FAU-USP, 1996); a forma perfeita da escola carioca, era fruto de muito artifício, o resultado arquitetônico não revelava o processo, mas dissimulava as dificuldades.

5. Ver Oscar Niemeyer, "Depoimento", *Módulo*, n. 9, fev. 1958, p. 3-4.

yer buscou o aval da tecnologia para legitimar a arquitetura nacional, fazendo frente às censuras lançadas pelos críticos europeus.

Brasília, portanto, foi construída num momento em que a arquitetura nacional já buscava novos rumos, entretanto, sua construção, de certa forma, legalizou essa busca e apontou caminhos. Nas palavras de Lúcio Costa: "[...] o fato de Brasília ter sido construída foi um alívio para todos os arquitetos que finalmente se livraram daquele pesadelo, daquela arquitetura moderna que vinha desde 36 até Brasília"[6].

INSTITUIÇÃO DA IDEIA DE PLANEJAMENTO E REFORMA URBANA

Ruth Verde Zein, num esforço de compreender o desenvolvimento histórico da arquitetura contemporânea nacional, apontou três momentos exemplares: num primeiro momento os edifícios modernos foram inseridos na cidade tradicional, num segundo, que coincidiu com a construção de Brasília e com a incrementação de políticas urbanas, procurou-se introduzir estruturas urbanas mais adequadas ao ideário da arquitetura moderna, e, finalmente, um terceiro, em que se deu a consolidação do segundo momento, e o edifício passou a ser inserido nas regras da cidade moderna. Brasília marcou, assim, o princípio da implantação dos conceitos da cidade moderna como base ordenadora da arquitetura[7].

O depoimento do arquiteto Sérgio Zaratin, no IAB-SP (Instituto dos Arquitetos do Brasil), em 1979, no ciclo Arquitetura e Desenvolvimento Nacional, mostra o incremento do planejamento urbano nos anos de 1960:

> [...] Pura circunstância que, ao voltar ao Brasil em 1965, estivesse se vivendo aqui um clima de euforia planejatória, com um Ministério de Planejamento e planos sendo financiados pelo Serphau a torto e a direito, e que houvesse mercado de trabalho nessa área e realmente *know-how* escasso, o que me facilitou desde logo a entrada em atividades de planejamento[8].

---

6. Lúcio Costa, "Entrevista", *Pampulha*, n. 1, nov./dez. 1979, p. 16.

7. Ruth Verde Zein, "O Futuro do Passado, ou As Tendências Atuais", *Projeto*, n. 104, out. 1987, p. 95.

8. Sérgio Zaratin, depoimento no ciclo *Arquitetura e Desenvolvimento Nacional*, São Paulo, IAB-SP/Pini, p. 90.

2. O Brutalismo Paulista

O brutalismo paulista foi considerado neste trabalho como um movimento contemporâneo a Brasília, pois suas primeiras manifestações são de meados da década de 1950, e o universo cultural do qual participava, era o Brasil anterior ao regime militar, assim, embora tenha se estendido pelos anos de 1960, com alguns edifícios fundamentais sendo concluídos já no final da década, como o edifício da Faculdade de Arquitetura e Urbanismo (FAU-USP) na Cidade Universitária (arquitetos: Vilanova Artigas e Carlos Cascaldi), é um movimento simultâneo e não posterior a Brasília.

DESENHO E LUTA PELA SOBERANIA NACIONAL

A possibilidade de desenvolvimento de uma expressão paulista, segundo Abraão Sanovicz, foi diretamente ligada ao incentivo governamental. Segundo seu depoimento, esse incentivo se deu a partir da eleição de Carvalho Pinto (1958), que preparou um plano de ação coordenado por Plínio Arruda Sampaio. Na execução do plano, influenciado por Brasília, procurou implantar projetos usando os arquitetos paulistas:

"Foi uma época maravilhosa. Os arquitetos, de repente, tiveram de se preparar para um novo momento, que se iniciava com a construção de fóruns, escolas etc. O processo que havia acontecido no

Rio ocorre, anos depois, em São Paulo. O Estado mostra-se o grande cliente e o trabalho fica mais ágil [...]"[1].

Para Abraão Sanovicz, a figura central na definição dessa arquitetura foi Vilanova Artigas: "Artigas regionaliza, cria uma linguagem paulista"[2]. Ainda para Sanovicz, Artigas foi um discípulo da escola carioca, pegou a essência da arquitetura carioca e a transformou.

Carlos Lemos, em seu livro *Arquitetura Brasileira*, também apontou Artigas como o grande mentor da arquitetura paulista, especialmente por sua atuação no ensino.

Mas, coube a João Batista Vilanova Artigas a definição da arquitetura paulista [...]. Em 1948, já tem cadeira própria na recém fundada Faculdade de Arquitetura e Urbanismo da Universidade de São Paulo. Ali inicia seu grande movimento de renovação do ensino da arquitetura, dando, antes de tudo, aos jovens arquitetos um novo enfoque da realidade em que viviam, de modo que pudessem abordar os problemas de trabalho com uma nova visão crítica[3].

Antes de conseguir dar forma a essas ideias, Artigas tivera um período de inatividade, na primeira metade da década de 1950, resultado da crise pessoal a que chegou pela incapacidade de conciliar suas convicções arquitetônicas com o realismo socialista defendido pelo Partido Comunista, ao qual era filiado. Com a morte de Stalin, a orientação do partido mudou, passando a recomendar na produção cultural, a luta contra o imperialismo americano, dentro de uma maior liberdade para os artistas[4].

A residência Baeta, de 1956, foi uma tentativa de dar uma resposta pessoal à busca de uma arquitetura moderna "internacional e brasileira". Nas palavras do arquiteto:

Mas a inspiração é da casa paranaense, de tal maneira que aqui eu ponho, não sei se se vê nos desenhos, as tábuas da empena na vertical, como se fosse mesmo a concepção estrutural da minha casinha da infância. Mas também, por outro lado, é a primeira vez que se fez e que eu mesmo tive coragem de fazer, uma empena deste tamanho e que me tirava o sono porque quando nós tiramos a madeira grossa, o que resultou foi um concreto desesperado, uma dessas coisas hediondas, eu pensei que a minha carreira de arquiteto tinha terminado[5].

O brutalismo, para Artigas, foi uma consequência de seus embates políticos:

1. Depoimento de Abraão Sanovicz em matéria assinada por José Wolf:, "Uma Pedra no Caminho", *AU*, n. 17, abr./maio 1988, p. 56.

2. *Idem, ibidem*.

3. Carlos A.C. Lemos, *Arquitetura Brasileira*. São Paulo, Melhoramentos/Edusp, 1979, p. 158.

4. Ver Miguel A. Buzzar, *João Batista Vilanova Artigas...*, *op. cit.*

5. J.B. Vilanova Artigas, "Aula em Porto Alegre", 1981, *apud* Maria Luiza Corrêa, *Artigas: Da Ideia ao Desenho*, São Paulo, dissertação de mestrado, FAU-USP, 1998, p. 130.

Assumi posições próximas da arquitetura chamada racionalista, ou posteriormente chamada "corbusieriana", mas fiz isso com espírito crítico, meu próprio, sabendo que essas posições eram já oriundas de uma visão de mundo das quais homens como Corbusier, que as fundamentaram, não podiam participar [...]. Foi com essa compreensão, já com uma compreensão de que não era aí que estavam os ideais do povo brasileiro, mas nos ideais de libertação nacional, de luta contra os poderes muito maiores que nos oprimiam, foi dentro desse caos que pude construir minha visão de arquitetura[6].

No estabelecimento de uma linguagem paulista, Sanovicz apontou a importância da escola de Itanhaém (1960-1961), projeto de Artigas e Carlos Cascaldi, na definição de um modelo, protótipo de determinadas ideias: a planta livre, as estruturas independentes, o grande vão. Para Ruth Verde Zein:

[...] basicamente uma arquitetura de concreto aparente, cujo protótipo principal é, sem dúvida, Vilanova Artigas [...]. Acho a característica principal dessa arquitetura a intenção ética, estética, embutida no discurso de suas obras, é isso que forma o "entre aspas" dessa escola. Então, quando alguém faz uma casa, não faz uma casa, mas a casa: modelo da casa, como esse modelo pode ser reproduzido [...]. Ela implica uma utopia de sociedade. Enquanto essa utopia não se realizar, ela serviria de modelo do devir de um tipo de sociedade. O que a caracteriza é essa intenção subjacente e não exatamente as questões construtivas, embora se manifeste pela construção[7].

Ruth Verde Zein, no mesmo texto, apontou algumas das características da construção: bloco único, arquitetura "que pousa", à procura do chão, exploração do concreto, da laje nervurada, do desenho do pilar. Dentro da forte impregnação ideológica que caracterizou a produção arquitetônica no período, o concreto aparente foi um material fundamental na definição da expressão arquitetônica paulista. Nas palavras de Aracy Amaral: "O concreto é a própria expressão da modernidade, sobretudo no Brasil [...]. O mesmo concreto que marca a produção paulista, via Artigas e seus discípulos, de um Artigas pós-wrightiano, uma Arquitetura privilegiadora de espaços comunais"[8]. Ou, para Ruy Ohtake: "Artigas sempre usou o concreto como uma expressão contemporânea da técnica construtiva brasileira [...] uma linguagem mais construtivista"[9].

Abraão Sanovicz ao comentar a mudança de linguagem dessa arquitetura em relação à escola carioca, apontou a inversão do processo de projeto, na medida em que Artigas começou a explicitar a arquitetura a partir da estrutura, e o *enxugamento* da experiência

6. Vilanova Artigas, depoimento a Lena Coelho Santos, em 1979, em "Fragmentos de um Discurso Complexo", *Projeto*, n. 109, abr. 1988, p. 94.

7. Depoimento de Ruth Verde Zein, em matéria assinada por José Wolf, "Uma Pedra no Caminho", art. cit., p. 55.

8. Depoimento de Aracy Amaral, em matéria assinada por José Wolf, art. cit., p. 58.

9. Depoimento de Ruy Ohtake, em matéria assinada por José Wolf, art. cit., p. 58.

carioca: "Faz-se um imóvel com pouco material, abole-se o revestimento, usa-se um piso só para todos os espaços, começa-se a usar o
mínimo de tipo de caixilhos"[10].

Essas características construtivas fizeram com que aquela arquitetura fosse classificada como "brutalista" pelo crítico italiano Bruno
Alfieri[11]. Rosa Camargo Artigas e Dalva Thomaz Silva, em artigo na
revista *AU*, já no final dos anos de 1980, clamaram contra a impropriedade do termo, demonstrando um sentimento anticentrista, que
parece próprio das preocupações que alimentaram o movimento paulista, como a luta pela soberania nacional:

> Malgrado o ranger de dentes daqueles que veem seu trabalho incompreen-
> dido, o peso da crítica rotuladora internacional é geralmente um aceno aos de-
> savisados porque os coloca numa posição de igualdade em relação ao mundo
> desenvolvido. E a indignação do artista rotulado é a indignação própria de quem
> vê cerceada sua liberdade criadora e vê negada a trajetória de buscas e conflitos
> que lhe concedeu autoridade para criar a própria obra[12].

Para Joaquim Guedes, o termo e as afinidades aparentemente
são cabíveis:

> Os livros que traziam algo do concreto aparente do Le Corbusier chegaram
> ao Brasil em 1954/55, havia algumas fotos da Unidade de Habitação de Marse-
> lha. E lá ele formula o conceito do brutalismo com muita clareza. Mas penso
> que o brutalismo paulista está mais ligado à arquitetura do brutalismo inglês.
> Há determinadas relações entre a obra de Artigas e a arquitetura de Old Vic, a
> obra de Denys Lasdum, que ainda não foram muito bem-esclarecidas[13].

Nas palavras de Yves Bruand:

> Plasticamente, esse brutalismo deve muito ao de Le Corbusier: uso quase
> exclusivo do concreto bruto como sai das formas, rejeição da tradicional leveza
> brasileira para substituí-la por uma impressão de peso raramente alcançada –
> tudo se encaixa na linha traçada pelo mestre franco-suíço depois da Segunda
> Guerra Mundial. Mas o brutalismo de Artigas vai bem mais além por suas im-
> plicações teóricas e seu radicalismo; visto sob esse ângulo, aproxima-se mais
> de seu homônimo britânico, embora não tendo qualquer vínculo com ele no
> plano formal. Assim, é uma concepção nova que nasceu do espírito e do lápis
> de Artigas, concepção que se traduziu num estilo pessoal que fez escola[14].

Bruand ao comentar o edifício da FAU-USP, projeto de Artigas
e Cascaldi:

10. Depoimento de Abraão Sanovicz, em matéria assinada por José Wolf, art. cit.,
p. 56.

11. *Zodiac*, n. 11, maio 1960.

12. Rosa Camargo Artigas e Dalva Thomaz Silva, "Sobre Brutalismo, Mitos e
Bares", *AU*, n. 17, abr./ maio 1988, p. 61-62.

13. Joaquim Guedes, entrevistado por Ruth Verde Zein, "Le Corbusier e a Arquitetura Paulista", *Projeto*, n. 102, ago. 1987, p. 116.

14. Yves Bruand, *Arquitetura Contemporânea no Brasil*, trad. Ana M. Goldberger,
2. ed., São Paulo, Perspectiva, 1991, p. 302.

Sem dúvida alguma, jamais antes se conseguiu fundir uma rígida geometria disciplinante externa com uma completa liberdade de arranjo interno, lançando-se mão de uma linguagem de violência alternadamente desencadeada e contida. Aqui o brutalismo é total, material e espiritualmente: ele se manifesta tanto no emprego sistemático dos materiais nus, quanto na evidenciação dos conflitos com que se choca todo artista criador[15].

Na sequência de sua explanação, Bruand citou o próprio Artigas:

Oscar e eu temos as mesmas preocupações e encontramos os mesmos problemas, mas enquanto ele sempre se esforça para resolver as contradições numa síntese harmoniosa, eu as exponho claramente. Em minha opinião, o papel do arquiteto não consiste numa acomodação; não se deve cobrir com uma máscara elegante as lutas existentes, é preciso revelá-las sem temor[16].

Essa revelação dos conflitos, tem, entretanto, uma intenção artística, ainda citando Artigas:

[...] o conteúdo ideológico do brutalismo europeu é bem outro. Traz consigo uma carga de irracionalismo tendente a abandonar os valores artísticos da arquitetura, de um lado, aos imperativos da técnica construtiva que se transforma em fator determinante; de outro lado, a forma arquitetônica surgiria como um acidente da solução técnica. Como só o artista colhesse, na anarquia das soluções técnicas, os momentos de emoção que não predeterminou mas que surgiram ao acaso[17].

DISCÍPULOS E ALUNOS DE ARTIGAS

Yves Bruand citou como discípulos de Artigas na definição do brutalismo paulista: Joaquim Guedes, Carlos Millan, Paulo Mendes da Rocha e João Eduardo de Gennaro, além de Sérgio Ferro, Rodrigo Lefèvre e Flávio Império[18].

Bruand considerou o trabalho de Joaquim Guedes o mais ligado ao de Artigas, pela preocupação com o equilíbrio nos contrastes[19]. Joaquim Guedes, por sua vez, se considera um *outsider* em relação à escola paulista mais ligada a Artigas. Nas suas palavras:

Houve um momento em São Paulo que os arquitetos resolveram fazer a revolução pelo desenho. Um desenho que levasse o país a superar seu subdesenvolvimento e vencer a luta anti-imperialista. Sem dúvida, um momento de fragilidade de quem não entendeu bem as formulações de Le Corbusier. Acho

15. *Idem, ibidem.*
16. Segundo Yves Bruand, o comentário de Artigas citado foi feito durante conversa informal.
17. Vilanova Artigas, "Em Branco e Preto", texto-homenagem a Carlos Millan, apresentado na sala especial dedicada ao arquiteto por ocasião da VIII Bienal de São Paulo, em 1965. Reproduzido na revista *AU*, n. 17, abr./ maio 1988, p. 78.
18. Yves Bruand, *op. cit.*
19. *Idem*, p. 306.

que ele queria apenas apontar a descoberta de sistemas de espaços urbanos e habitacionais para uma nova sociedade. Essa visão otimista de prestação de serviço à sociedade acabou por se confundir com uma fascinação por suas próprias soluções, como se fossem as únicas [...]²⁰

O caminho de Paulo Mendes da Rocha, na descrição de Yves Bruand é mais complexo:

Existe uma enorme diferença entre a elegância aérea, a audaciosa simplicidade, a harmonia perfeita do Ginásio do Clube Atlético Paulistano e a violência das paredes pesadas, a complexidade dos vazamentos de iluminação, a estranheza dos efeitos procurados nos edifícios posteriores. A conversão foi tão brusca quanto total. A adoção da linguagem e das formas de Artigas, isentas do toque do mestre, surge sem pudor...²¹

Bruand ressalta o interesse dos edifícios residenciais, especialmente da residência do arquiteto, da qual comenta a radicalidade do arranjo interno:

[...] as considerações estéticas que levaram a essa composição unitária, embora sua importância não possa ser desprezada, não passam de reflexos das preocupações ambiciosas que visavam propor soluções revolucionárias que influíssem no modo de vida dos moradores [...]. Aqui, Paulo Mendes da Rocha impõe seu ideal de vida comunitária, impedindo qualquer morador dessa casa de escapar dele [...] a experiência do arquiteto, até nova ordem, diz respeito apenas a ele e sua família, mas simboliza uma concepção social nitidamente autoritária e uma recusa de concessões, bem na linha brutalista²².

Ou, conforme Otília Arantes:

Naquelas moradias inóspitas – em especial a casa do arquiteto, de 1964 – a explicitação dos processos construtivos, o inacabamento, a austeridade, a iluminação precária, a interrupção inesperada dos espaços abertos e vice-versa, a intercomunicabilidade labiríntica dos espaços habitualmente privativos, os quartos sem janela, tudo parece conspirar contra o conforto dos moradores, contra a apreensão simples e imediata de que aquilo é uma casa, tudo enfim parece confirmar o propósito retoricamente subversivo de contrariar os hábitos de uma família burguesa²³.

Para Yves Bruand, a maior aproximação ao brutalismo inglês se deu na obra de Sérgio Ferro, especialmente a residência Boris Fausto:

Aqui é evidente a influência do brutalismo inglês, embora o vocabulário pesado e o aspecto maciço do edifício sejam típicos do movimento paulista, do qual a casa representa uma nova versão. Desapareceu o cuidado que Artigas, Guedes, Mendes da Rocha e seus colegas punham na feitura das fôrmas [...].

20. Joaquim Guedes, entrevistado pela revista *AU*. "Lição que não se Esgotou", *AU*, n. 14,out./nov. 1987, p. 55.

21. Yves Bruand, *op. cit.*, p. 313.

22. *Idem*, p. 315.

23. Otília Arantes, entrevistada pela revista *Projeto*. "Minimalismo? Talvez um Anacronismo", *Projeto*, n. 175, jun. 1994, p. 83.

Desta vez, a brutalidade do cimento é total, sem nenhuma procura de beleza em seu tratamento. Em compensação, não se pode deixar de ficar impressionado com o cuidado na elaboração dos detalhes e com a vontade de elaborar soluções capazes de enquadrar-se numa linha de produção industrial[24].

Sérgio Ferro, em entrevista concedida a Marlene Acayaba, em 1986, defendeu que os seguidores de Artigas se dividem em dois movimentos:

Uma corrente seguiu o Artigas no lado formal, na organização de plantas, no espaço, no uso do concreto, e foi refinando [...]. E o nosso grupo seguiu o Artigas na crítica política e ética que ele fazia da arquitetura anterior. Dessa forma, empregamos os mesmos elementos formais, mas os desenvolvemos em outra direção[25].

A preocupação ética e política levou o grupo de Sérgio Ferro à crítica do canteiro: "[...] lugar onde se reúne o maior conjunto de explorações de nosso sistema. Não vejo como se pode estar preocupado com a ética, desconhecendo totalmente essa realidade brutal"[26]. A preocupação com a alienação do operário no canteiro de obras, levou-os a procurar dar espaço à participação criativa do operário no resultado da obra, valorizando o saber do operário, e cada *métier*, levando os canos a saírem da parede, por exemplo. No contexto dessas preocupações que a construção empregando abóbadas de tijolo se afigurou como uma solução mais humana para o canteiro. Nas palavras de Sérgio Ferro: "Uma técnica popular antiga que Le Corbusier utilizou e através da qual abriu um caminho. Até esse momento falava-se muito em industrialização, em progresso tecnológico. De repente, Le Corbusier recupera nas Maisons Jaoul uma técnica velha, popular, que permitia tudo aquilo que afirmei há pouco"[27].

Ainda na entrevista concedida a Marlene Acayaba, quando esta mencionou a lição de arquitetura representada pelas casas de Rino Levi e Miguel Forte, Sérgio Ferro fez uma afirmação assombrosa: "Esse pessoal que você citou foram arquitetos bem-formados, técnicos excelentes, mas que praticamente *não tinham uma teoria sobre arquitetura e sobretudo não tinham uma visão política da arquitetura. A* renovação do Artigas foi mostrar que na arquitetura há uma enorme dimensão política que todo mundo esquece"[28]. Afirmação que é testemunho da enorme carga ideológica e política com que sua obra estava impregnada, acarretando uma visão parcial da arquite-

24. Yves Bruand, *op. cit.*, p. 317.
25. Sérgio Ferro, "Reflexões sobre o Brutalismo Caboclo", *Projeto*, n. 86, abr. 1986, p. 69-70.
26. *Idem*, p. 69.
27. *Idem, ibidem.*
28. *Idem*, p. 70. O grifo é nosso.

tura, mesmo tantos anos transcorridos entre o manifesto crítico *Arquitetura Nova* e a entrevista citada em meados dos anos de 1980.

A seleção dos "discípulos de Artigas" feita por Yves Bruand não mostrou aqueles cuja obra mais se aproximou das formulações espaciais do mestre. Especialmente a obra de Joaquim Guedes, ou do grupo de Sérgio Ferro, apontou caminhos diversos, inclusive com resultados formais distintos da imagem mais comumente associada à escola: a grande laje de cobertura, com apoios muito claros, definindo um grande espaço coberto, contínuo, que é qualificado pelas diferenças de nível e pé-direito.

A obra de Artigas influenciou formalmente inúmeros arquitetos. Na introdução ao roteiro *Arquitetura Moderna Paulistana*, seus autores mencionaram a influência exercida pela obra de Artigas:

> [...] foram percebidas aqui e ali as influências de certos mestres, de certos modismos e, até certo ponto, de certas expressões regionalistas [...]. Ficaram caracterizados os projetos vinculados à produção pioneira de Artigas – que soube se desvincular do formalismo carioca –, que influenciaram toda a mocidade saída das novas faculdades, a partir da década de 1950[29].

Também Joaquim Guedes apontou a influência formal da obra de Artigas:

> [...] era um professor que atraía muitos alunos que, em geral, rapidamente o imitavam. Ao mesmo tempo que alimentava uma admiração especial por ele, não achava graça naquilo que via em torno de mim. Havia uma crítica muito forte, eram chamados de "artiguinhas", fazendo umas caixinhas, copiando seu grafismo sem passar pelos caminhos difíceis que passou[30].

Tanto Abraão Sanovicz como Sérgio Ferro fizeram uma distinção entre os seguidores de Artigas. Nas palavras de Sanovicz:

> A nossa geração pegou o bonde andando. Era uma época maravilhosa [...]. Quando começamos a trabalhar, isso tudo já estava sistematizado, ao contrário do que aconteceu com outras gerações. Cada um de nós, dentro desse panorama, procurou absorver essa linguagem e desenvolvê-la através de seus projetos [...] fomos alunos de Artigas; porém, ele teve discípulos: o Sérgio Ferro, Rodrigo Lefèvre, Flávio Império. O aluno absorve e continua a linguagem do mestre, enquanto o discípulo a absorve e a reelabora[31].

Ou Sérgio Ferro, na afirmação já citada, de que uma corrente seguiu o Artigas no lado formal enquanto seu grupo seguiu o Artigas na crítica política e ética que ele fazia da arquitetura anterior.

---

29. Alberto Xavier, Carlos Lemos e Eduardo Corona, *Arquitetura Moderna Paulistana*, São Paulo, Pini, 1983.

30. Depoimento de Joaquim Guedes em matéria assinada por José Wolf, "Uma Pedra no Caminho", art. cit.., p. 59.

31. Depoimento de Abrahão Sanovicz em matéria assinada por José Wolf, ", art. cit., p. 56.

CRISE DA VANGUARDA PAULISTA

Jogo de luz indireta, arquitetura voltada para si, essa característica introspectiva marca a relação da arquitetura paulista em concreto com a cidade. Nas palavras de Ruth Verde Zein:

Esse lado contido, muito paulista, de costas para a cidade, já que a cidade não é aquela que se deseja. Você se fecha então, numa caixa retangular [...]. A relação com o urbano, enfim, constitui sempre uma relação de contraste. A gente encontra isso nos projetos das escolas feitas no início dos anos de 1970, em São Paulo, no ABC. A escola parece um "disco voador" plantado no meio da periferia. Essa relação é intencional, no sentido de mostrar como deveria ser; quase um manifesto. Quase provando, não sou diferente, mas o entorno é que deve ser modificado, propondo-se, novamente, como modelo[32].

Ainda para Ruth Verde Zein, essa arquitetura recupera elementos da vanguarda; parte do pressuposto de uma arquitetura como proposta de mudança social, por meio do desenho. Na medida em que a utopia é questionada, a arquitetura se esgarça.

O primeiro a apontar a crise desta arquitetura em função da mudança no cenário sociopolítico do país foi Sérgio Ferro, em um texto de 1968:

Há momentos, como no Brasil entre 1940 e 1960, em que os sintomas de um provável desenvolvimento social, falsos ou não, mas que foram considerados verdadeiros, estimularam uma otimista atividade antecipadora. O futuro parecia conter promessas próximas que, em hipótese, requeriam novos instrumentos. [...] Brasília marcou o apogeu e a interrupção dessas esperanças: logo freamos nossos tímidos e ilusórios avanços sociais e atendemos ao toque militar de recolher. Os arquitetos novos, preparados nessa tradição cuja preocupação fundamental eram as grandes necessidades coletivas, [...] sentiam o afastamento crescente entre sua formação e expectativas e a estreiteza das tarefas profissionais. Seus trabalhos dirigiam-se, ainda, para as mesmas finalidades. Entretanto, as oportunidades de realização diminuíam, fechavam-se as perspectivas[33].

Sérgio Ferro apontou, a partir dessa frustração, uma atitude de crescente afastamento da realidade, com uma arquitetura que num primeiro momento refletiu o impasse através de uma maior agressividade e desequilíbrio das soluções, sendo a partir daí enfraquecida e absorvida como modismo. Nas suas palavras:

Se antes o uso do concreto aparente, na sua rusticidade, colaborava para uma construção mais franca e econômica, hoje comanda, por razões que ninguém examina, as mais rebuscadas filigranas. [...] E tudo explicado em função de cuidadosa observação da significação imanente de técnicas ou materiais, sob a proteção da racionalidade própria de sua evolução. A técnica cristalizada assume o papel ativo – ela contém a verdade[34].

32. Depoimento de Ruth Verde Zein, em matéria assinada por José Wolf, "Uma Pedra no Caminho", p. 55.

33. Sérgio Ferro, *A Casa Popular: Arquitetura Nova*, São Paulo, Grêmio da Faculdade de Arquitetura e Urbanismo-USP, 1979, p. 52.

34. *Idem*, p. 56.

Essa justificativa em nome da técnica e da racionalidade de fato tornou-se uma noção corrente, a qual transparece, por exemplo, na seguinte afirmação de Ruth Verde Zein: "Sempre explorando o concreto, a laje nervurada, o desenho do pilar, sempre justificada como verdade estrutural. Na verdade, é meia verdade, pois não existe uma equação que resulte numa estrutura; *é um ato de criação, de desejo, que muitos, na época, não admitiam*"[35].

PAVILHÃO OFICIAL DO BRASIL NA EXPO'70 EM OSAKA (OBRA I)

Arquiteto:	Paulo Mendes da Rocha
Colaboradores:	Júlio Katinsky, Ruy Ohtake e Jorge Caron
Consultores:	Flávio Motta, Marcelo Nitsche e Carmela Gross
Local:	Osaka, Japão
Data:	1969-1970
Construção:	Fujita Construction CO.
Técnica construtiva:	Concreto armado
Materiais de acabamento:	Concreto aparente
Área construída:	4000 m²

Vista externa, *apud Acropole*, n. 372, 1970, p. 27. Foto de Fujita Construction C.O.

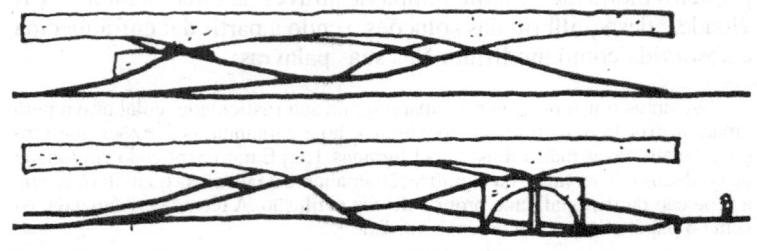

Elevações, *apud Projeto*, n. 42, ed. especial, 1982, p. 126. Desenho de José Luiz Telles dos Santos.

35. Depoimento de Ruth Verde Zein, em matéria assinada por José Wolf, "Uma pedra no caminho", *op. cit.*, p. 55. O grifo é nosso.

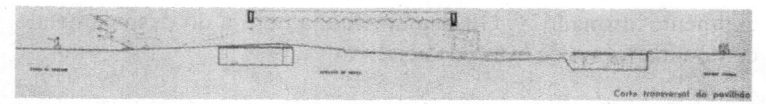

Corte transversal, *apud Acropole*, n. 372, 1970, p. 30.

O pavilhão de Osaka, quando foi concebido, já no final da década de 1960, se colocava na continuidade da vanguarda paulista, e o discurso que o acompanhou estava inserido no mesmo ideário que nutriu aquele movimento.

Hugo Segawa, no seu *Arquiteturas no Brasil: 1900-1990*, considerou o Pavilhão como:

> Marco simbólico de encerramento deste ensaio de vanguarda arquitetônica [...]. Síntese dos aspectos morfológicos mais caros à linha paulista: uma grande cobertura regular, com iluminação zenital em toda sua extensão, apoiada em apenas quatro pontos. Espaço coberto livre: pavilhão que não tem portas, barreiras físicas, o piso "interno" era uma continuidade do chão comum de toda a Feira; local de encontro, recinto de confraternização[36].

Para Sylvia Ficher e Marlene Acayaba, "o projeto para o pavilhão brasileiro na Feira Internacional de Osaka em 1970 reúne os princípios da arquitetura de São Paulo no período"[37].

O arquiteto Miguel Pereira, no entanto, em artigo na revista *AU*, externou outra posição: "Paulo M. da Rocha, mesmo como seguidor da vertente corbusiana, soube romper e inovar, em cuja trilha serve o exemplo do Pavilhão do Brasil na Feira de Osaka, 1970, com o qual incorpora uma *revisão* do racionalismo paulista merecedora de uma análise mais detida"[38].

A explanação de Flávio Motta sobre o Pavilhão Oficial do Brasil na Feira de Osaka[39] reflete o discurso ideológico dominante na arquitetura moderna brasileira na época, de valorização dos espaços coletivos (espaços unificados, ausência de barreiras entre público e privado):

"Entre os brasileiros, surgiu assim, após um concurso público, um projeto que se situa além das necessidades restritivas e próprias de um cotidiano árduo. Aproximaram-se um pouco mais das convicções básicas e também "transcendentais" de um viver humano so-

36. Hugo Segawa, *Arquiteturas no Brasil: 1900-1990*, São Paulo, Edusp, 1997, p. 157.

37. Sylvia Ficher e Marlene Acayaba, *Arquitetura Moderna Brasileira*, São Paulo, Projeto, 1982, p. 55.

38. Miguel Pereira, "Recuperar as Utopias (A Recriação do Novo)", *AU*, n. 6, jun. 1986, p. 45. O grifo é nosso.

39. Flávio Motta, "Arquitetura Brasileira para a Expo'70", *Acrópole*, n. 372, 1970, p. 25-26.

cialmente afirmado"[40]. Ou, claramente, a defesa do despojamento como uma forma de esforço social:

> O plano piloto de Brasília, de Lúcio Costa, com os edifícios de Niemeyer, ou mesmo os planos de Niemeyer para Negev, Argel, Grasse, exibiram uma insuspeita possibilidade de projetar. Em geral, as soluções propostas nesses projetos, impregnadas de um denso sentido de síntese, sempre se afigurou, à primeira vista, de extrema simplicidade e beleza. Mas também, o que aprendeu a descobrir nesse procedimento, foi uma peculiar situação da inteligência artística: *ela procurava se desembaraçar do supérfluo e de tudo que pudesse diminuir o esforço em ampliar e adensar as relações sociais*[41].

O edifício, por sua vez, se presta a esse discurso ideológico próprio da arquitetura paulista, herdeira das formulações de Artigas: o despojamento e o grande vão simbólicos da integração social; virtuosismo no emprego da tecnologia[42], mostrando o compromisso da arquitetura com o desenvolvimento tecnológico e consequente emancipação tecnológica e cultural do país; a continuidade do piso no térreo, mostrando a ausência de barreiras entre interior e exterior, entre público e privado. No texto de Flávio Motta: "[...] o piso será do mesmo asfalto que se prolongará dos caminhos da Expo'70, como um único revestimento: um caminho ininterrupto e sem barreiras, que ainda está na esperança de muitos..."[43]

Ao mesmo tempo, o texto de Flávio Motta descortina um outro simbolismo no edifício, que é a representação da paisagem natural sendo ocupada pelo homem. Ao fazer essa representação, o edifício se distanciou da lógica construtiva própria do "brutalismo" paulista; os apoios são assimétricos, sobre pilares insólitos: as "colinas", que ocupam grande parte do espaço coberto pela laje, ficando o grande vão livre "injustificado", e o quarto apoio sobre dois arcos cruzados, fazendo cair o ponto de apoio, exatamente no ponto central dos arcos. Nas palavras de Flávio Motta: "[...] um pavilhão cuja cobertura apenas pousa sobre a terra, e cuja terra se eleva levemente, em ondulações que balanceiam entre o "natural" de uma paisagem dada e o "mental" dos perfis milimetricamente controlados pelo rigor da apropriação construtiva ou tecnológica"[44].

É possível fazer uma associação formal entre o Pavilhão de Osaka e a Garagem de Barcos do Santa Paula Iate Clube (1961), de Vilanova Artigas, que consiste numa cobertura autoportante, sim-

---

40. *Idem*, p. 25.

41. *Idem, ibidem*. O grifo é nosso.

42. A grande laje nervurada em concreto protendido é apoiada nos pilares por meio de articulações, que são aparelhos de linha industrial, usados em pontes e viadutos no Japão. Ver Ruth Verde Zein, "Arquitetura Brasileira Atual", *Projeto*, n. 42, ed. especial, 1982, p. 126.

43. Flávio Motta, art. cit., p. 26.

44. *Idem*, p. 25.

plesmente pousada sobre juntas metálicas, com total continuidade espacial, os locais destinados a funções distintas são separados por diferenças de nível e muretas. Para Bruand:

> [...] é uma verdadeira síntese de toda a obra de Artigas que ressurge de uma maneira própria com essa criação original, conjugação de uma arquitetura de massa com uma arquitetura do espaço, concebidas dinamicamente; mas essas considerações não devem nos fazer esquecer que estamos, antes e acima de tudo, em presença de um edifício 100% brutalista, em sua espantosa combinação de rusticidade aparente com racionalidade técnica, em sua violência de linguagem e de contrastes, em sua plástica pesada e vigorosa, em que as nuanças são propositalmente ignoradas[45].

No Pavilhão, embora reapareça o tema da laje apoiada em juntas metálicas, embora o concreto seja aparente, a expressão é suave, o perfil que sobressai é o *Yin-Yang* formado pelo contorno dos pilares colinas e o espaço até a laje. As palavras de Sophia Silva Telles, sobre Paulo Mendes, parecem descrever melhor o ideário que levou àquela solução, do que o discurso ideológico dos anos de 1960, que de certa forma passou a ser associado à obra:

> Engajado politicamente, como toda a geração que se formou em torno de Vilanova Artigas, é, no entanto, mais frequente ouvi-lo falar de ciência do que de ideologia militante; e muito comum receber como resposta a alguma pergunta mais caseira uma aula sobre a geografia e as providências necessárias para transformar a natureza no habitat do homem. Diante do imediatismo e da urgência que sempre pressionam o projeto, parece sugerir, nesse desvio de conversa, que se a arquitetura deseja organizar o mundo existente é preciso, antes, se indagar pelo sentido das coisas existentes, abrir perspectivas e não deixar-se levar à deriva "como um náufrago" [...]. Em suas digressões, Paulo Mendes da Rocha nos leva a pensar, essencialmente, na atitude técnica: "a atitude imemorial do homem", a manifestação do dispositivo inconsciente que preside o nosso desejo de transformar e inventar o nosso habitat [...]. Nas imagens do arquiteto, a técnica assume o sentido grego da produção. E por ser *poiesis*, a racionalidade construtiva nunca será uma simples função; ela terá sido sempre "um discurso sobre nós mesmos", uma narrativa sobre o que se quis saber e o que se previu como desejável. Uma bela narrativa – a técnica é, em si mesma, um ensino que mobiliza infinitos conhecimentos e nos quais o impulso inconsciente para ordenar e produzir se transforma em projetos, em planos de ação em sociedade, sem o que a arquitetura não faz sentido[46].

---

45. Yves Bruand, *Arquitetura Contemporânea no Brasil, op. cit.*, p. 305.

46. Sophia Silva Telles, "Documento Paulo Mendes da Rocha. A Casa no Atlântico", *AU*, n. 60, jun./jul. 1995, p. 70-71.

3. A Distorção dos Princípios Modernos

Os anos de ditadura militar no Brasil vieram reforçar um isolamento da arquitetura brasileira em relação ao cenário internacional de arquitetura. Esse isolamento teve uma origem ideológica, quando a arquitetura paulista de concreto, desenvolvida a partir dos anos de 1950-1960, em nome da emancipação cultural e soberania nacional, havia se isolado deliberadamente. Sérgio Ferro, entrevistado por Marlene Acayaba, expôs claramente esse isolamento ao responder sobre o eventual impacto, no Brasil, do livro *Without Rethoric – An Architectural Aesthetic 1955-1972* (Alison e Peter Smithson):

> Nesse momento chegava uma etapa em que por vaidade achávamos que já tínhamos um caminho próprio. Assim, nos interessava muito mais aprofundar esse caminho que ir buscar fontes ou contatos fora. Dessa forma, os livros eram lidos mas não marcavam. Porque aí o trabalho político se confundiu com o trabalho de arquitetura. Todo pensamento político nos levava a não poder mais utilizar certo tipo de informação de fora, que não se adequava à nossa militância radical[1].

Embora essa realidade diga respeito aos setores mais politizados, o isolamento atingiu toda a arquitetura nacional, que por fim se institucionalizou, nos anos do milagre econômico (princípio dos anos de 1970), comodamente afastada da crítica e das discussões internacionais.

1. Sérgio Ferro, "Reflexões sobre o Brutalismo Caboclo", *Projeto*, n. 86, abr. 1986, p. 68.

Esse período se caracterizou por aspirações desenvolvimentistas, porém, com um caráter tecnocrático diferente do nacional-desenvolvimentismo de Juscelino Kubitschek, que se propunha democrático e progressista. Os investimentos governamentais foram abundantes em áreas de infraestrutura, e o governo militar, estatizante economicamente, foi um grande cliente para os arquitetos, que nessa época fizeram centros cívicos e administrativos, hospitais, estações, escolas, conjuntos habitacionais, centrais de energia elétrica e telefonia etc. Nos anos de 1970, imperavam os planos integrados de desenvolvimento, procurando ordenar e fazer frente ao processo de urbanização acelerada do país. As intervenções urbanísticas nas metrópoles se centraram em vias de circulação para desafogar o trânsito, algumas com terríveis consequências para o tecido urbano, como é o caso do complexo viário que, no princípio dos anos de 1970, estabeleceu a ligação entre as zonas oeste e leste da cidade de São Paulo: "Minhocão", praça Roosevelt e viadutos do parque D. Pedro II.

EDIFÍCIO-SEDE DA PETROBRAS NO RIO DE JANEIRO (OBRA 2)

Arquitetos:	Roberto L. Gandolfi, José M. Gandolfi, José Sanshotene, Luiz Forte Neto, Abrão Anis Assad e Vicente F. de Castro
Paisagismo:	Roberto Burle Marx
Local:	Rio de Janeiro, RJ
Data:	1969-1973
Construtora:	Norberto Odebrecht S.A.
Técnica construtiva:	Concreto armado
Materiais de acabamento:	Concreto aparente, painéis de aço inoxidável, esquadrias de alumínio, forro de alumínio anodizado, vidros cinza-fumé
Área do terreno:	10 000 m²
Área ocupada:	5 625 m²
Área construída:	115 000 m²

Edifício em construção, *apud A Construção em São Paulo*, n. 1250, jan. 1972, p. 17. (Página anterior) Vista dos edifícios que ocuparam o vazio resultante da destruição do morro de Santo Antônio, *apud Projeto*, n. 120, abr. 1989, p. 89. Foto de Marta Viana.

O edifício-sede da Petrobras no Rio de Janeiro foi típico de uma fase megalomaníaca da arquitetura nacional, nos anos do milagre econômico, quando se construía para um novo Brasil, e especialmente para uma nova demanda, num país que estava se urbanizando num ritmo vertiginoso. O projeto foi publicado nas revistas *Projeto e Construção* (1972), *A Construção em São Paulo* (1972) e *CJ Arquitetura* (1973-1974), os textos são técnicos, dando ênfase especial aos números assombrosos do novo edifício, números de Brasil grande. Vale a pena acompanhar o resumo comparativo dos dados do edifício publicado pela *A Construção em São Paulo*:

Estes são os números do novo edifício
Os seguintes dados estatísticos e comparativos dão uma ideia geral do vulto do edifício-sede da Petrobras:

* o volume de concreto aplicado, cerca de 32 mil m³, seria suficiente para a construção de 30 edifícios médios de 10 andares;
* as 3 mil t de aço para armadura de concreto empregadas na estrutura, considerando o diâmetro médio de 1/2", teriam a extensão de 3 mil km, o que equivale à distância entre o Rio de Janeiro e Belém do Pará;
* os elevadores sociais poderão transportar em uma só viagem 506 pessoas, bastando portanto oito viagens, com lotação completa, para conduzir ao local de trabalho todos os empregados que trabalharão na sede da Empresa;
* os 15 mil kW de potência elétrica dos transformadores equivalem à demanda de uma cidade de 120 mil habitantes, nas condições médias nacionais;
* os pisos empregados no edifício cobririam as pistas de rolamento da avenida Presidente Vargas, da praça Onze até a Igreja da Candelária;
* serão utilizados 100 km de dutos de piso para o sistema de distribuição elétrica do prédio;
* para a fabricação dos dutos de ar-condicionado foram adquiridas cerca de 1 mil t de chapa de aço galvanizado;
* a área envidraçada do prédio atinge a 27 mil m², o suficiente para envidraçar mil apartamentos do tipo médio de três quartos com esquadrias panorâmicas;
* serão previstos 45 mil m² de paredes divisórias removíveis para constituição dos diversos escritórios;
* durante a execução das fundações e estrutura foram rompidos 6 200 corpos de prova do concreto utilizado na obra.[2]

Este gigantismo e sua apologia são próprios do milagre econômico vivido pelo Brasil no final da década de 1960 e início da década de 1970. Para as metrópoles brasileiras foi uma época de transformações profundas: o enorme aumento da indústria automobilística nacional acarretou a construção de pontes, viadutos e vias expressas:

No curto governo Costa e Silva e ao longo de todo o período Médici, entre 1967 e 1974, construíram-se no Brasil mais pontes (como a nova ligação Florianópolis – continente, em Santa Catarina), viadutos, vias expressas (as marginais do rio Tietê em São Paulo), rodovias e estádios de futebol (Pelezão, em Maceió), que em qualquer soma de vinte anos de governos anteriores[3].

O próprio desmonte do morro de Santo Antônio no Rio de Janeiro, na área onde foi construído o edifício da Petrobras, foi executado em função de um plano viário.

2. Quadro intitulado "Estes São os Números do Novo Edifício", apresentado pela revista A *Construção em São Paulo*, n. 1250, jan. 1972, p. 11.
3. Coleção Nosso Século, São Paulo, Abril, 1980, p. 218.

O edifício-sede da Petrobras foi criado com a preocupação de ter expressão própria e diferenciada, usufruindo sua posição de destaque no meio urbano:

A localização em terreno aberto, junto a vias de tráfego rápido – transportadoras de grandes massas humanas – coloca o prédio em posição de evidência, a qual, aliada ao fato de constituir a sede nacional de uma das mais importantes entidades brasileiras, condiciona-o a uma expressão própria que o caracterize e destaque dos demais conjuntos arquitetônicos de seu entorno[4].

O edifício foi criado dentro de uma nova política urbanística, a do edifício solto, e procurou sua expressão movimentando a fachada, com cheios e vazios e ostentando um grande painel de concreto coroando o edifício, de acordo com a apresentação do projeto: "[...] um jogo de massas esculturais em concreto aparente, com placas de isopor moldando o relevo, num conjunto que irá constituir o *maior painel de concreto do mundo*"[5].

Cabe comentar que na mesma época a av. Paulista, em São Paulo, e a av. Rio Branco, no Rio de Janeiro, verticalizavam-se constituindo novos centros de negócios. Nestes novos edifícios comerciais, construídos a partir da década de 1960, a influência das torres de Mies passou a ser dominante. Nas palavras de Ruth Verde Zein:

Evidentemente, sendo a arquitetura moderna brasileira de forte influência corbusiana, ela também comparece nos edifícios em altura, e é predominante até os anos de 1960. A partir dessa década, com a introdução do vidro temperado, dos perfis de alumínio e a modernização do setor terciário e financeiro, nota-se uma progressiva influência miesiana, assumida ou imitada – neste caso, perdendo boa parte do requintado detalhamento do mestre (inclusive pelas limitações da construção civil nacional)[6].

Mesma alteração foi apontada por Jean Massa:

A partir dos anos de 1960 os ideais fomentados pela utopia das "Cités Radieuses" foram ultrapassados pelo frio materialismo do Estilo Internacional. O novo teatro da vida pública eram a Avenida Paulista, Avenida Rio Branco (RJ), onde se concentraram as sedes das multinacionais[7].

O edifício da Petrobras parece juntar em seu projeto as novas tendências dos centros financeiros a alguma influência formal da arquitetura paulista (certo peso na volumetria e o painel de concreto no coroamento). Da mistura formal do edifício é sintomática a des-

---

4. Trecho do memorial apresentado à comissão julgadora em texto de apresentação na revista *CJ Arquitetura*, n. 3, nov./dez. 1973 e jan. 1974, p. 79.

5. Apresentação do projeto na revista A *Construção em São Paulo*, n. 1250, Jan. *1972*, p. 7. O grifo é nosso.

6. Ruth Verde Zein, "Sacudindo a Poeira mas Valorizando o Patrimônio", *Projeto*, n. 75, maio 1985, p. 53.

7. Jean Massa, "Articulando um País Pluralista", *AU*, n. 4, fev. 1986, p. 84-89.

crição do embasamento: "Como conjunto estético, o embasamento do edifício apresenta ainda dois elementos marcantes: o projeto paisagístico de Burle Marx[8] e o envidraçamento em cristais temperados na cor cinza-fumé, emoldurados por esquadrias de alumínio"[9].

A crítica ao edifício foi construída muitos anos depois, já à luz das revisões do movimento moderno, e apontaram para a distorção dos seus princípios. Nas palavras de Eduardo Mondolfo:

> O volume do prédio, em vidro e brise metálico, e com proporções (relação altura-largura) dignas de crítica, possui, ritmando as suas fachadas homogêneas, grandes vazios (varandas administrativas?), talvez numa tentativa de ser menos Mies. Esse esburacamento do volume do prédio, ao invés de garantir mais originalidade ao seu partido plástico, pelo contrário, reforça a sensação de que se distorceu uma determinada linguagem arquitetônica, tal que, com a distorção, se conseguisse fazer reviver os seus princípios[10].

Ou, segundo Ruth Verde Zein:

> [...] o auge do milagre econômico (por volta de 1972) proporcionou uma fase de experimentação cuja tendência era a de produzir objetos arquitetônicos em que o exagero é a tônica dominante; e isso ocorre nas obras de arquitetos das mais variadas inclinações políticas – seja nos autores das torres da Esplanada de Santo Antônio, no centro do Rio de Janeiro, ou nas escolas da periferia de São Paulo, em concreto e grandes vãos [...][11]

A DEMANDA DE MASSA

Para Ruth Verde Zein, o momento do milagre foi caracterizado por um movimento monumentalista e ufanista[12], entretanto, a grande escala foi buscada pelo movimento moderno, especialmente a partir do segundo pós-guerra. O objetivo de atender as massas, o entendimento de uma mudança na sociedade, o surgimento de grandes metrópoles acabou levando a grandes empreendimentos, algumas vezes totalmente inadequados. É exemplo disso o Conjunto JK, de Belo Horizonte, projetado por Niemeyer na década de 1950. Um imenso conjunto, com 1100 apartamentos, cinquenta lojas, repartições públicas, hotel, boate, museu de arte etc. Foi publicada na revista *Pro-*

---

8. Para Montaner, os principais objetivos de Burle Marx foram integrar os edifícios modernos no contexto e integrar a composição concreta dos jardins dentro do grande cenário da paisagem de costas e montanhas. Ver Josep Maria Montaner, *La Modernidad Superada*, Barcelona, GG, 1997, p. 41.

9. Apresentação do edifício na revista A *Construção em São Paulo*, art. cit., p. 7.

10. Eduardo Mondolfo, "Arquitetura Pós-moderna: Hibernação Tropical – Segunda Parte", *Módulo*, n. 83, nov. 1984, p. 41.

11. Ruth Verde Zein, "O Futuro do Passado, ou As Tendências Atuais", art. cit., p. 97.

12. *Idem, ibidem.*

jeto uma análise sobre esse conjunto, na qual os autores deixam claro o equívoco na escala do empreendimento:

> Em 1956, ano previsto para seu término, deveria se deslocar para lá cerca de 1% da população da cidade, se fosse ocupado plenamente [...]. Não havia infraestrutura de água e esgoto para suportar a obra. Na verdade, a própria engenharia belo-horizontina não estava tecnologicamente preparada para construí-la. E muito menos o povo da cidade estava preparado para recebe-la[13].

Mais adiante, na mesma análise, tecem considerações sobre o impulso experimental da arquitetura moderna:

> Os antigos limites técnicos desaparecem gradativamente e aos arquitetos cabe decidir o que fazer com as novas possibilidades. A projeção das tendências da própria revolução industrial os leva, na vertente das necessidades, a estruturar soluções racionais para os grandes aglomerados urbanos [...]. A questão do que deve ser feito cede à do que pode ser feito [...]. Natural, nesse contexto, que a atividade do arquiteto se torne um exercício de alto risco [...]. Não nos caberia supor que Le Corbusier, Niemeyer ou Gropius não estavam cientes dos riscos que corriam. Mas é certo, sem dúvida, que todos eles e muitos outros, arquitetos ou não, estavam profundamente convictos do futuro harmônico da civilização industrial[14].

Ao comentar o temor que se experimenta ao percorrer os corredores do Conjunto JK, os autores ilustram o caráter experimental da obra: "É praticamente certo que o arquiteto nunca tinha visto um corredor de 70 m sem saída ao final"[15].

A arquitetura do início dos anos de 1970 parece profundamente marcada pela demanda de massa, pelo nível técnico atingido pela construção civil, aparelhada para construir grandes estruturas e pelo otimismo gerado pelo desenvolvimento do país. Mas, aparentemente, é especialmente a demanda de massa a responsável pela distorção observada nos edifícios da época. Em seu depoimento no IAB-RJ, no segundo semestre de 1976, Júlio Katinsky demonstra preocupação com o aparelhamento do arquiteto para atender ao aumento populacional que se imaginava a partir da projeção dos dados da época:

> As teorias, hoje, apresentam-se um pouco insuficientes diante da magnitude dos problemas que agora apareceram e obrigatoriamente tinham que aparecer. Todos nós sabemos que a população brasileira vai dobrar até o fim do século. E 25 anos é um tempo extremamente curto. [...] A cidade-jardim vertical e todas as propostas do Ciam apresentam-se pequenas. Seiscentos habitantes por hectare – o que é bem mais que o dobro da densidade média paulista – é uma densidade que não pode satisfazer à futura cidade de 25 milhões, prevista para São Paulo até 1990. Como é que nós vamos enfrentar, não em termos sociais, polí-

---

13. Renato Caporali Cordeiro, Lourival Caporali Penna e Thaís Cougo Pimentel, "Conjunto JK: Estrutura de uma Utopia Urbana", *Projeto*, n. 81, nov. 1985, p. 132.

14. *Idem*, p. 133.

15. *Idem, ibidem.*

ticos nem econômicos, mas como enfrentar instrumentalmente uma cidade de 25 milhões que está aí diante de nossos olhos muito proximamente[16].

Essa preocupação com a demanda de massa, característica desta produção arquitetônica tecnocrática e distanciada do dia-a-dia, teve um paralelo no incremento da noção de planejamento urbano em substituição ao urbanismo ou desenho urbano. O planejamento, nos anos de 1970, parecia ainda uma forma possível aos arquitetos de cumprirem seu papel social, pelo esperado alcance das propostas de planejamento urbano. O planejamento, pela sua própria característica trabalha em escalas elevadas, com proposições quanto à densidade, uso do solo, áreas verdes, zonas de incentivo a determinado uso etc. É interessante examinar os primeiros números da *CJ Arquitetura*, do Rio de Janeiro, que começou a circular na primeira metade de 1973, como revista de arquitetura, planejamento e construção, pela ampla predominância do tema "planejamento". O segundo número da revista foi dedicado ao tema "renovação urbana", e todas as propostas publicadas são expostas por meio de mapas, tabelas e gráficos, numa linguagem técnica, em que o desenho urbano está ausente, assim como a noção do desenho de edificação como resposta a um problema urbano[17].

16. Depoimento de Júlio Katinsky, em Cêça de Guimaraens, Cláudio Taulois, Flávio Ferreira e Sérgio Ferraz Magalhães (coords.), *Arquitetura Brasileira após Brasília/Depoimentos*, Rio de Janeiro, IAB-RJ, 1978, p. 45.

17. Conceito que tomou-se comum nos últimos anos na Europa, onde alguns edifícios foram projetados para atender determinadas diretrizes de revitalização de centros urbanos, caso, por exemplo, do museu Guggenheim de Bilbao.

4. Formalismo na Estrutura

Paralelamente a uma certa tecnocracia na arquitetura moderna brasileira, parte da produção arquitetônica desenvolveu-se procurando explorar as possibilidades plásticas do concreto armado. Especialmente a partir da reversão de rumo no cenário político do Brasil, o pensamento e a obra de Artigas passaram por uma transição. Em 1965, um texto e uma obra de Artigas explicitaram suas dúvidas quanto ao papel da tecnologia, em face do rumo tomado pelo país. No texto "Uma Falsa Crise", Artigas fez a defesa da liberdade formal que Le Corbusier se permitiu em Ronchamps e que Niemeyer ostenta em sua obra:

> [...] Na superação da fase funcionalista, como processo, a arquitetura vem podendo limpar o seu ideário de um certo número de falsos conceitos, de uma certa ganga utópica que a prática denunciou. A Técnica não se deixou dominar totalmente para cumprir o "projeto" construtivo em regime capitalista. Nem poderia fazê-lo sem mudar o seu próprio conteúdo, o seu próprio sentido de forma de dominação da natureza, que realmente é, porém, a serviço de uma superestrutura social definida. Para a humanidade poder dominar a natureza e a técnica ao mesmo tempo, terá necessariamente que mudar a superestrutura. [...] A arquitetura reivindica para si uma liberdade sem limites no que tange ao uso formal. Ou melhor, uma liberdade que só respeite a sua lógica interna enquanto arte. Como arma de transformação do mundo, a arquitetura tem os seus métodos próprios, que não se confundem com os da ciência ou os da própria tecnologia. Restaurá-los é a proposta contida nas atitudes de Le Corbusier e Niemeyer[1].

1. João Batista Vilanova Artigas, *Caminhos da Arquitetura*, São Paulo, Lech, 1981, p. 98-99. Texto inicialmente publicado em *Acrópole*, n. 319, jul. 1965.

Esse texto mostra a crença de Artigas não na capacidade da técnica, mas da arte como fator de transformação do mundo. A obra na qual Artigas explicitou a mesma dúvida é a residência Elza Berquó. É interessante comparar as análises que Marlene Acayaba fez da casa José Bittencourt (1960-1962) e da casa Elza Berquó (1965-1968):

A casa de José Bittencourt é semente do edifício público. Independente das divisas do lote, foi elaborada em função de um espaço interno próprio. As zonas de serviço, social e íntima, distribuídas em meios níveis, num relacionamento próprio entre si e com o terreno, são interligadas por rampas e abrem-se para o jardim central [...]. Na casa de Elza Berquó, Artigas se autorizou a fazer poesia. A planta se organiza em torno de um pátio interno coberto por uma claraboia que quando aberta deixa o ambiente ao ar livre. É conhecida como a Casa dos Troncos. A laje nervurada da cobertura apoia-se no pátio sobre quatro troncos de árvore[2].

Ainda sobre a casa Elza Berquó, é interessante acompanhar a análise de Dalva Thomaz:

A representação da alta tecnologia é, no entanto, negada na casa Elza Berquó. Processado, indignado com os rumos tomados pelo país, Artigas evidencia na arquitetura a contradição de valores. Troncos de árvores sustentam lajes de concreto. Nichos na parede para imagens de santos. Ladrilhos hidráulicos no piso da mesa de jantar. Cômodos separados por painéis, como nos barracos de favelas. Lambrequins de concreto em homenagem à cultura popular paranaense. Em casa de intelectual, satirizar é possível[3].

E, para completar o painel, a afirmação de Artigas:

Convivi, como arquiteto, com as vanguardas artísticas. A casa Berquó é sarcástica, irônica, pop: num momento politicamente difícil, emprego o concreto armado sobre troncos de madeira – *quase como a marcar a tolice do concreto em face dessas condições políticas* –, pisos de vários tipos, pátio interno: pude expressar ali o momento que vivíamos. Revelar, como exterioridade, a pesquisa de formas que o arquiteto sente na interioridade[4].

No entanto, essa liberdade formal reivindicada por Artigas, na continuidade de sua obra, não iria se manifestar na sátira, como na residência Elza Berquó, mas, justamente, na elaboração plástica dos elementos estruturais.

Niemeyer, por sua vez, a partir de um caminho que já se afigurava em Brasília, passou a trabalhar com formas mais puras, buscando expressividade a partir da própria definição estrutural. Os projetos do exílio; projetos para a Líbia, Argélia e Emirados Árabes

2. Marlene Milan Acayaba, "Vilanova Artigas: Amado Mestre", *Projeto*, n. 76, jun. 1985, p. 53.

3. Dalva Thomaz, "Documento: Vilanova Artigas". *AU*, n. 50, out./nov. 1993, p. 84.

4. Vilanova Artigas, arguição na defesa de Notório Saber, reproduzida na revista *Projeto*, n. 66, ago. 1984, p. 76. O grifo é nosso.

são formados por volumes despidos, definidos por pouquíssimos elementos, basicamente concreto e vidro, revelando a busca de redução dos elementos ao mínimo, de formas simples, volumes puros, edifícios que são só a estrutura, abolição de *brises* e tratamentos de fachada. Com isso, a forma passou a imperar sobre a função, na medida em que os programas tiveram que se conter em formas puras, eventualmente com prejuízo da vida a ser desenvolvida ali. Portanto, embora suas premissas não tenham se alterado – o entendimento do arquiteto como criador de formas, o não conformismo à estética funcionalista, a desvinculação entre arquitetura e reforma social e a confiança nas novas técnicas construtivas para atingir um resultado formal expressivo e inovador –, a obra de Niemeyer passou por uma mudança fundamental. Em Pampulha a criação da forma se deu a partir do espaço habitável. Nas palavras de Katinsky:

> Tomemos então as plantas do cassino da Pampulha. Aqui os volumes se articulam sem estabelecer uma disciplina prévia de redes ortogonais: ao contrário, cada ambiente, sejam os salões sociais de jogos, ou as áreas de serviços de apoio, ou restaurante dançante, cada um possui uma disciplina própria, um espaçamento de colunas que é estabelecido *a posteriori*, adequado a ele. O ambiente comanda a estrutura e não o contrário[5].

Niemeyer passou de um método projetual que partia do ambiente para chegar à forma, perseguindo a forma plástica, livre para se adaptar à conformação do sítio, gerando plantas mais complexas e volumes compostos pela interpenetração de sólidos geométricos[6]; para um método em que esses volumes compostos, gerados em sua primeira fase, são separados em volumes simples, passando a ter autonomia em relação ao lugar, por vezes cerceando as funções que sua arquitetura viesse a abrigar.

A experiência urbana de Brasília não pode ser analisada nos primeiros anos, não só pelo desmantelamento da arquitetura enquanto atividade cultural, mas também porque se julgava que o "regime de exceção" deturpava o uso daquele espaço, tornando impossível uma avaliação. Essa espécie de moratória se estendeu não só à definição urbana de Brasília, como aos elementos formais ali propostos. Por quase 20 anos, parte da arquitetura nacional se expressou explorando as possibilidades estruturais e plásticas do concreto armado, utilizando elementos do repertório formal que havia sido prenunciado em Brasília (concreto aparente, monumentalismo, proeza estrutural, estrutura definidora da forma) que, em alguns aspectos, assemelhava-se ao repertório criado pelo brutalismo paulista (concreto aparente, ên-

---

5. Júlio Roberto Katinsky, *Brasília em Três Tempos*, Rio de Janeiro, Revan, 1991, p. 11.

6. Naturalmente contando já com um repertório moderno, notadamente a arquitetura e os princípios de Le Corbusier.

fase na estrutura, o grande vão que permitia a continuidade espacial interna, despojamento nos acabamentos).

A RODOVIÁRIA DE JAÚ (OBRA 3)

Arquiteto:	João Batista Vilanova Artigas
Local:	Jaú, SP
Data:	1973-1976
Técnica construtiva:	Concreto armado; cobertura: laje caixão-perdido
Materiais de acabamento:	Concreto aparente

Vista externa, arquivo da Fundação Vilanova Artigas, foto de Júlio Artigas.

Vista interna, arquivo da Fundação Vilanova Artigas, foto de Júlio Artigas.

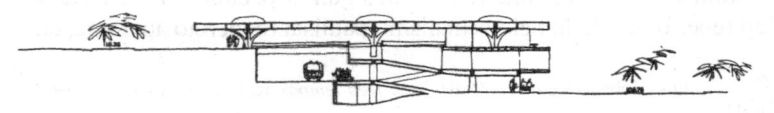

Corte transversal, *apud Módulo*, n. 42, mar./abr./maio 1976, p. 45.

O edifício da Rodoviária de Jaú, do arquiteto Vilanova Artigas, foi projetado em 1973, em plena ditadura, com Artigas afastado da Universidade. A época era de valorização da noção de planejamento urbano e, na área de arquitetura, além da proliferação do Estilo Internacional, a exacerbação no desenho da estrutura nas construções expressas em concreto aparente. Hugo Segawa, ao descrever a obsessão estrutural da arquitetura brasileira na época do milagre econômico, destacou a atuação dos "mestres":

Obras de um Niemeyer, de Vilanova Artigas, de Paulo Mendes da Rocha, de Lina Bo Bardi e de seus epígonos também traziam essas características formais; todavia, mais que evidências superficiais, esses arquitetos souberam atribuir dignidade experimental e ética a seus projetos em torno desses elementos[7].

Poucos anos depois do projeto da rodoviária, o debate sobre o pós-moderno e as críticas ao movimento moderno vieram alterar a apreciação da arquitetura:

Na revisão pós-moderna internacional, caía definitivamente a utopia dos modernos dos anos 20 por um mundo melhor e, por conseguinte, o suposto poder reformador e redentor da sociedade mediante o desenho, o projeto, tese e estandarte do grupo de Vilanova Artigas; as límpidas geometrias e curvas de outrora tornaram-se *démodées*, substituídas por "contextualismos" e "citações", sob o manto da "diversidade". No plano internacional, a impiedosa varredura dos cânones do funcionalismo e do racionalismo arrastou também o formalismo brasileiro, uma ocasião qualificado de "irracional" por Pevsner[8].

Em que pese essas observações, os comentários sobre a rodoviária de Artigas são neutros ou positivos, mesmo os construídos já à luz das revisões dos princípios modernos. Todas as apreciações apontam a necessidade de avaliar a estação em função de suas relações com o entorno urbano. Ruth Verde Zein, em artigo publicado na revista *Projeto*, já em 1983, enfatizou a influência de equipamentos urbanos como estações de metrô, rodoviárias, centros de abastecimento, tanto no entorno como na própria estrutura das cidades, tornando-se uma forma de intervenção do arquiteto no meio urbano[9]. Na revista *Módulo*, o projeto da rodoviária foi apresentado como parte de um plano mais amplo da prefeitura local de humanização da cidade, assim, de acordo com o texto: "o prefeito [...] traçou novas avenidas, derrubou muros que escondiam jardins desconhecidos

7. Hugo Segawa, "A Pesada Herança. Dilema da Arquitetura Brasileira", *Projeto*, n. 168, out. 1993, p. 86. Comunicação inicialmente apresentada no VI Seminário de Arquitetura Latino-americana, Caracas, abr. 1993, com o título "A (Pesada) Herança da Arquitetura Moderna Brasileira".

8. *Idem*, p. 87.

9. Ruth Verde Zein, "Nos Últimos Anos Surgem os Novos Caminhos e Tendências", *Projeto*, n. 53, jun. 1983, p. 121.

[...]"[10], numa "humanização" que parece compatível ainda com o urbanismo moderno. Ainda nessa apresentação, as estações rodoviárias das cidades do interior foram apontadas como pontos de convergência da população, pela carência, em geral, de opções de lazer. Dalva Elias Thomaz também reforçou o papel urbano da estação, ao afirmar que: "[...] o alcance da obra se revela no tratamento arquitetônico de um problema urbano"[11], em que a resposta de Artigas foi ampla e inusitada, promovendo a integração urbana. Ainda de acordo com sua leitura, a obra conseguiu transformar uma área abandonada e desprivilegiada em grande praça pública, lugar de permanência e passagem na cidade, numa apreciação crítica que, feita nos anos de 1990, colocou a estação em sintonia de propósitos com as últimas tendências da arquitetura mundial.

A estação de Artigas ocupou o lugar da antiga estação de trem da cidade, cujo ramal foi desativado. Esse fato explica sua localização central, indo contra a tendência, a partir daquela época, de colocar os terminais de ônibus em pontos externos, próximos à saída das cidades, para evitar o fluxo de ônibus interurbanos pelas ruas do centro. Nas palavras de Ruth Verde Zein: "Por sua situação privilegiadamente urbana e central, fica nitidamente reforçado seu caráter de função de destaque na paisagem urbana, abrigando naturalmente outras atividades da vivência citadina"[12].

A estação de Artigas foi proposta para conciliar, junto à função de transbordo de passageiros, um restaurante, passarelas de ligação entre as ruas às quais a estação faz frente, e mesmo se constituir como uma praça abrigada. De acordo com Sylvia Ficher e Marlene Acayaba:

> O edifício se reduz a um conjunto de lajes horizontais cobertas por uma grelha de concreto armado apoiada em grandes colunas em forma de árvore, único elemento formal. A circulação de ônibus foi isolada por meio de cortes no terreno e as pessoas podem caminhar livremente nesse edifício sem paredes ou fachadas, aberto para o espaço da cidade e que se tornou uma praça coberta[13].

A estação possui a continuidade espacial, também presente em outras obras de Artigas, em que as diferentes funções são separadas apenas por diferenças de nível, pé-direito e eventuais pequenas muretas. Ruth Verde Zein apontou a forma de resolução do programa,

10. Texto de apresentação do projeto, *Módulo*, ed. especial de arquitetura, mar. 1981, p. 28.

11. Dalva Elias Thomaz, "Um Olhar sobre Vilanova Artigas e Sua Contribuição à Arquitetura Brasileira", dissertação de mestrado, São Paulo, FAU-USP, 1997, p. 356-61.

12. Ruth Verde Zein, "Terminais Urbanos: Locais de Destaque na Paisagem", *Projeto*, n. 94, dez. 1986, p. 70.

13. Sylvia Ficher e Marlene Milan Acayaba, *Arquitetura Moderna Brasileira*, São Paulo, Projeto, 1982, p. 65.

em três faixas longitudinais, empregando uma setorização que tornou-se usual:

> Construtivamente, ela também resume características marcantes, como a definição de três faixas longitudinais – embarque/desembarque; serviços básicos e acessos; serviços adicionais e administração – em níveis diferenciados, com a possibilidade de apreensão da totalidade dos espaços internos em grandes visuais[14].

Em que pese o entendimento da obra como uma solução arquitetônica para um problema urbano, a cidade permanece relativamente abstrata nessas apreciações críticas, a relação que se estabelece é programática, não formal. Dalva Elias Thomaz apontou a forma discreta com que a obra se relaciona com a paisagem, dando uma descrição de sua aparência externa: "aparente superposição de planos horizontais/fechamentos de vidros transparentes"[15], sendo a relação formal mais efetiva da obra com o entorno, as visuais que se descortinam do piso superior, ocupado pela praça coberta e restaurante.

Outro aspecto que merece ser mencionado é o resultado formal da obra, em comparação às obras do arquiteto no final dos anos de 1950 e início dos anos de 1960, quando definiu as bases do brutalismo paulista. Na rodoviária, o concreto aparente já não era mais um choque, havia sido absorvido, e já era usado em finas agências bancárias. Artigas tinha deixado de confiar na técnica como fator de emancipação do país: "[...] a tolice do concreto em face dessas condições políticas"[16], mas não se permitiria a sátira e a ironia numa obra pública. Sua arte "subversiva", no sentido de fator de transformação do mundo, dependia de suas crenças, na medida em que a tecnologia deixou de ser vista como fator de emancipação do país, sua obra pendeu para um maior formalismo; as claraboias se abrem exatamente sobre os pilares, e estes são desenhados como ramos de árvore, ou como flores: "[...] de seção retangular no subsolo e nos diversos planos, desabrocham como flor de lótus no piso superior, introduzindo pelo centro a luz natural"[17] ou, conforme Ruth Verde Zein:

> É uma praça abrigada, cujo *tour de force* está na solução adotada para os apoios. Sobre eles, a laje interrompe-se, abre-se; saem apenas as vigas, vindas dos quatro lados, e elegantemente elas se curvam e fundem-se, unindo-se num apoio, que nível abaixo, subdivide-se em duas paredes ou então desce diretamente ao solo. É arquitetura: a arte de fazer cantar o ponto de apoio[18].

14. Ruth Verde Zein, "Terminais Urbanos...", art. cit., p. 70-71.

15. Dalva Elias Thomaz, "Um Olhar sobre Vilanova Artigas...", art. cit.

16. Vilanova Artigas, arguição na defesa de Notório Saber, art. cit.

17. Dalva Thomaz, "Documento: Vilanova Artigas", art. cit., p. 88.

18. Ruth Verde Zein, "Vilanova Artigas – A Obra do Arquiteto", *Projeto*, n. 66, ago. 1984, p. 91.

A complexidade das formas necessárias à execução desses pilares está distante das preocupações construtivas de Artigas, demonstradas nas primeiras obras brutalistas, nas quais prevalecia a ideia do concreto deixado aparente como simplificação e explicitação da estrutura:

> Na casa Bittencourt do Artigas, se você olhar bem, a forma é feita com aquele tipo de tábua de terceira categoria aplicada na época para fazer concreto, porque teoricamente ia ser revestido. Depois o concreto começou a ser bordado e as formas para fazer encaixes, reentrâncias etc. eram especiais. Aí, como o concreto era aparente, começou a ficar muito caro. [...] A primeira ação do Artigas foi tirar o revestimento, o que resultava em economia[19].

Na rodoviária, no entanto, Artigas buscou certo virtuosismo no concreto aparente, pois foi por meio da especulação formal em torno do pilar que procurou dar ao edifício a expressão de sua importância na vida urbana, caracterizar sua função de destaque.

EDIFÍCIOS DAS SECRETARIAS NO NOVO CENTRO ADMINISTRATIVO DE SALVADOR (OBRA 4)

Arquiteto:	João Filgueiras Lima
Colaboradores:	José Lourenço de Souza, José Paulo de Bem, Maria Tereza Lafetá, Oscar Borges Kneipp, Oswaldo Cintra de Carvalho, Rubens Lara Arruda e Marco Antonio Galvão.
Local:	Salvador, BA
Data:	1974-1975
Técnica construtiva:	Pré-moldados de concreto armado
Materiais de acabamento:	Concreto aparente
Área para cada secretaria:	5 041m² (estabelecida em programa)

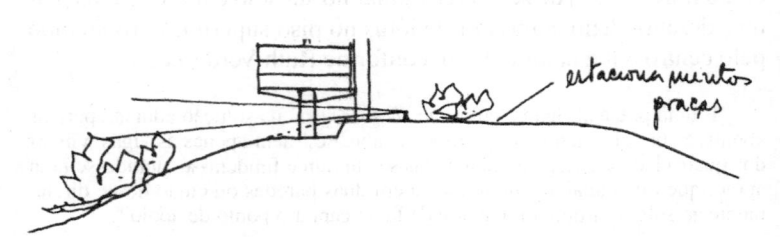

Corte esquemático, *apud Process Architecture*, n. 17, 1980, p. 103.

---

19. Sérgio Ferro, entrevistado por Marlene Acayaba, "Reflexões sobre o Brutalismo Caboclo", art. cit., p. 69.

Vista externa dos edifícios, *apud Process Architecture*, n. 17, 1980, p. 106.

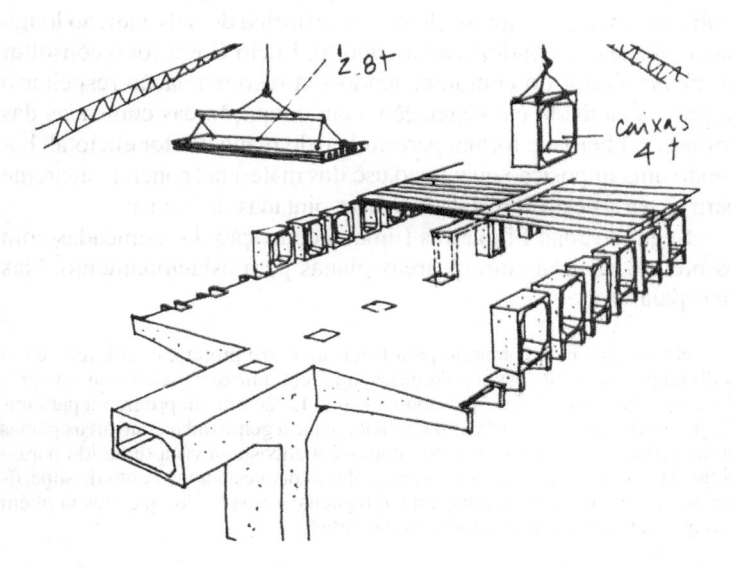

Perspectiva esquemática da montagem da estrutura, *apud Process Architecture*, n. 17, 1980, p. 102.

Obra em construção, *apud Process Architecture*, n. 17, 1980, p. 105.

Em 1971, o governador da Bahia, Antonio Carlos Magalhães, propôs realizar durante os quatro anos de seu mandato, um novo centro administrativo, numa área desocupada de setecentos hectares, situada a quinze quilômetros do centro histórico de Salvador, ao longo da autopista que conduzia ao aeroporto. Lúcio Costa foi o consultor do plano diretor do conjunto, sendo sua recomendação respeitar o terreno acidentado e a vegetação, com ocupação das cumeadas das colinas. A liberdade formal permitida pelo plano diretor era total, havendo uma imposição quanto ao uso dos materiais; concreto aparente para as partes estruturais e alvenarias pintadas de branco.

Segundo João Filgueiras Lima, a ocupação das cumeadas com os prédios acabou com as áreas planas para estacionamento. Nas suas palavras:

> Nessa fase, me chamaram para fazer um outro projeto, o da igreja, e me pediram para terminar essas secretarias todas em quinze meses. Eram sete prédios, mas doze secretarias, duas em cada um. Então era um programa para implantação em tempo recorde. Por um lado, o que a gente tinha eram áreas planas muito reduzidas. Então se não se ocupasse a encosta, a vaca tinha ido para o brejo. Tinha que se reservar essas áreas planas para estacionamento de superfície, para não sair logo fazendo estacionamento em subsolo, que eles também não queriam por ser uma solução muito cara[20].

Filgueiras Lima, ao longo de toda sua carreira, perseguiu a pré--fabricação e racionalização da construção. Nas palavras de Hugo Segawa:

20. Depoimento de João Filgueiras Lima no IAB-RJ, em Cêça de Guimaraens, Cláudio Taulois, Flávio Ferreira e Sérgio Ferraz Magalhães (coords.), *Arquitetura Brasileira após Brasília, op. cit.*, vol. 3, p. 231.

Houve um instante na arquitetura brasileira no qual a vanguarda dos arquitetos se debruçou sobre a pré-fabricação. No segundo pós-guerra, a Europa se resignava em novamente se refazer – e a industrialização da construção se impunha como uma via para cobrir a devastação. Essas ideias correram o mundo; os brasileiros não se excluíram dessa corrente, mas num peculiar momento no país: os anos da modernização via indústria, orquestrada ao ritmo JK, anos de Brasília. O espaço brasileiro não estava devastado, como no Velho Mundo. Estava virgem. O renome internacional e o discurso da arquitetura brasileira consagraram o concreto armado, a liberdade formal e a generosidade dos espaços. Nem por isso, setores dos arquitetos deixaram de mirar para a vertente (e potencial) social e econômica da pré-fabricação [...]. João Filgueiras Lima, o Lelé, foi um desses abnegados desbravadores na nova capital. Desenvolveram-se inúmeras proposições de pré-fabricação; mas, distintamente de seus colegas, Lelé persistiu nessa experimentação – não obstante as vicissitudes posteriores daqueles que sonharam com uma nova realidade para o Brasil, simbolizada em Brasília[21].

A arquitetura desenvolvida por Filgueiras Lima no Centro Administrativo é robusta, com grandes elementos pré-moldados. Apesar da procura da racionalidade construtiva, até para cumprir os prazos exíguos de execução, há uma grande valorização da expressão formal no que tange ao desenho da estrutura, ao arrojo, bem na tradição da arquitetura brasileira da época, herdeira de Brasília. Nas palavras do arquiteto:

Evidentemente, a criação das plataformas apoiadas em apenas uma linha de pilares centrais espaçados 16,5 m não se baseia em argumentos econômicos, mesmo levando em conta a redução de movimentos de terra e a criação de estacionamentos de superfície que essa solução possibilitou. Acho que se trata sobretudo de assumir de fato o ônus de preservação da paisagem, desvinculando os prédios do solo e recusando a adoção de estruturas primárias ou deselegantes pelo uso abusivo de pilares[22].

A referência explícita a evitar estruturas primárias uniu-se, na justificativa de João Filgueiras Lima, à "preservação da paisagem", paradigma da arquitetura moderna; a dominação da natureza e a manutenção de sua integridade; os pilotis que liberam o térreo.

A preocupação com o aspecto formal foi ainda mais evidente nos edifícios da Igreja e do Museu da Bahia, também construídos no Centro Administrativo. No texto de Alain Peskine e J.P. Roullé:

Além dessas proezas de pré-fabricação, Lelé realizou dois edifícios excepcionais, de plástica totalmente diferente, mas lembrando que é realmente herdeiro do movimento moderno brasileiro, na insistência sobre o lado lírico e passional de suas formas, muito além da resposta unicamente funcional[23].

---

21. Hugo Segawa, "Tecnologia com Sentido Social – João Filgueiras Lima", *Projeto*, n. 187, jul. 1995, p. 60.

22. João Filgueiras Lima, entrevistado pela revista *Módulo*, n. 57, fev. 1980, p. 79.

23. Alain Peskine e J./P. Roullé, "Salvador de Bahia, de la capitale coloniale a la métropole du 21e siècle", *Techniques & Architecture*, n. 334, mar. 1981, p. 80-86.

A equipe da revista *Módulo*, em 1980, perguntou a Filgueiras Lima se ele gostaria de ter feito o Museu da Bahia mais simples, sem os grandes balanços adotados, ao que o arquiteto respondeu:

O Museu da Bahia foi criado com a função de pórtico de entrada e marco do Centro Administrativo. Acho que qualquer solução acanhada que impedisse à chegada a visão do Centro não atenderia corretamente a essa função. Os grandes balanços sustentados por tirantes também liberam o solo para a circulação de veículos. Mas a escolha dessa solução, com toda a elaboração tecnológica que exigiu, especialmente nas rótulas e aparelhos de apoio metálicos, se deve principalmente à intenção deliberada de exprimir o caráter formal e simbólico do prédio sobretudo pelo impacto estrutural[24].

A justificativa da solução arrojada a partir da necessidade de preservar ou não obstruir determinada paisagem, também teve precursores na arquitetura nacional. O edifício do MAM no Rio de Janeiro (1954-1967), de Afonso E. Reidy, recebeu a mesma justificativa no livro de Yves Bruand:

A estrutura em tesouras transversais de concreto bruto, dispostas paralelamente a cada dez metros, [...] apresentava, no caso concreto, uma série de vantagens. Permitia, inicialmente, *a transparência completa do edifício* e evitava cortar a esplêndida paisagem da Baía por um obstáculo que não podia ser penetrado pelo olhar; no caso, o respeito pelo panorama e a integração da arquitetura nele eram as qualidades primordiais de uma composição válida[25].

Também o edifício do Masp em São Paulo (1957-1969), de Lina Bo Bardi, teve seu espetacular vão livre justificado pela imposição da prefeitura de manter ali um mirante para o centro da cidade[26].

A tradição de arrojo estrutural começou a ser vista mais criticamente a partir do final da década de 1970. No princípio dos anos de 1980, a revista *Veja* (n. 589) reportou a premiação do IAB-RJ de 1979, em que entrevistou um dos membros do júri, e publicou a foto de um dos edifícios premiados (projeto de habitação de Carlos Porto), com a seguinte legenda: "Sem a apoteose do concreto armado". Essa reportagem mereceu uma nota indignada de Carlos Mirim na revista *Módulo*: "Só um idiota pensaria em criar requintes estruturais numa casa tão simples como aquela"[27] e para concluir, aconselhou o arquiteto membro do júri entrevistado na matéria da revista *Veja* a ver os projetos e depoimentos de João Filgueiras Lima "Para Aprender". A

24. João Filgueiras Lima, entrevistado pela equipe da revista *Módulo*, art. cit., p. 80.

25. Yves Bruand, *Arquitetura Contemporânea no Brasil, op. cit.*, p. 238. O grifo é nosso.

26. Joaquim Eugênio de Lima inaugurou a avenida Paulista em 1891 e determinou que sempre tivesse uma bela vista para a cidade. Anos depois o terreno foi doado à prefeitura com o compromisso de manter o mirante. Ver Marco Uchôa, "Masp Vai Poder Administrar seu Vão Livre", Caderno Cidades, *O Estado de S. Paulo*, 1 jun. 1993, p. 4.

27. Carlos Mirim, *Módulo*, n. 57, fev. 1980.

obra de João Filgueiras Lima, a partir dos anos de distanciou-se das grandes estruturas de concreto armado, embora sempre fiel ao tema da pré-fabricação.

A ORTODOXIA DO CONCRETO APARENTE

A arquitetura moderna brasileira, desenvolvida nos anos de 1970, contou com "protótipos" dos anos de 1950 e 1960, sobre os quais foram feitas variações. O Masp da arquiteta Lina Bo Bardi (1957) e o MAM do Rio de Janeiro (Afonso E. Reidy, 1954), influenciaram inúmeras concepções estruturais. A FAU-USP, projeto do arquiteto Vilanova Artigas, em colaboração com o arquiteto Carlos Cascaldi (1961), inspirou inúmeros espaços internos de edifícios educacionais e institucionais. O conjunto habitacional Zézinho Magalhães Prado (1967), projeto dos arquitetos Vilanova Artigas, Fábio Penteado e Paulo Mendes da Rocha, serviu de inspiração a conjuntos do BNH, em soluções barateadas, sem certos requintes de projeto (peitoris projetados como armários, divisórias em painéis leves), mas repetindo, por exemplo, a solução de um corpo de escadas para dois blocos paralelos (solução em "H"). Foi-se configurando, ao longo dos anos de 1970, um quadro em que um "modelo" arquitetônico tornou-se predominante e cada vez mais ancorado numa retórica, substituta dos ideais que inspiraram os primeiros projetos. Com isso, parte da produção arquitetônica desenvolveu-se em direção a um maior formalismo, uma vez que o "modelo" tornou-se dominante, levando ao desenho *à priori* da realidade. Para a instituição desta "receita", cabe apontar a influência que o aspecto formal das obras de Artigas e Niemeyer exerceu sobre muitos arquitetos. Essa influência estava aliada à ideia de que as formulações espaciais já estavam prontas para abrigar um mundo mais humano, dada sua origem progressista, sendo os entraves à arquitetura superestruturais, externos à disciplina. Além disso, a demanda satisfatória de projetos de vulto, no início dos anos de 1970, junto ao momento político, que cerceou a discussão arquitetônica, contribuíram para a manutenção do modelo.

Com isso, a arquitetura moderna brasileira em concreto aparente se institucionalizou ao longo dos anos de 1970, dando forma a inúmeras agências bancárias; a obras de vulto como o Hospital-Escola Júlio de Mesquita Filho (arquitetos Fábio Penteado e Teru Tamaki); chegando até os anos de 1980, com as empenas e o concreto aparente, como no Centro Técnico Nacional e Sede da Fundacentro (arquiteto Miguel Juliano e Silva).

O Hospital-Escola Júlio de Mesquita Filho foi capa da revista japonesa *Process: Architecture*, em 1980, no seu número dedicado ao Brasil. É interessante que esse número, ao mesmo tempo que apresentou um quadro em que se destaca uma corrente arquitetônica pre-

Centro Técnico Nacional e Sede da Fundacentro (arquiteto Miguel Juliano e Silva), *apud Projeto*, n. 62, abr. 1984, p. 66.

Obra do Hospital Escola Santa Casa de Misericórdia, hoje Fórum Criminal de São Paulo, *apud Process Architecture*, n. 17, 1980.

dominante, cronologicamente marcou o fim dessa hegemonia. A obra escolhida para capa acabou tendo sua destinação inicial mudada, transformando-se em Fórum Criminal de São Paulo. Essa obra, considerada um exemplo da arquitetura moderna brasileira na época, retrata o quanto um código formal havia tomado conta da arquitetura nacional, afastando-a das próprias premissas da arquitetura moderna. Nesse aspecto, a mudança de função do edifício não deixa de ser sintomática de uma concepção formal que se antepôs ao uso.

Até o final dos anos de 1970, parte do pensamento arquitetônico nacional era dominado pela noção de uma evolução cronológica dentro de uma continuidade na arquitetura moderna brasileira, como é possível observar em texto de Luiz Carlos Daher, de 1980:

> [...] há quase um consenso entre os estudiosos: os últimos vinte anos não assistiram a qualquer transformação fundamental na linguagem da arquitetura brasileira moderna. Se o espaço é o elemento linguístico fundamental dessa arquitetura, é certo que assistimos nesse período a intervenções mais ou menos brilhantes, mas nenhuma que já não estivesse em germe no período 1940-1960, quando a arquitetura brasileira ganhou prestígio mundial[28].

Uma visão mais crítica à corrente predominante da arquitetura brasileira produzida nesses anos foi sendo reiterada ao longo dos anos de 1980, quando essa produção passou a ser vista como uma arquitetura que se distanciou do homem, do ambiente, presa num receituário ideológico formal, que foi se tornando estéril.

Nas palavras de Lúcio Costa:

> É difícil você encontrar uma coisa natural, singela, como seria desejável na arquitetura brasileira: mais espontânea, natural, menos pretenciosa, mas noto que cada arquiteto quer fazer um pequeno discurso, subir num caixotinho [...] fazendo brutas vigas assim, negócio pesado, não sei por que [...] coisa sem nexo, a preocupação com o discurso [...][29].

Segundo Joaquim Guedes:

> [...] continua pesando muito o pensamento niemeyeriano, que foi revolucionário na década de 1950, passando depois a exercer uma função nitidamente paralisadora. A partir dessa época, foi imposto às escolas e aos arquitetos como modelo: *era como se todos os problemas da arquitetura tivessem sido resolvidos para o Brasil, para o mundo e para sempre e sua prodigiosa beleza jamais pudesse ser atingida*. Havia que imitá-lo, se possível copiá-lo [...]. Perdemos o contato direto com o contexto. Passamos a usar fórmulas, riscos vazios de conhecimento. Era proibido contrariar, questionar, duvidar. Assim a pesquisa acabou substituída pela competição de elogiar mais e copiar melhor. Acresce que, produzida por um cortejo de medíocres, havia uma confusão intencional, entre

---

28. Luiz Carlos Daher, "O Espaço Arquitetônico Brasileiro dos Últimos Vinte Anos e a Formação Profissional do Arquiteto", *Projeto*, n. 42. ed. especial, 1982, p. 90 (Prêmio Concurso Henrique Mindlin, 1980).

29. Lúcio Costa, "Entrevista", *Pampulha*, n. 1, nov./dez. 1979.

as posições políticas e profissionais, criando dificuldades ao diálogo e ao pensamento crítico[30].

De acordo com Eduardo Mondolfo:

> A produção arquitetônica posterior a Brasília, ao meu ver já representa incontestavelmente o fim do filão criativo da fase anterior, uma vez que tal arquitetura jamais chegou a propor-se como corte ou alteração substancial nos limites estabelecidos pelo auge do período heroico (ou seja, Brasília), tendo sido ou se portado apenas como uma espécie de "reelaboração de prioridades", bem à maneira tecnoburocrática com a qual se tem impregnado o Brasil durante estes últimos anos[31].

Para Ruth Verde Zein, os exageros que caracterizaram a produção do princípio da década de 1970, foram "[...] uma espécie de 'canto do cisne' dos pressupostos modernos, exagerados e postos de ponta cabeça"[32].

Já nos anos de 1990, em ensaio de Cêça de Guimaraens (julho de 1993):

> Era 1970. A paisagem dos Gandolfi na Petrobras do Rio e as vias para pedestre insinuadamente socialistas de Jaime Lerner em Curitiba marcavam – à maneira da Barra – os solitários estertores da revolução do Modernismo [...]. Encerrada em vigas e colunas, a arquitetura criava espaços grandiosos e homogêneos. Vazios espetaculares ocupavam o espaço arquitetônico; a ordem mondrianesca, como "pele" inefável, repartia ou ampliava – em frios montantes de aço e vidro arrancados de Mies van der Rohe – horizontes e nuvens sobre nosso olhar cada vez mais arrebatado [...]. Sob a influência da produção do Rio de Janeiro e São Paulo, que representavam o eixo brasileiro de uma pujante economia, fábricas, terminais de transporte e residências, em meio a estádios de futebol, esparramavam concreto a vista, estruturas metálicas e telhas de alumínio e cimento amianto [...]. As demandas do setor público e da indústria privilegiavam as grandes estruturas, qualquer que fosse o programa arquitetônico. Viadutos, calçadas e lâmpadas de mercúrio reproduziam a grandiosa estética oficial ao lado das pequenas praças, igrejas barrocas e praias[33].

Também nos anos de 1990, Hugo Segawa definiu essa arquitetura como "arquitetura do milagre", fruto de uma época em que a pujança econômica aliada à repressão política e cultural permitiu que se construísse e se planejasse muito, sem discussão ou crítica:

> [...] Filtrada por uma ideologização que neutralizava as diferenças, escamoteava as contradições, negava a interrogação (coerente com o espírito auto-

30. Joaquim Guedes, "Depoimento", *II Inquérito Nacional de Arquitetura*, São Paulo, Projeto/IAB-RJ, 1982, p. 86-87. O grifo é nosso.

31. Eduardo Mondolfo, "Arquitetura Pós-moderna: Hibernação Tropical – Segunda Parte", *Módulo*, n. 83, nov. 1984, p. 36-41.

32. Ruth Verde Zein, "O Futuro do Passado, ou As Tendências Atuais", *Projeto*, n. 104, out. 1987, p. 87-114.

33. Cêça Guimaraens, "O Conde do Rio e Sua Arquitetura. Um Discurso de Crítica", *Luiz Paulo Conde: Un Arquitecto Carioca*, Bogotá, Universidad de Los Andes/Escala, 1994, p. 26-27 (Coleccion somoSur).

ritário do momento), propugnava-se um ideal de cultura arquitetônica com pressupostos oriundos do momento áureo da arquitetura brasileira – mas agora formulado como único, autorizado e hegemônico. Simultaneamente, canonizava-se e burocratizava-se uma postura arquitetônica.

Não importava o programa de uso: da casa ao viaduto, da agência bancária ao forno crematório, da escola à torre de garagem, do sofá ao edifício administrativo – era a ditadura do concreto aparente, das grandes empenas de concreto, dos pilares esculturais, das estruturas pretendidas, do exibicionismo estrutural, a competição por vãos livres maiores, dos panos de vidro – evidências técnicas e formais que simbolizavam uma visão de modernidade, certa compostura legitimadora de uma arquitetura sem crítica ou críticos, num tempo de generalizada desconfiança e perseguição policialesca – na qual o criticar era uma atitude reprimida ou interpretada como delação política. [...] O excesso de trabalho embaraçava a autocrítica. Os arquitetos encastelavam-se num isolamento de olímpica autossuficiência ante as discussões em curso no mundo[34].

---

34. Hugo Segawa, "A Pesada Herança. Dilema da Arquitetura Brasileira", art. cit.

5. Rumo a Novas Pesquisas

Quase nada indicava uma mudança na arquitetura nacional dos anos de 1970 a não ser manifestações particulares, enquadráveis pela sua pontualidade no quadro geral. Em 1973 foi concluído o *campus* da Universidade do Estado do Rio de Janeiro, projeto dos arquitetos Luiz Paulo Conde e Flávio Marinho Rego, apresentando uma visão de um *campus* universitário urbano, contrapondo-se ao urbanismo racionalista (edifícios isolados em vasta área verde), então associado a esse tipo de programa.

Durante a década de 1970, a enorme aceitação, por parte do público, da obra de Zanini Caldas, fez com que ele atingisse uma tal notoriedade, a ponto de ser convidado, junto com os arquitetos Oscar Niemeyer e Lúcio Costa, a representar a arquitetura brasileira num jantar oferecido ao Ministro da Cultura francês[1]. A administração Jayme Lerner, em Curitiba, mostrou de que forma intervenções urbanas relativamente simples, mas, conjugadas num plano mais amplo, com ênfase na preservação do meio ambiente, podiam melhorar em muito a qualidade de vida nas cidades.

Nos anos de 1940-1950, a reconstrução do pós-guerra na Europa teve um paralelo no Brasil, que estava se urbanizando e portanto em

---

1. Ver depoimento de Luiz Paulo Conde em Cêça de Guimaraens, Cláudio Taulois, Flávio Ferreira e Sérgio Ferraz Magalhães (coords.) *Arquitetura Brasileira após Brasília*, op. cit., p. 34-35.

processo de construção. Já nos anos de 1970, os países centrais começaram a viver o problema de revitalizar centros urbanos.

David Harvey, no seu livro *Condição Pós-moderna*, atribuiu a influência que tiveram as ideias do CIAM, Le Corbusier, Mies van der Rohe, ao fato de terem se prestado como quadro teórico e justificativa para a reconstrução do pós-guerra que "engenheiros, políticos, construtores e empreendedores tinham passado a fazer por pura necessidade social, econômica e política"[2].

Da mesma forma, nos projetos urbanos feitos a partir de meados da década de 1970, Harvey atribuiu o endosso de algumas críticas à cidade moderna, na medida em que se prestavam ao propósito de revitalização e atração de capitais, em centros urbanos ameaçados.

[...] Essa forma de desenvolvimento exigia uma arquitetura totalmente diferente do modernismo austero da renovação do centro das cidades que dominara os anos de 1960. Uma arquitetura do espetáculo, com sua sensação de brilho superficial e de prazer participativo transitório, de exibição e de efemeridade, de *jouissance*, se tornou essencial para o sucesso de um projeto dessa espécie [...]. Dada a sombria história da desindustrialização e da reestruturação, que deixaram a maioria das cidades grandes do mundo capitalista avançado com poucas opções além da competição entre si, em especial como centros financeiros, de consumo e entretenimento. Dar determinada imagem à cidade através da organização de espaços urbanos espetaculares se tomou um meio de atrair capital e pessoas (do tipo certo) num período (que começou em 1973) de competição interurbana e de empreendimentismo urbano intensificados[3].

---

2. David Harvey, *Condição Pós-moderna*, trad. Adail Ubirajara Sobral e Maria Stela Gonçalves, São Paulo, Loyola, 1993, p. 71.

3. *Idem*, p. 91-92.

Parte II
Os Anos da Abertura Política

1. A Retomada do Debate Arquitetônico

Segundo Ruth Verde Zein, a história oficiosa da arquitetura moderna brasileira havia parado em Brasília porque, a partir daí, só poderia prosseguir com a crítica da arquitetura moderna, uma vez que Brasília, ao pôr de pé uma utopia, deixou evidentes suas contradições[1].

O período de 1976, quando começaram os debates no IAB-RJ sobre Arquitetura Brasileira após Brasília, a 1981, aproximadamente, que coincidiu com o II Inquérito Nacional de Arquitetura, foi um período de posições extremadas no cenário arquitetônico nacional. Período em que era possível encontrar depoimentos que consideravam a produção recente, que se expressava dentro do repertório formal da arquitetura moderna, como legítima herdeira e merecedora do mesmo respeito que a arquitetura moderna produzida até Brasília, ou depoimentos que identificavam uma crise, porém esta, colocada além da arquitetura, no modelo político-econômico. Ao mesmo tempo, havia um clima de inquietude entre estudantes de arquitetura e jovens arquitetos que sentiam o peso de um receituário extremamente rígido, influenciados naturalmente por revisões da arquitetura moderna no cenário internacional, como o livro de Charles Jencks, *El Lenguaje de la Arquitectura Posmo-*

---

1. Ruth Verde Zein, "O Futuro do Passado, ou As Tendências Atuais", *Projeto*, n. 104, out. 1987, p. 87-114.

derna, um livro bastante visual e contundente ao fornecer dia e hora da morte da arquitetura moderna[2].

A arquitetura moderna brasileira havia se encaminhado de tal forma, que possuía um repertório formal não só de elementos construtivos (a grande laje de cobertura, as rampas, os espaços internos integrados, as empenas), como da própria combinação desses elementos. A dificuldade de romper com um repertório tão estabelecido e aprovado entre a classe dos arquitetos, fez com que alguns procurassem apoio nas soluções "pós-modernas", o que prejudicou sobremaneira as discussões na época. Por exemplo, quando o professor Vilanova Artigas voltou para a FAU-USP em 1980 (havia sido cassado pelo AI-5), deparou-se com este revisionismo por parte de alguns alunos. Nas suas aulas argumentava contundentemente contra o pós-moderno; uma linguagem importada, de fachada, eclética, e, por limitações conceituais da parte dos alunos, a discussão se encerrava num debate moderno *versus* pós-moderno, sem entrar no mérito da arquitetura moderna brasileira.

No final da década de 1970 e início da década de 1980, estavam sendo editadas concomitantemente as revistas *Módulo*, *Pampulha* e *Projeto*, voltando a haver a possibilidade de confronto. É interessante que a posição mais extremada, em termos editoriais, de questionamento de certas posturas hegemônicas na arquitetura contemporânea brasileira, foi lançada por uma revista fora do eixo Rio-São Paulo: a mineira *Pampulha*. Seu primeiro número ostentou capa e depoimento do arquiteto Oscar Niemeyer, formando o preâmbulo a um conteúdo, com certeza, antagônico ao que Niemeyer representava então: a arquitetura moderna oficial do país. Esse antagonismo, entretanto, não vinha de uma linha claramente definida, mas muito mais da diversidade da produção apresentada. Nas palavras da equipe editorial da revista, na introdução à coletânea de trabalhos apresentados:

> Após Brasília, talvez não tanto a obra, mas o pensamento de uma arquitetura brasileira persiste. Ficou abafado, é verdade, e em Minas, não havia mitos locais impondo sua visão e sua corte, de modo que essa mostra não define uma linha, mas uma diversidade de experiências, caminhos que o mineiro retraído e reflexivamente como lhe é característico vem tentando descobrir[3].

A revista *Módulo*, em contrapartida, manteve uma defesa da arquitetura que se punha em continuidade com o movimento moderno de arquitetura e com o pensamento de Oscar Niemeyer. É exemplar do ideário da revista, a entrevista concedida pelo arquiteto Décio Tozzi, em 1980, em que se pode observar um grande alinha-

2. Charles Jencks, *El Lenguaje de la Arquitectura Posmoderna*, Barcelona, GG, 1981, p. 9.

3. *Pampulha*, n. 1, nov./dez. 1979, p. 23.

mento entre as ideias expressas pelo arquiteto e aquelas defendidas pela revista:

A arquitetura moderna brasileira, desde a sua implantação, tem mostrado uma unidade, em seus postulados gerais, em todo o território nacional [...]. No período pós-Brasília notávamos, através dos concursos de arquitetura e as obras realizadas, que a arquitetura e o urbanismo brasileiros procuravam um ideário comum visando um novo significado social. E até hoje, apesar das crescentes dificuldades impostas à cultura nacional, a nova arquitetura que tanto emociona o mundo todo, é expressa nas diversas regiões do país[4].

Indagado sobre as características peculiares à arquitetura brasileira, o arquiteto afirmou que:

A peculiaridade do movimento moderno de arquitetura no Brasil se define na superação do funcionalismo pragmático, de cunho tecnicista, como apoio da produção estética contrapondo uma proposta mais abrangente que propõe o jogo livre das formas e dos espaços, através do uso da tecnologia do concreto, em busca da beleza e da poesia[5].

É muito interessante essa caracterização da arquitetura brasileira apresentada pelo arquiteto, porque corrobora com a ideia de que havia ainda, no início da década de 1980, uma arquitetura brasileira oficial, vinculada à tecnologia do concreto e ao discurso do arquiteto Oscar Niemeyer, de superação do funcionalismo, por meio do "jogo livre das formas e dos espaços"[6]. Uma arquitetura em que o emprego da tecnologia do concreto possuía a dupla função de permitir a especulação plástica e espacial e, ao mesmo tempo, inserir a arquitetura na tarefa do desenvolvimento nacional, pelo estímulo e desafio que poderia proporcionar ao desenvolvimento dessa tecnologia.

A revista *Projeto* foi lançada como um órgão a serviço dos arquitetos, para divulgação da produção recente, prestação de informações técnicas. Se propunha aberta a sugestões, ao recebimento de material para publicação, apresentava assim certa neutralidade. No seu vigésimo sexto número, a revista transcreveu um artigo do professor Carlos Lemos[7], publicado inicialmente no jornal *Folha de S. Paulo* (3 jun. 1979). O artigo, extremamente polêmico[8], foi uma de-

4. Décio Tozzi, entrevista concedida à *Módulo*, n. 61, nov. 1980, p. 86-87.

5. *Idem*, p. 86.

6. Se estas afirmações estão sendo analisadas com tanto destaque é porque refletem com exatidão a postura editorial da revista *Módulo* na época.

7. Carlos A. de Cerqueira Lemos, "Arquitetura Bancária e outras Artes", *Projeto*, n. 26, jan. 1981, p. 27-28.

8. Réplicas ao artigo de Siegbert Zanettini, "Arquitetura Bancária assim como todas as Artes", *Projeto*, n. 26, jan. 1981, p. 29-30; Alberto R. Botti, "Críticas Injustas", *Projeto*, n. 26, jan. 1981, p. 30; Sérgio Teperman, "De como Entrar numa Polêmica. Sem Querer", *Projeto*, n. 26, jan. 81, p. 31-32; Pedro Cury, "Ainda Arquitetura Bancária", *Projeto*, n. 29, maio 1981, p. 4.

fesa da cidade, colocando de forma concreta muitas das questões que animaram a discussão arquitetônica nos anos seguintes: contexto, arquitetura voltada para o homem, identidade. Este artigo fez uma crítica séria ao papel que os arquitetos, ou alguns arquitetos, vinham desempenhando ao dar as respostas localizadas, próprias de seu afazer; ou seja, o projeto de edifício. Não descartou em nenhum momento que o problema da cidade envolvesse fatores que estão além da arquitetura, mas reclamou da atuação dos arquitetos, quando estes foram chamados a intervir. Por exemplo, em seu artigo, o professor Carlos Lemos afirmou que as agências bancárias das cidades do interior são desvinculadas do contexto "mais parecendo estranhos objetos vindo de outras galáxias, pousados entre o casario modesto, violentando as pessoas em seu patrimônio"[9].

É interessante observar que nas réplicas ao artigo do professor Carlos Lemos a apreciação feita sobre a arquitetura contemporânea em sua relação com a cidade foi ignorada, rebatendo-se questões que fugiam à pertinência do texto ou ideias que o texto não defendeu e que lhe foram imputadas. O arquiteto Siegbert Zanettini considerou que num modelo socioeconômico injusto, não há possibilidade de qualidade ambiental, retirando da arquitetura qualquer responsabilidade. Rebateu da seguinte forma a afirmação, citada acima, de Carlos Lemos:

> As pessoas não estão sendo violentadas só porque um novo edifício veio ocupar um lugar, mesmo que privilegiado, em cada uma destas cidades. É dar importância demais a esses edifícios. As pessoas estão sendo violentadas, isto sim, de todas as formas e em todos os seus sentidos por uma direta, indireta e subliminar avalanche de mensagens consumistas. As pessoas estão sendo violentadas, por uma condição social ultrajante na sua desigualdade frente à educação, à saúde, às leis, às oportunidades, ao abrigo, ao trabalho. As pessoas estão sendo violentadas pelos desmandos, corrupção e opressão do poder e pelas contradições inerentes à idiossincrasia da minoria dominante[10].

Voltando aos edifícios criticados afirmou que:

> Continuam como "alta costura", causaram e continuam causando impacto, respondem a uma tecnologia interna ou internacional de ponta, e permanecem desvinculados do contexto não por causa apenas de sua forma, mas, muito mais, porque se destinam a uma minoria[11].

Outra forma de réplica foi entender o texto do professor Carlos Lemos como uma defesa intransigente do patrimônio, da estagnação. Portanto, considerar que a crítica estivesse sendo feita não à arquitetura contemporânea que estava sendo praticada, mas ao fato de se

---

9. Carlos Alberto de Cerqueira Lemos, art. cit.
10. Siegbert Zanettini, art. cit., p. 29.
11. *Idem.*

praticar a arquitetura contemporânea em determinados lugares. O arquiteto Alberto Botti em sua réplica afirmou que Carlos Lemos em seu artigo confundiu o "não destruir" com o "não construir":

> É evidente que o desenvolvimento urbano, que em certas cidades de nosso interior tem atingido taxas explosivas, presume uma ampliação de necessidades que se refletem em todas as áreas, criando contingenciamentos que obrigam a novas soluções, na dimensão dos novos problemas surgidos[12].

Mesma linha de argumentação seguiu o arquiteto Sérgio Teperman:

> Não creio que para a construção dessas agências se tenham demolido especialmente nas cidades do interior edifícios de comprovado valor arquitetônico [...]. A realidade de nossas cidades aí está, as agências bancárias simplesmente a refletem e, dentro das pressões a que arquitetos e engenheiros estão sujeitos, as novas agências representam um passo à frente, não especificamente em termos arquitetônicos, pois se trata de boa arquitetura corrente; representam sim um avanço em termos de aceitação da população para a arquitetura contemporânea e não para a arquitetura de quem "queria" estar na fazenda[13].

O arquiteto colocou aí um novo dado: a aceitação da população para a arquitetura contemporânea.

> Foram necessárias décadas de luta dos pioneiros da arquitetura contemporânea e de seus seguidores no país para que essa arquitetura fosse efetivamente implantada no país e que nossos edifícios públicos em geral tivessem a qualidade e a atualidade das mais internacionalmente conhecidas, porém, esparsas, manifestações de nossa arquitetura moderna. Neste momento, um dos baluartes do conservadorismo no país, como o sistema bancário, rende-se à evidência de que a arquitetura contemporânea é a melhor aceita [...][14].

Ora, aqui uma outra ideia se insinua: a luta pela implantação da arquitetura contemporânea (mais de 40 anos após o projeto para o Ministério da Educação e Saúde) e junto a essa luta, a impossibilidade de qualquer apreciação negativa de uma arquitetura que seja contemporânea em sua forma de expressão.

Duas publicações importantes do IAB-RJ, editadas no final da década de 1970 e início da década de 1980, procuraram discutir o período pós-Brasília: os depoimentos sobre Arquitetura Contemporânea após Brasília e o II Inquérito Nacional de Arquitetura (o I Inquérito Nacional de Arquitetura havia sido feito em 1961). Na apresentação de ambos os trabalhos é possível perceber uma situação de crise; uma necessidade de reposicionamento profissional diante de transformações fundamentais no país, especialmente no índice de urbanização. No entanto, a postura das equipes editoriais dos dois

12. Alberto R. Botti, art. cit., p. 30.
13. Sérgio Teperman, art. cit., p. 31-32.
14. *Idem*, p. 31.

trabalhos foi bastante diversa, refletindo duas posições: a que olha para fora, para os problemas superestruturais e a que olha para dentro da profissão, posições que também se alternaram nos depoimentos dos arquitetos em ambas as publicações. A introdução ao II Inquérito apontou uma "crescente dificuldade" do arquiteto em

participar do equacionamento das questões urbanas e habitacionais [...]. Dentro deste quadro a arquitetura foi se distanciando, para o grande público, dos seus objetivos mais nobres para ser encarada como algo de tom decorativo e modista [...]. Além disso, se por um lado a arquitetura brasileira tem um conceito internacionalmente reconhecido, por outro, muitas manifestações arquitetônicas produzidas por não arquitetos, como favelas, loteamentos clandestinos etc., vêm marcando decisivamente a paisagem em que vivemos e dando o que pensar[15].

Existe, implícita nessa apresentação, a noção de que a arquitetura brasileira teria as respostas se pudesse voltar a se aproximar dos seus "objetivos mais nobres", tendo um maior grau de poder decisório no desenvolvimento urbano e habitacional do país, provavelmente por meio da associação com o Estado. A apresentação dos depoimentos sobre Arquitetura Contemporânea após Brasília, em contrapartida, apontou a existência de uma crise interna à profissão:

[...] é evidente que se o processo criador se desenvolve sem uma profunda reflexão sobre si mesmo, cairemos fatalmente em uma indefinição de rumos, em um repetir de erros, em uma evolução sem ritmo, sem continuidade. Não é por outro motivo que as escolas de arquitetura seguem sem realizar nenhuma formulação crítica real, informando pouco até mesmo sobre os modelos ditos definitivos. A arquitetura, enquanto produto apenas de uma ideia genial, impede a especulação teórica e crítica; nossa estrutura de profissão é débil; nossa contribuição político-social discutível. O ônus social da nossa indiferença aos erros e aos acertos de nosso trabalho não é pequeno; até mesmo porque nossa responsabilidade de arquitetos em um país subdesenvolvido não pode aceitar o comodismo a que temos nos acostumado[16].

Muitos anos mais tarde, na introdução a um livro dedicado à obra de Luiz Paulo Conde, editado na Colômbia, Cêça de Guimaraens considerou os depoimentos no IAB-RJ como um verdadeiro renascimento da arquitetura nacional:

Foi no Museu de Arte Moderna, na orla da baía da Guanabara, onde o Instituto dos Arquitetos inaugurou a ruptura dos modelos e revelou antigas e novíssimas gerações. O espírito da década de 1960 se descobria em meados dos anos de 1970. Como o modernismo de 1922 (que apenas se reconheceu no edifício do Ministério da Educação em 1936), a complexidade contemporânea da contracultura revelou os anos de 1960 em 1975. Uma vez mais a arquitetura

15. Eliane Faerstein, Jorge Castro e Sandra Monarcha (coords.), *II Inquérito Nacional de Arquitetura/Depoimentos*, São Paulo/Rio de Janeiro, Projeto/IAB-RJ, 1982, p. 5.

16. Cêça de Guimaraens, Cláudio Taulois, Flávio Ferreira e Sérgio Ferraz Magalhães (coords.), *Arquitetura Brasileira após Brasília/Depoimentos*, Rio de Janeiro, IAB-RJ, 1978, p. 7-8

reabria a discussão política. 1930 começava a ser demolido. Assim, quatro gerações de arquitetura brasileira puderam, finalmente, ser "descobertas" no Museu de Arte Moderna. Os arquitetos que fizeram esta história a registraram na série de depoimentos *Arquitetura Brasileira após Brasília*[17].

O IAB-SP reuniu, em 1979, arquitetos paulistas de várias gerações para prestarem depoimentos em torno do tema Arquitetura e Desenvolvimento Nacional. O título do conjunto de depoimentos reflete como o ideário paulista, em torno da soberania, da emancipação tecnológica, do engajamento da arquitetura no desenvolvimento do país, ainda estava presente. A preocupação central do IAB-SP era discutir a função social do arquiteto: "É imperativo clarificar as contradições que condicionam o trabalho da categoria profissional e igualmente necessário formular propostas que ensejem ao conjunto dos arquitetos uma atuação útil à sociedade e voltada para as necessidades da população"[18].

Muitos dos depoimentos tiveram um caráter autobiográfico, de testemunho, em função do próprio lapso de publicações e debates sobre a arquitetura brasileira nos últimos anos. Os ecos do pós-moderno já se faziam notar, por exemplo no depoimento de Artigas:

Há uma espécie de polêmica, interessante a ser enfrentada aqui no Instituto de Arquitetos, que é a corrente dos americanos chefiada por Philip Johnson, que tem sido brindada com uma porção de adjetivos meio briguentos no plano da caracterização arquitetônica, segundo os quais os americanos teriam abandonado o que se chamou até agora de "arquitetura internacional" e passado a achar um caminho próprio, em torno do que poderia ser um certo isolacionismo da expressão arquitetônica americana atual[19].

Entretanto, discutir a produção arquitetônica internacional não foi a tônica dos depoimentos que, pelo contrário, se centraram nos problemas nacionais: representatividade dos órgãos de classe; mudança na categoria profissional, cuja maioria passou a ser formada por assalariados; desenvolvimento de tecnologia nacional (sendo uma constante nos depoimentos a denúncia de políticas voltadas à importação de alta tecnologia com o consequente pagamento de *royalties*); formação dos arquitetos e produção e crítica arquitetônica no Brasil. Ao lado de depoimentos, cuja tônica foi a recusa a analisar a produção arquitetônica em face das condições superestruturais: "Enquanto estivermos atrelados às obsoletas leis de um capitalismo ultrapassado

17. Cêça de Guimaraens, "El Conde de Rio y su Arquitectura", em *Luiz Paulo Conde: Un Arquitecto Carioca*, Santa Fé de Bogotá, Universidad de Los Andes/Escala, 1994 (Coleccion somoSur).

18. Jorge Caron, José de Almeida Pinto, Roberto Saruê e Taísa de Barros Nasser (coords.), "Introdução aos Depoimentos", *Arquitetura e Desenvolvimento Nacional: Depoimentos de Arquitetos Paulistas*, São Paulo, Pini/IAB-SP, 1979.

19. Vilanova Artigas em *Arquitetura e Desenvolvimento Nacional...*, *op. cit.*, p. 18.

que privilegia o interesse particular frente ao coletivo, nossa arquitetura continuará sendo apenas mais uma expressão deste mundo discricionário em que vivemos"[20], foram feitas críticas à atuação dos arquitetos no desempenho de seu ofício e esboçou-se a importância de maior vínculo entre arquitetura e realidade. O papel dos arquitetos foi questionado até onde sua função social parecia estar assegurada, ou seja, no tocante a obras públicas:

> [...] merece atenção, é estarrecedor o desperdício de recursos em quase todas as obras governamentais [...]. Como admitir que se continue a esbanjar os escassos recursos saídos de um continente marcado pela miséria e pelo atraso? [...] Devemos criticar e combater nossos delírios formais, repudiando com clareza, inclusive, a defesa literária que, com mal usada licença poética, ato contínuo fazemos deles[21].

Ou ainda:

> [...] a gente tem visto que nem sempre a nossa produção é uma coisa isenta de crítica. [...] Existem "coisas" construídas, completamente inúteis, gastando dinheiro público, o nosso dinheiro, pondo em xeque a nossa posição como profissionais e que foram premiados pelo IAB[22].

Este tipo de crítica resvalou com outra que apontou o distanciamento entre arquitetura e realidade, como na posição bastante clara de Lina Bo Bardi:

> O que está acontecendo agora, e temos um exemplo claríssimo na cidade de São Paulo, é o desligamento total do arquiteto dos verdadeiros problemas reais. O que está acontecendo é uma espécie de volta ao idealismo acadêmico – idealismo no sentido filosófico, não no sentido doméstico – baseado numa falsa tecnologia, a tecnocracia[23].

Ou de Joaquim Guedes:

> Nós temos discutido muito no Brasil o que é arte brasileira e o que é arquitetura brasileira. [...] Eu tenho a impressão que nós não podemos buscar em referências formais e exteriores esta identidade, mas tão somente na vivência e no esforço de participação das soluções de dentro, e com a maior seriedade, dos problemas brasileiros. Brasileiro não por idealismo chauvinista ou persistências formais e retóricas, mas por necessidade e realismo[24].

20. Ubyrajara Gilioli, *Arquitetura e Desenvolvimento Nacional...*, *op. cit.*, p. 67.

21. Joaquim Guedes, *Arquitetura e Desenvolvimento Nacional...*, *op. cit.*, p. 50.

22. Antônio Sérgio Bergamin, *Arquitetura e Desenvolvimento Nacional...*, *op. cit.* p. 84-85.

23. Lina Bo Bardi, *Arquitetura e Desenvolvimento Nacional...*, *op. cit.*, p. 21-2.

24. Joaquim Guedes, *Arquitetura e Desenvolvimento Nacional...*, *op. cit.*, p. 50.

Alguns arquitetos, que se radicaram no interior de São Paulo, expuseram também a necessidade de partir de condições locais, como Araken Martinho:

> [...] ao trabalhar no interior, o arquiteto – ao lado das tarefas específicas – é chamado para uma intensa vida comunitária e com a empatia que sempre achei um estado de espírito próprio do arquiteto. Assim, ele pode descobrir a práxis mediadora de um trabalho que não será feito somente a partir de suas ideias, mas a partir da realidade concreta do país[25].

Ou de forma um pouco mais vaga, a constatação de incompatibilidade do "modelo arquitetônico progressista" com a realidade do interior:

> Todo aquele arrojo da arquitetura racionalista [...] no interior não encontrava uma receptividade muito grande. Então, o que se podia fazer não era a arquitetura desejada, mas a arquitetura possível. [...] A experiência mostrou-me então a necessidade de enfrentar um trabalho executado através de materiais convencionais como, por exemplo, o tijolo e a telha de barro, mais coerentes como elementos disponíveis para a construção na maior parte do Brasil, contando com mão de obra a eles habituada, dispensando do processo pormenores construtivos mais elaborados, seja pela dificuldade de interpretação dos desenhos, seja pela inexistência de mão de obra mais especializada[26].

Em alguns destes depoimentos, "partir de uma realidade", assumiu um tom quase de rendição: diante da impossibilidade de fazer o ideal, buscar formas de introduzir a arquitetura, ainda que se rendendo a uma realidade dada. No entanto, para alguns arquitetos, a "realidade" vinha sendo motivo e inspiração da arquitetura.

A par da corrente hegemônica da arquitetura nacional, em meados dos anos de 1970, foi se configurando uma oposição, possível de ser percebida em alguns dos depoimentos apresentados no IAB-RJ, sob o tema Arquitetura Brasileira após Brasília. Nas palavras de Joaquim Guedes:

> Por outro lado, existe uma obra importante que vem crescendo no Brasil, mas que tem toda a característica de obra marginal. É obra marginal, quase obra maldita, dado a excessiva importância do peso histórico-oficial que tem a chamada grande-arquitetura-oficial-brasileira-moderna. Como este é o caminho, o resto é marginal. A gente encontra experiências no Ceará, que são legítimas, feitas de dentro para fora, para o lugar, por gente de lá. E a gente vai encontrar o mesmo esboço com Vital e Borsoi em Recife, e, sobretudo, na Bahia, com Assis Reis[27].

25. Araken Martinho, *Arquitetura e Desenvolvimento Nacional...*, op. cit., p. 70.

26. Luiz Gastão C. Lima, *Arquitetura e Desenvolvimento Nacional...*, op. cit., p. 78-79.

27. Depoimento de Joaquim Guedes em Cêça de Guimaraens, Cláudio Taulois, Flávio Ferreira e Sérgio Ferraz Magalhães (coords.), *Arquitetura Brasileira após Brasília*, vol. *3*, op. cit., p. 213.

O livro de Marlene Acayaba e Sylvia Ficher, em parte é ocupado pela arquitetura pós-Brasília. Para abordar esse tema, as autoras adotaram a divisão regional, selecionando obras de "arquitetos notoriamente considerados representativos no meio profissional"[28]. É interessante que a esta divisão regional parece corresponder uma divisão na expressão arquitetônica, ficando os Estados do centro e sul do Brasil como representantes da arquitetura moderna "oficial" em concreto, enquanto os Estados do norte e nordeste foram representados por experiências alternativas, no sentido de maior vinculação ao local e às tecnologias tradicionais, como a obra de Assis Reis, de Severiano Porto, ou as experiências de habitação popular, como o projeto Cajueiro Seco (1961-1964, Recife), em que Acácio Gil Borsói propôs a racionalização da taipa de mão e a construção em mutirão, e o projeto Morada Nova, no Ceará, de Nelson Serra e José Alberto de Almeida, para a construção de comunidades rurais, assim descrito pelas autoras: "A arquitetura do conjunto não se diferencia profundamente das tradições locais, e a ênfase nos aspectos plásticos foi evitada. [...] As paredes são de alvenaria portante e a cobertura de telhas se apoia em vigas feitas de troncos de carnaúba"[29].

Na conclusão do livro, no entanto, não há a constatação de um caminho alternativo para a arquitetura nacional, as autoras apontam um impasse teórico na arquitetura nacional, diversidade na produção e a necessidade de rever determinadas posições, como a de que o novo é sempre melhor. O "impasse teórico" é descrito como um impasse político-ideológico, ao concluir o breve relato das ideias que nortearam a produção arquitetônica brasileira com a posição defendida por Artigas no seu texto "O Desenho" (1967), que: "Dá relevância ao papel do arquiteto como produtor de novas formas e ao caráter humanístico de seu trabalho, cuja função seria superar, através da criatividade, as contradições da realidade social"[30]. E, por fim, com a crítica de Sérgio Ferro, em *O Canteiro e o Desenho* (1979): "A caracterização de como são concretizadas, mesmo as propostas mais generosas, na prática da exploração e da diferenciação arbitrária entre formas de trabalho"[31], ressaltando o papel de entrave ideológico da obra à prática e formação do arquiteto. O prefácio de Miguel Alves Pereira também não denota a evidência desse caminho alternativo que a escolha de obras das autoras parece indicar, apontando a crítica ao formalismo brasileiro:

28. Sylvia Ficher e Marlene Acayaba, *Arquitetura Moderna Brasileira*, São Paulo, Projeto, 1982, p. 112.
29. *Idem*, p. 104.
30. *Idem*, p. 116.
31. *Idem, ibidem.*

[...] a ideia do grande homem, do gênio, tem alimentado entre os arquitetos a falsa ideia de que a única saída é a produção de uma arquitetura voltada para seus valores plásticos, enquanto a barreira do subdesenvolvimento não for rompida. Assim se sacraliza uma profissão, assim são sacralizados os profissionais e suas obras. *Ainda que o presente trabalho se limite à apresentação desses mesmos profissionais sacralizados*, aponta, conclusivamente, as fraquezas de seus pressupostos teóricos[32].

Também neste prefácio, é possível perceber os reflexos do debate internacional, na afirmação de que o livro é: "[...] o arcabouço prefigurado de um debate próximo, no momento em que não mais se duvida do cansaço presente dos cânones do movimento moderno, e muita gente, despreparadamente, já começa a engolir os pastiches do chamado pós-modernismo"[33].

32. Miguel Alves Pereira, "Prefácio", em Sylvia Ficher e Marlene Acayaba, *Arquitetura Moderna Brasileira*, op. cit., p. 6. O grifo é nosso.

33. *Idem*, p. 7.

2. De Meados para o Fim da Década de 1970 – Os Edifícios

A partir de meados da década de 1970, paralelamente à retomada da discussão arquitetônica, algumas obras prenunciavam os caminhos que seriam trilhados nos anos de 1980. O material publicado sobre essas obras, no entanto, data majoritariamente dos anos de 1980, quando, à luz dos desdobramentos da arquitetura nacional, foram reavaliadas.

CENTRO CULTURAL SÃO PAULO (OBRA 5)

Arquitetos:	Eurico Prado Lopes, Luiz Benedito de Castro Telles
Colaboradores:	Armando Alberto Prado, Christina de Castro Mello, Ernesto Theodor Walter, José Mario Nogueira de Carvalho, Raul Masatoshi Kan e Rita de Cássia Vaz Artigas
Local:	São Paulo, SP
Data:	1975-1982
Construtora:	Método Engenharia S.A. e SADE – Sul Americana de Engenharia S.A.
Técnica construtiva:	Estrutura mista de aço e concreto armado
Materiais de acabamento:	Estrutura aparente, cobertura acrílica
Área construída:	48 000 m²

Vista da fachada para av. 23 de Maio, arquivo do arquiteto. Foto de Sérgio Berezovsky.

Vista interna, arquivo do arquiteto.   Vista interna, arquivo do arquiteto.

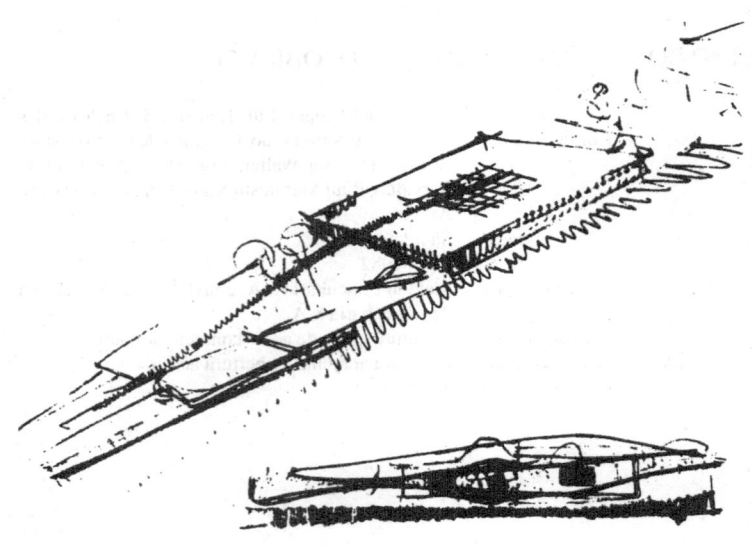

Croqui: projeto acompanha forma do talude do terreno, *apud Projeto*, n. 40, maio 1982, p. 32.

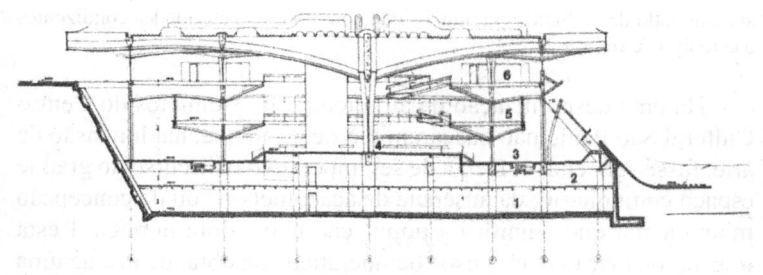

Corte transversal: complexidade de desenho. 1. Serviço; 2. Piso técnico; 3. Biblioteca; 4. Vazio central; 5. Rua de distribuição; 6. Pinacoteca. *Apud Projeto*, n. 40, maio 1982, p. 47.

O Centro Cultural São Paulo, projeto dos arquitetos Eurico Prado Lopes e Luiz Benedito de Castro Telles, coloca-se em continuidade à arquitetura moderna brasileira, porém, acena para uma transição. Para Ruth Verde Zein, o Centro Cultural São Paulo veio culminar um processo de procura de novas linguagens, que vinha sendo desenvolvido pelos arquitetos:

Formados na geração intermediária paulista, adotaram de início, assim como muitos de seus contemporâneos, a concepção da estrutura como orientadora e normalizadora do projeto, e a linguagem do concreto armado aparente como síntese dessa postura. Numa procura pessoal, mas que tem ressonâncias no momento cultural e na atuação de vários arquitetos, vêm sentindo de há algum tempo que essa quase ortodoxia se tornou uma obrigatoriedade, levando a uma automatização do projetar, com limitações à criatividade[1].

E um pouco mais adiante afirma: "Neste projeto, os arquitetos iniciaram a concepção não pelo desenho, mas por pensar e sentir os espaços, colocando-se no lugar do usuário"[2].

Ao longo da década de 1970, a arquitetura do concreto aparente havia perdido seu vetor político-ideológico. Entretanto, com a aparente continuidade formal, os aspectos "progressistas" daquela intenção estética pareciam intocados. A procura de novas linguagens deixa patente a mudança nas motivações ideológicas, que passaram a ser mais imediatas e circunstanciadas:

O que se visava, era atender à comunidade como um todo, em termos do que a gente julga serem os anseios populares, impedindo a inibição, evitando qualquer bloqueio na circulação, permitindo facilidade de acesso a qualquer área do edifício e optando por soluções funcionais de utilização dos espaços [...]. Estudamos o enredo de todas as atividades, procuramos soluções arquitetônicas que servissem à multiplicidade de usos, intencionando um aspecto lúdico, sen-

1. Ruth Verde Zein, "Centro Cultural São Paulo: Percorrendo Novas Dimensões", *Projeto*, n. 58, dez. 1983, p. 24.

2. *Idem, ibidem.*

sual, ao lado de ambientes racionais, que combinassem atividades condizentes a este tipo de reforço[3].

Há uma despolitização da arquitetura; os arquitetos do Centro Cultural São Paulo não buscaram um desenho que, na dimensão da arte, fosse subversivo. Deixa de ser imperativo o discurso do grande espaço comunitário; da ausência de acabamentos; ou da concepção monumental que dignifica a população numa obra pública. Resta uma preocupação com o uso "democrático" da obra, dentro de uma consciência da heterogeneidade de público que se visava atender: "Em qualquer ponto da imensa rua interna, o usuário pode ver todas as atividades desenvolvidas no Centro, sem necessidade de símbolos visuais para orientação, com transparências que incitam à participação e onde o próprio espaço se programa"[4].

Não há no Centro Cultural, a preocupação com o arrojo estrutural, a estrutura é composta por pilares de aço e vigas mistas de aço e concreto, sendo que sua concepção surgiu da necessidade dos espaços que devia abrigar. Dentro dessa postura, os arquitetos definiram uma rua interna, que percorre todo o edifício, onde os diferentes espaços vão se sucedendo: "Longe de condicionar o projeto, a estrutura permitiu sua expansão ou contração, na medida das necessidades estéticas e programáticas, mas sendo sempre marcante e definidora"[5].

Na retrospectiva da década de 1980, feita pela revista *Projeto*, há o seguinte comentário sobre a concepção estrutural do Centro Cultural São Paulo:

> A concepção da estrutura segue sendo, como na arquitetura paulista dos anos de 1960, a base da concepção do projeto, sem no entanto seguir o esquema de bloco único maciço, outra das características daquela escola. Aqui a ênfase é na diferenciação, no percurso dos espaços que contrapõem um exterior sóbrio e contínuo ao suceder de ambientes internos quase que desconectados entre si, com a intenção de suscitar reações sensoriais nos usuários e demonstrar igualmente a flexibilidade do sistema estrutural [...] que varia seus vãos e dimensões adaptando-se aos recintos, crescendo e diminuindo com eles[6].

No roteiro *Arquitetura Moderna Paulistana*, há um comentário curioso sobre o edifício:

> O terreno, apesar de sua privilegiada localização, é um acentuado talude, impróprio para atender a programa tão ambicioso. Disto resultou um edifício que *exigiu demais da imaginação dos arquitetos*, empenhados em projetar um

3. Cecilia Pires, "Uma Nova Linguagem no Centro Cultural São Paulo", depoimento dos arquitetos transcrito do texto de apresentação, *Projeto*, n. 40, maio 1982, p. 33.

4. *Idem, ibidem*, p. 33.

5. Ruth Verde Zein, "Centro Cultural São Paulo...", art. cit., p. 25.

6. Hugo Segawa, Cecília Rodrigues dos Santos e Ruth Verde Zein (orgs.) *et al.*, *Arquiteturas no Brasil: Anos 80*, São Paulo, Projeto, 1988, p. D4-D5.

sistema estrutural altamente marcante, presente em todas as visuais, na qualidade de maior participante do complexo cultural[7].

A censura, se é que pode ser entendida assim, contida na frase: "resultou um edifício que exigiu demais da imaginação dos arquitetos", deve-se à complexidade de desenho da estrutura, impossível de ser sintetizada: as vigas curvas, os pilares de formas variadas, compostos ou simples, gerando uma dificuldade no entendimento do sistema estrutural e na própria apreensão do edifício. A estrutura, como foi dito, teve a sua justificativa, por permitir espaços internos diferenciados, estrutura maleável que priorizou o uso em detrimento do desenho síntese; daí a observação de Ruth Verde Zein: "Das reflexões iniciais e croquis, balizados pela concepção estrutural, desenvolveu-se o desenho; mas não há planta/corte/fachada que sintetize essa obra, apenas o seu percorrer dá a sua real dimensão sensorial"[8].

No Centro Cultural, o espaço interno foi valorizado. Nas palavras de Ruth Verde Zein: "A diferenciação foi a tônica do projeto, a expressão dos autores colocou-se preferencialmente, despertar emoções no usuário foi uma preocupação constante: esses dados básicos tornaram a experiência do espaço interno o lugar privilegiado de sua arquitetura"[9].

A produção paulista, mais ligada a Vilanova Artigas, também apresentava essa valorização do espaço interno, porém, com um enfoque diferente, em que a expressão se devia mais às dimensões e níveis de iluminação do espaço livre e não à diferenciação e variação no desenho dos elementos constituintes do espaço. O edifício do Centro Cultural, ao mesmo tempo que oferece um interior expressivo, ostenta uma aparência externa, especialmente no lado da avenida 23 de Maio, praticamente mimética ao talude que margeia a avenida. Na relação do edifício com a cidade, os arquitetos procuraram protegê-lo do exterior agressivo, voltando-o para suas aberturas internas, e procuraram anulá-lo, oferecendo à cidade um talude gramado. Sua inserção longitudinal, acompanhando a leve curvatura do terreno e seu desejo de anulação frente à paisagem urbana, difere do procedimento mais usual na arquitetura moderna brasileira, que se tornara hegemônica nos anos de 1970, quando, em geral, o edifício mantinha sua volumetria autônoma, não se submetendo ao meio.

7. Alberto Xavier, Carlos Lemos e Eduardo Corona, *Arquitetura Moderna Paulistana*, São Paulo, Pini, 1983, p. 207. O grifo é nosso.

8. Ruth Verde Zein, "Centro Cultural São Paulo...", art. cit., p. 25.

9. *Idem, ibidem.*

EDIFÍCIOS NA AVENIDA BERRINI (OBRA 6)

Arquiteto: Carlos Bratke
Local: São Paulo, SP
Data: 1975-1990
Construtora: Bratke & Collet S.C. Ltda.
Técnica construtiva: Concreto armado, estrutura metálica, lajes de concreto protendido
Materiais de acabamento: Revestimentos em argamassa raspada, no edifício-sede da construtora Bratke & Collet, a estrutura de concreto foi deixada à vista

Edifício Brasilinterpart (1982-1987), *apud Projeto*, n. 103, set. 1987, p. 109. Foto de Eduardo Castanho.

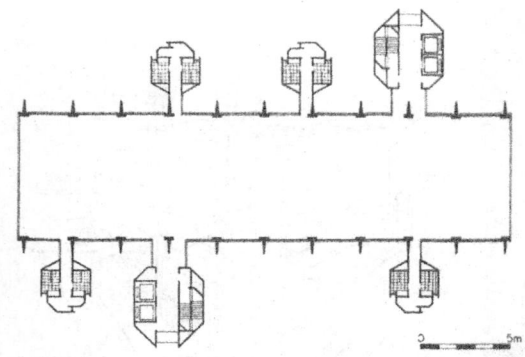

Pavimento-tipo do edifício Brasilinterpart, *apud Projeto*, n. 103, set. 1987, p. 110.

Edifício da Philips do Brasil: vista externa, *apud L'Architecture d'aujourd hui*, n. 251. jun. 1987, p. 32.

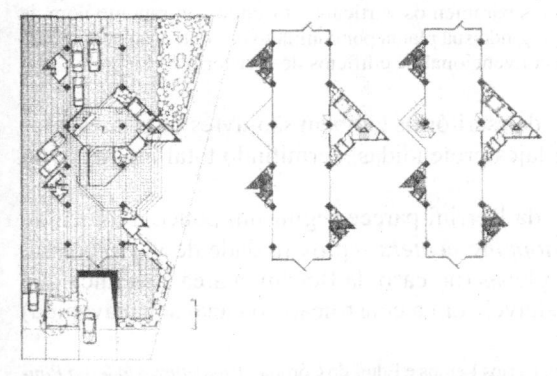

Philips do Brasil: implantação e pavimentos-tipo, *apud L'Architecture d'aujourd hui*, n. 251, jun. 1987, p. 33.

 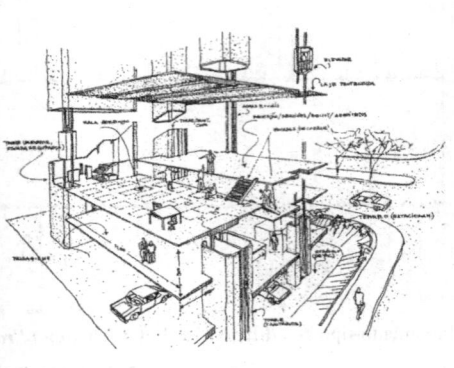

Vista e perspectiva esquemática do Edifício de escritórios de Carlos Bratke e Bratke & Collet S.C. Ltda., *apud Projeto*, n. 103, set. 1987, p. 106, 108. Foto de Carlos Fadon Vicente.

Os edifícios da Berrini se destacaram pelo desenho. Construídos a partir de meados da década de 1970, quando ainda imperava a torre de escritórios no estilo internacional, ostentavam fachada movimentada, com alternância entre superfícies envidraçadas e paramentos. A expressão movimentada dos edifícios da Berrini parte do procedimento de manter as áreas úteis para escritório totalmente desembaraçadas das atividades de apoio e da circulação vertical, que são colocadas em anexos, posicionados na periferia do edifício. Esses anexos, em geral, possuem formas prismáticas, com tratamento diferenciado do corpo do edifício. Um desses edifícios foi comentado no roteiro *Arquitetura Moderna Paulistana*:

> Na verdade tais "protuberâncias" é que irão dar à volumetria o desejado movimento ou ritmo dos paramentos verticais e fazendo contraponto com as cortinas de cristal [...] fugindo sua planta por completo da contenção geométrica própria da arquitetura convencional de edifícios de escritório[10].

Os pavimentos de escritórios também são livres de pilares, graças ao emprego de lajes protendidas, permitindo total liberdade no arranjo interno.

A implantação da Berrini parece seguir um pouco a lógica de implantação dos *shopping centers* – proximidade de via expressa, disponibilidade de glebas (no caso da Berrini, a área alagadiça que passou a ser aproveitável com a construção do canal sob a avenida)

10. Alberto Xavier, Carlos Lemos e Eduardo Corona, *Arquitetura Moderna Paulistana*, *op. cit.*, p. 195. Comentário sobre o edifício Concorde (1975), projeto de Carlos Bratke e Renato Lenci.

e, naturalmente, localização estratégica na cidade. A expressão arquitetônica dos edifícios da Berrini é coerente com a ideia da torre isolada, as diversas protuberâncias que funcionam como apêndices de uma prisma original, criam um contorno de edifício multifacetado que requer o distanciamento em relação ao logradouro ou aos outros edifícios para sua plena apreensão. Além do isolamento em relação aos limites do lote, sendo, na prática, menor do que o que sugere sua forma, os edifícios da Berrini não possuem os pavimentos térreos ocupados por comércio e serviços de apoio à atividade de escritório (como ocorre na avenida Paulista, ou no centro velho); em muitos dos edifícios o pavimento térreo é totalmente vazado, sendo atravessado apenas pelas torres de circulação vertical. Em um ou outro edifício, como a sede da construtora Bratke & Collet e escritório do arquiteto Carlos Bratke, o próprio piso do pavimento térreo não existe, gerando um subsolo aberto, que funciona como um verdadeiro fosso entre edifício e logradouro.

Ruth Verde Zein, já na década de 1990, no texto "Círculo de Giz...", fez uma crítica feroz ao zoneamento da cidade, especialmente por permitir a criação de espaços urbanos como a Berrini:

> Como boa parte das grandes avenidas de São Paulo, a Berrini também não liga nada a coisa alguma. De fato, ela não é uma avenida: é a tampa de um dos inúmeros córregos canalizados da cidade. Sobrepondo-se a uma malha desconexa de ruas estreitas e paralela à avenida marginal do rio Pinheiros, vista de cima ela é hoje uma grande praça de guerra: lotes e lotes vazios ou com velhas casas à espera de demolição em contraponto com edifícios das mais variadas alturas e formas, num espaço de transição entre o pacato bairro residencial de há vinte anos e o subcentro terciário de hoje. Boa parte desses novos edifícios não está na avenida Berrini, mas nas ruelas transversais congestionadas pelos automóveis estacionados. Vazios provisórios entre os edifícios permitem ainda visualizá-los de vários ângulos, desde que o distraído observador se disponha a sair do enquadramento da janela de seu automóvel. O que não é tarefa fácil: as estreitas calçadas, a ausência de continuidade ao nível dos acessos e a excessiva marcação entre os espaços públicos e privados tornam o caminhar apenas o resultado da distância entre o veículo parado e a entrada dos elevadores, e quase nunca o prazer da fruição do urbano[11].

Nos primeiros edifícios construídos na avenida Berrini, em que pese seu contorno irregular, impera certa sobriedade formal. O comentário na retrospectiva da revista *Projeto*: *Arquiteturas no Brasil*: *Anos 80*, já no final dos anos de 1980, apontou as tentativas de manter um conjunto urbano coeso, por meio da uniformidade de acabamento; das próprias torres de serviços e circulação vertical, presentes em todos os edifícios, sempre na periferia e apontadas como protetores solares; da marcação das lajes, sugerindo a escala

---

11. Ruth Verde Zein, "Círculo de Giz...", *Projeto*, n. 139, mar. 1991, p. 23-24.

humana[12]. Parte da crítica, porém, valorizou justamente a busca de diferenciação, de surpresa na obra de Bratke. Haifa Y. Sabbag, em matéria na revista *AU*, procurou fazer uma "vitrine" da produção contemporânea, enfocando quatro autores de diferentes gerações: Carlos Bratke, Pitanga do Amparo, Giancarlo Gasperini e Lélio Machado Reiner; cujas obras, nas palavras da autora: "estão provocando a polêmica, mas trazem, talvez, o gérmen de uma nova práxis profissional, incitando as gerações atuais à reflexão, ao questionamento"[13]. Nessa matéria, a autora relatou uma revisão no posicionamento de Carlos Bratke, desde os primeiros edifícios na Berrini:

> Hoje, a inquietação e a busca de renovação através de novas linguagens que sempre acompanharam sua vida profissional revelam-se diferentes [...]. A homogeneidade de altura, volume e acabamentos que procurou imprimir nessas edificações, não têm mais a importância de então. A composição atual teria como objetivo oferecer surpresa, embora acompanhando um desenho urbano resolvido através da lógica[14].

Bruno Padovano[15] listou diversas tendências na produção arquitetônica nacional, de superação da ortodoxia moderna. Entre essas tendências apontou o interesse pelas lições arquitetônicas do passado, por tipologias arquitetônicas, a preocupação com os aspectos simbólicos da arquitetura e o *interesse na pesquisa formal e espacial*, onde situou a produção de Carlos Bratke. Nas suas palavras:

> O racionalismo, com sua ênfase nos aspectos funcionalistas da Arquitetura e na elevação da máquina ao nível do metafísico, fez uma longa campanha contra os abusos formais e decorativos do ecletismo, banindo o uso de tais recursos do vocabulário do arquiteto moderno. Se bem que na arquitetura de Niemeyer e dos Brutalistas Paulistas, o plasticismo deu ampla cobertura a exercícios formais, tais liberdades foram sempre restritas dentro do código ascético do racionalismo. Este radicalismo formal está sendo objeto de revisão por vários arquitetos, para os quais não só o ornamento não é um "crime", como queria Loos, mas pode ser um recurso de grande utilidade na composição dos elementos arquitetônicos, na criação de diferentes escalas e como deleite visual. O próprio trabalho de Carlos Bratke, aprimorado através da realização de inúmeros edifícios em São Paulo, é exemplar no que tange a uma interpretação formal e espacial mais livre dos elementos característicos do moderno edifício de escritórios[16].

---

12. Hugo Segawa, Cecília Rodrigues dos Santos, Ruth Verde Zein (orgs) *et al.*, *op. cit.*, p. D15.

13. Haifa Y. Sabbag, "Do Momento (Retrato da Produção Arquitetônica Atual Segundo 4 Autores)", AC, n. 4, fev. 1986, p. 25-33.

14. *Idem*, p. 26.

15. Bruno Padovano, "A Arquitetura Brasileira em busca de Novos Caminhos", *AC*, n. 4, fev. 1986, p. 79-83.

16. *Idem*, p. 82-83.

Bruno Padovano justificou ter apontado a pesquisa formal e espacial, como um dos caminhos para a renovação da arquitetura nacional, baseado em que a arquitetura de Niemeyer e dos brutalistas paulistas estavam restritas pelo "código ascético do racionalismo". Montaner no texto "El Racionalismo como Método de Proyectación: Progresso y Crisis", citou a arquitetura brasileira como exemplo de afastamento do racionalismo: "No campo da arquitetura, a maioria das correntes hegemônicas desde os anos quarenta, partiram de uma crítica parcial ou total ao racionalismo"[17], na continuação, citou o organicismo e empirismo de Alvar Aalto; o expressionismo de Hans Scharoun, e a arquitetura brasileira, nas suas palavras: "desde a forma expressiva de Oscar Niemeyer, que margeia funcionalidade e precisão construtiva em defesa da sensualidade e do irracionalismo, até o expressionismo de Lina Bo Bardi baseado em uma busca programática e fenomenológica de uma atividade artística que supere as condicionantes do racionalismo"[18].

No que tange à arquitetura de Artigas, a forma rude, vigorosa, agressiva, a especulação espacial, foi ditada mais por razões artísticas e ideológicas que por um racionalismo estrito. Portanto, a menção a um "código ascético", no sentido de um cerceamento ao exercício da arquitetura, parece referir-se ao modelo, à receita aprovada de especulação formal em torno do desenho da estrutura de concreto armado.

Na premiação do IAB-SP, em 1985, Carlos Bratke recebeu o prêmio Rino Levi, pelo conjunto Morumbi Plaza, uma das obras da área da Berrini. A premiação foi extremamente polêmica, por contar com a radical desaprovação de um dos membros do júri, o filósofo espanhol Eduardo Subirais, que entendeu o trabalho de Bratke como sendo um "produto que atende aos ditames do marketing, do consumo e, por conseguinte, é desprovido de arte, de arquitetura"[19]. Carlos Bratke, em artigo na revista *AU*, fez uma defesa perfunctória da Berrini:

> Estas obras, e foi uma delas a premiada, são fruto de um estudo específico para edifícios de escritórios, cuja demanda tem crescido enormemente desde a Segunda Guerra com a valorização do planejamento e do setor de prestação de serviços [...]. A compleição destas obras estabelece um corolário plástico que tenho explorado periodicamente. O fachadismo como indumentária da arquitetura moderna foi substituído por superfícies as mais neutras possível, em geral pintadas em negro, contornadas por prismas que se constituem em torres de serviço e circulações verticais. A intermitência das soluções deve-se à exploração do desenvolvimento estrutural, às novas angularidades que surgem da pro-

17. Josep Maria Montaner, *La Modernidad Superada. Arquitectura, Arte y Pensamiento del Siglo XX*, Barcelona, GG, 1997, p. 76.

18. *Idem, ibidem.*

19. Eduardo Subirais, *apud* Hugo Segawa, "O IAB-SP e Sua Premiação: Anotações Indignadas", *Projeto*, n. 86, abr. 1986, p. 73.

cura de relacionamento com construções adjacentes, das perspectivas locais, dos acabamentos dos vedos e dos caixilhos e de meu estado de espírito na época [...]. A metamorfose que hoje ocorre nesta antiga charneca tem audiência e é patrimônio do povo de minha cidade[20].

Esta defesa veio acompanhada de uma apreciação bastante negativa de Eduardo Subirats:

> O julgamento da arquitetura é COGNITIVO e não DENOTATIVO, portanto não se pode acatar as opiniões de quem não consegue distinguir uma planta de um corte e de uma fachada. A infeliz inclusão de Eduardo Subirats, o membro ausente, no júri, um filósofo que só tem em seu currículo alguns artigos claudicantes que aparecem de quando em quando nas revistas especializadas e é autor de um pequeno livro intitulado *Da Vanguarda ao Pós-moderno*, que exige um esforço titânico para se passar da terceira página, que defende um retorno nebuloso ao MODERNISMO em meio a inúmeras contradições inerentes ao seu desconhecimento de nossa profissão, transformou aquele debate em um ESPETÁCULO DEPRIMENTE[21].

Diante dessa polêmica, Ruth Verde Zein questionou os critérios da premiação, analisando a apreciação fornecida pelo IAB-SP sobre o conjunto dos projetos premiados: "Uma atitude de busca de rumos tecnológicos e estéticos para a arquitetura contemporânea, aliada a uma postura clara perante a responsabilidade do profissional, frente à correta solução de cada problema[22]. Para ela, tanto os critérios do júri, como a apreciação de Subirats foram baseados em "não valores": "Mesmo as características definidas [...] para distinguir os trabalhos merecedores de premiação, falam de valores que foram paradigmáticos para a geração dos anos de 1960 – tecnologia, postura profissional – e que não são necessariamente os de agora"[23].

A "postura clara perante a responsabilidade profissional", de fato, remete de certa forma ao ideário dos anos de 1960, à responsabilidade apontada por Artigas, no texto "O Desenho" (1967)[24], em que ele aliou a ideia de projeto arquitetônico à de desígnio. Do contrário, não faria sentido como parâmetro de premiação, como apontou Ruth Verde Zein:" [...] não é propriamente um parâmetro, mas um dado necessário a qualquer obra de arquitetura, ou a qualquer atividade do arquiteto, indistintamente, o contrário seria supor profissionais que não agem profissionalmente"[25]. Quanto à apreciação

20. Carlos Bratke, "Carta de Ouro Preto", *AU*, n. 4, fev. 1986, p. 78.

21. *Idem*, p. 77.

22. Catálogo da exposição *Premiação IAB-SP 1985*. Trecho reproduzido no *Projeto*, n. 86, abr. 1986, p. 74.

23. Ruth Verde Zein, "Nem Ordem-unida, nem Eixo Monumental", *Projeto*, n. 86, abr. 1986, p. 71.

24. Vilanova Artigas, *Caminhos da Arquitetura*, São Paulo, LECH, 1981.

25. Ruth Verde Zein, "Nem Ordem-Unida, Nem Eixo Monumental", art. cit., p. 71.

de Subirats sobre o arquiteto Carlos Bratke, Ruth Verde Zein entendeu que a crítica se referia ao fato da obra ser para renda, e não que seu desenho, de alguma forma, fosse influenciado pelo mercado: "Considerar mais justamente premiável uma obra por ser 'não comercial' – do que outra tida como 'comercial' –, além de demonstrar certa ingenuidade quanto ao caráter econômico da sociedade em que vivemos, peca pelo artificialismo extra-arquitetônico do parâmetro"[26]. Hugo Segawa também criticou a ausência de apreciação por escrito, sugerindo uma dificuldade em estabelecer parâmetros, diante da pluralidade de caminhos na arquitetura nacional:

Em um contexto de afirmação de uma arquitetura, eventos dessa natureza concorrem por uma legitimação, produto de um julgamento no seio de uma categoria, assinalando o ideal a ser conquistado. E o momento presente? Estará a arquitetura tão marginalizada do atual processo social? Nesse caso, qual das muitas arquiteturas que se realizam no Brasil importa destacar? O que se premia, então? Uma reflexão sobre a natureza da premiação deve ser realizada pelo IAB: o quanto do espírito original da premiação se preservou e o que se transformou no panorama da arquitetura brasileira desde 1963?[27]

Márcio Mazza, por sua vez, lamentou a dificuldade histórica na aceitação da crítica pelos arquitetos brasileiros, o que empobrece a reflexão sobre a atividade profissional:

Para o Bratke, o filósofo e crítico espanhol não estava em condições de julgar sua obra por não ser arquiteto; por não enfrentar o cotidiano de um escritório de arquitetura etc., no que foi seguido por um membro do júri, o arquiteto Maitrejean. Essa é uma das razões que fazem com que não se vejam críticas de arquitetura na grande imprensa. Os arquitetos não aceitam, não incentivam nenhum tipo de crítica (contra, é lógico) que não parta de um "colega" de profissão. Como nós, arquitetos, consideramos arte aquilo que produzimos, vemos então que a arquitetura é a única arte que não admite que um historiador, um filósofo, colabore com suas opiniões[28].

EDIFÍCIO-SEDE DA COMPANHIA HIDROELÉTRICA DO RIO SÃO FRANCISCO – CHESF (OBRA 7)

Arquiteto:	Francisco de Assis Reis
Local:	Salvador, BA
Data:	1977-1982
Técnica construtiva:	Concreto armado, perfis e estruturas metálicas, alvenaria de tijolos
Materiais de acabamento:	Estrutura e alvenaria aparentes. No anexo, domos de fibra sobre estrutura metálica espacial

26. *Idem, ibidem.*

27. Hugo Segawa, "O LAB-SP e Sua Premiação...", art. cit., p. 73.

28. Márcio Mazza, entrevista concedida a Hugo Segawa, "Frustrações de um Premiado", *Projeto*, n. 86, abr. 1986, p. 74.

Vistas externas, *apud* Hugo Segawa, Cecília Rodrigues dos Santos e Ruth Verde Zein, *Arquiteturas no Brasil: Anos 80,* São Paulo, Projeto, 1988, p. 44. Foto de Hugo Segawa.

Vista interna, *apud Projeto*, n. 42, ed. especial, 1982, p. 22. Foto de Hugo Segawa.

Assis Reis, o autor do edifício da Chesf, foi apontado por Miguel Pereira como um dos arquitetos da geração formada nos anos de 1950 que procuraram estabelecer uma revisão do modernismo e lançar caminhos próprios:

> [...] é provável que se possa identificar embriões portadores de rupturas e rebeldias, no âmbito da cultura material de nossa arquitetura, tais como a obra de Assis Reis – na Bahia, Joaquim Guedes – em São Paulo, Luiz Paulo Conde – no Rio de Janeiro, Paulo Mendes da Rocha[29] – em São Paulo, Severiano Mário Porto – em Manaus, Éolo Maia – em Belo Horizonte [...] a geração dos anos 50, através do trabalho dos arquitetos citados, resistiu por duas décadas e continua incólume à cartilha racionalista. Hoje, ainda se pode admitir que continue alimentando um trabalho capaz de contribuir para novas perspectivas da arquitetura brasileira[30].

O arquiteto Joaquim Guedes, em seu depoimento no IAB-RJ, no ciclo Arquitetura Brasileira após Brasília[31], também mencionou uma arquitetura "marginal", de resistência ou antagonismo à arquitetura moderna oficial, conforme citado anteriormente (p. 61), onde apontou a obra de Assis Reis como protagonista dessa arquitetura não alinhada. Nesse mesmo ciclo de depoimentos, Assis Reis fez um histórico da implantação da arquitetura moderna na Bahia, traindo sua preocupação básica: a busca por uma arquitetura mais referenciada culturalmente e regionalmente[32].

De acordo com o arquiteto, sua primeira obra foi fortemente influenciada por Mies van der Rohe, especialmente pelo Pavilhão de Exposição de Barcelona. Posteriormente, viajando pela Europa, em conversas com estrangeiros, sentiu um choque diante do desconhecimento e desprezo que manifestavam pela cultura brasileira. Este fato levou ao reconhecimento de sua falta de consciência cultural e ao reexame de sua primeira obra. Nas palavras do arquiteto: "sua importância era por ser subproduto, e mostrar-se uma impropriedade de ambientação. Era um corpo estranho num mundo cultural forte – a cidade de Salvador"[33]. Assis Reis também descreveu esta tomada de consciência posterior à sua primeira obra, no já mencionado ciclo de depoimentos. Nas palavras do arquiteto:

---

29. Sobre Mendes da Rocha, Miguel Pereira apontou a revisão do racionalismo paulista empreendida no Pavilhão de Osaka, já referida anteriormente.

30. Miguel Pereira, "Recuperar as Utopias (A Recriação do Novo)", *AU*, n. 6, jun. 1986, p. 45.

31. Joaquim Guedes, em Cêça de Guimaraens, Cláudio Taulois, Flávio Ferreira e Sérgio Ferraz Magalhães (coords.), *Arquitetura Brasileira após Brasília, op. cit.*, vol. 3, p. 213.

32. Assis Reis, em Cêça de Guimaraens, Cláudio Taulois, Flávio Ferreira e Sérgio Ferraz Magalhães (coords.), *Arquitetura Brasileira após Brasília, op. cit.*, vol. 2.

33. Francisco de Assis Reis, "Fazer Arquitetura, um Difícil Aprendizado", *Projeto*, n. 94, dez. 1986, p. 43.

Depois desta experiência, verifiquei que os nossos aspectos regionais eram de tal força, que a arquitetura que ali quisesse sobreviver e constituir-se no bem-estar do usuário, teria que se submeter àquela importante realidade. A topografia, o clima de selva úmida e quente, amenizado pela brisa marinha e ventos elíseos, as sombras das árvores de porte, a trajetória solar e mais outros fatores que deixo de citar aqui, tudo isso me levou a uma atuação associada a este tropicalismo tão forte. E foi baseado nisto que as experiências anteriores começaram a nascer. Comecei a formar conceitos no sentido de uma fundamentação mais profunda culturalmente e sobretudo regionalmente[34].

A preocupação de Assis Reis com uma forte inserção cultural de sua obra, o levou a determinadas posições quanto à relação entre obra e entorno construído; entre a obra e o clima; entre a obra e a história.

Em artigo na revista *AU*, o arquiteto defendeu o comprometimento da obra de arquitetura com seu entorno:

Considero a ambiência gerada pela paisagem urbana o elemento mais relevante e promotor dos quadros de vida, onde se configuram os diversos espaços e limites culturais de uma cidade. Os projetos de arquitetura devem enfocar em primeira instância a realidade ambiental como um todo e suas propostas, despidas de pretensões monumentais ou de exaltações individuais, podem assegurar a formação e organização dos espaços presentes e futuros. A meu ver, o valor de um projeto é representado por suas características específicas e por sua capacidade de ambientar-se ao cenário urbano existente, que, definindo uma identidade, pode ser capaz de acenar a transformações ou evoluções enriquecedoras[35].

Um pouco adiante, no mesmo texto, Assis Reis exemplificou a diferença básica de postura com relação à ambiência urbana entre os arquitetos da segunda geração, em que se inclui o arquiteto Oscar Niemeyer. Tomando como exemplo a Praça de São Marcos, em Veneza, o arquiteto reproduziu sua declaração, emitida no Congresso Nacional de Arquitetura, na qual apontou a beleza da ambientação urbana daquela praça, obtida não pelo valor arquitetônico individual de cada edifício, mas sim, pela harmonia do conjunto. A isto contrapôs a valorização que Niemeyer dá à obra isolada, ao exaltar, por exemplo, as qualidades do Palácio dos Doges, omitindo todo o contexto urbano em que a obra se insere. Esta preocupação de relacionar a obra ao cenário urbano, pode ser sentida, por exemplo, quando Assis Reis descreveu uma de suas torres:

O "Solar das Mangueiras", habitação coletiva que projetei em 1975, incorpora a meu ver uma expressão imanada à história, ao cenário e às tradições urbanas de Salvador. Sua volumetria, com transcepto espacial proposto para tropicalizar seu interior, assentada sobre a cumeeira da escarpa, faz lembrança à silhueta da velha cidade, marcada pelas alturas dos campanários e a proposta

34. Assis Reis, em *Arquitetura Brasileira após Brasília, op. cit.*, vol. 2, p. 287.
35. Assis Reis, "Manifesto de um Baiano", *AU*, n. 6, jun. 1986, p. 32-33.

cromática de seus planos verticais vem registrar os matizes do tradicional colonial baiano[36].

Ainda em relação ao compromisso cultural com a cidade, cabe mencionar a apreciação de Sérgio Magalhães sobre a atuação de Assis Reis no processo de expansão de Salvador:

> Como homem de seu tempo, no contexto, interveio com o projeto de algumas torres destinadas a serviços (Centro Médico A. Schwaytzer) e à habitação (Solar das Mangueiras e Solar Itaigara). E como se manifesta seu "compromisso cultural"? Projetando torres, batalhando por projetar torres, é evidente – e não se omitindo, como para alguns agora é cômodo apregoar ao se vangloriarem de não terem projetado edifícios altos na cidade ou na metrópole; projetando com ênfase na expressão, desejada justamente como símbolo/vínculo da Bahia em transformação; projetando em grandes terrenos e assumindo essa condição, sem procurar falsear como se fora em estrutura urbana consolidada, assumindo essa condição justamente na implantação e na valorização dos volumes emergentes, enfatizando a forma – embora complexa como volume – a textura e a cor; guardando as características do sítio e as valorizando, ao invés de arrasá-las; enfim, arquiteturando plenamente, atento ao uso, aos costumes, ao tempo, ao clima, aos desejos. As torres de Assis Reis têm a complexidade formal de uma cultura forte e rica como é a cultura baiana[37].

Também a ambientação climática da obra arquitetônica ocupa um papel importante na determinação formal de seu trabalho. Luiz Paulo Conde, por ocasião dos debates no IAB-RJ, ressaltou esse aspecto da obra de Assis Reis:

> Uma coisa que impressionou a mim particularmente (eu já andei muito pelo Brasil e já vi várias experiências de arquitetos) na arquitetura de Assis Reis é o sentido de ligação com a terra, com o clima, com os ventos, com a orientação [...] é um dos arquitetos que conheço aqui no Brasil em que estes elementos são mais marcados e que entram na elaboração do projeto[38].

Relação que foi confirmada pelo arquiteto:

> Hoje, nos meus trabalhos, quando a edificação não se destina a um uso mais sofisticado, em que a climatização é assegurada tão somente por meios artificiais, tenho preocupação constante com a circulação do vento no ambiente. Localizados os quadrantes e seus horários de frequência, estrategicamente estas fenestrações são colocadas, subordinadas a estes fluxos. E os tetos vão subir ou descer, procurando outros escapes ou outras entradas de ar. Às vezes, inclino os tetos, e persigo o fluxo, criando saliências de captação. Às vezes, algumas fenestrações se desprendem do corpo principal para captar estas orientações[39].

---

36. *Idem*, p. 34.

37. Sérgio Magalhães, "Uma Arquitetura de Compromisso Cultural", *Projeto*, n. 94, dez. 1986, p. 45.

38. Luiz Paulo Conde, em *Arquitetura Brasileira após Brasília, op. cit.*, p. 287.

39. Assis Reis, em *Arquitetura Brasileira após Brasília, op. cit.*, p. 289.

A mesma preocupação com o clima o levou a pesquisar a relação entre o espaço interno e o externo, visando, quando possível, a uma interação:

> Então, não deveríamos talvez nunca apresentar o fechamento, mesmo por vidro. Devemos permitir a interpenetração deste espaço e talvez, mais adiante um pouco, vamos proteger de intempéries através de superfícies que sejam compatíveis com o fechamento, mesmo de superfície translúcida ou transparente, mas sempre, em primeira instância um abraço com o espaço exterior[40].

A relação com a história é fortemente ditada pela preocupação com o emprego de uma tecnologia compatível com a época, com o dever da obra de ser testemunho de seu tempo. Essa preocupação o levou a distanciar-se formalmente dos elementos históricos e tradicionais, que se tornaram referências abstratas num desenho contemporâneo: a lembrança da silhueta da cidade, os matizes cromáticos do colonial baiano, ou o emprego da técnica tradicional do tijolo. O emprego da alvenaria de tijolos na obra de Assis Reis, nas suas palavras, tem um sentido cultural mais transcendente: "Descambei para o uso do milenar e tradicional tijolo, onde realmente a humanidade detém a sua maior experiência"[41]. No entanto, o tijolo aparente nas suas obras parece ter maior compromisso com algumas das preocupações da arquitetura paulista dos anos de 1960-1970 – como a franca exposição dos elementos construtivos – do que com uma tectônica regional, ou uma ligação material de sua obra com a construção tradicional. Os materiais tradicionais são sempre usados com alguma inovação técnica: "Hoje reluto um pouco em usar telha de barro. Mas quando o faço, procuro sempre dotar de um depoimento de tecnologia atual"[42]. Em outro texto esclareceu:

> [...] a tecnologia me serve para imprimir o grau de reconhecimento e identificação no tempo. Certas circunstâncias e fases levam às vezes o arquiteto a preconceituar tecnologias, desprezando assim parte de uma potencialidade de produzir e criar uma coerência. Em outras palavras, desprezando ou até abandonando certas técnicas tradicionais de construção. Em minha experiência, procuro usar e associar tudo o que o desenvolvimento industrial permite. Trabalho com tijolo, o concreto armado, protendido, pré-moldados e pré-fabricados. É inegável que o tijolo me seduz e o emprego nas residências, inclusive como elemento de responsabilidade estática[43].

O edifício da Chesf foi considerado por Assis Reis uma obra síntese, na qual pode concretizar seu ideário arquitetônico:

> Na proposta que faço para a Chesf, obra realizada em 1977, procuro traduzir as características culturais e ambientais da Bahia, buscando captar a magia

40. *Idem*, p. 289-291.
41. *Idem*, p. 287.
42. *Idem*, p. 292.
43. Assis Reis, "Fazer Arquitetura...", art. cit., p. 44.

da atmosfera baiana e o entrelaçamento dos espaços tropicais. De seu acervo cultural, sintetizo minhas experiências na materialização sem preconceitos da convivência pacífica entre as tecnologias do tijolo, aço e concreto[44].

Assis Reis falou sobre o edifício da Chesf por duas vezes em 1986: nas revistas *Projeto* (n. 94, dez. 1986) e *AU* (n. 6, jun. 1986). Da época em que concebeu o projeto (1977), a principal referência para entender sua concepção arquitetônica é seu depoimento e posterior debate, publicados no conjunto de depoimentos organizados pelo IAB-RJ, sob o título *Arquitetura Brasileira após Brasília*. Principalmente durante o debate, Assis Reis expôs suas preocupações básicas, já mencionadas no presente texto, com a vinculação da arquitetura à região, por meio de referências ao contexto urbano, coerência com o clima, ausência de preconceitos no emprego de materiais, associando materiais tradicionais a outros industrializados, sempre com a preocupação de atualização tecnológica. Esses depoimentos ocorreram no IAB-RJ durante o segundo semestre de 1976 e o primeiro de 1977, portanto, bastante próximos à concepção do edifício da Chesf.

O edifício da Chesf apresenta uma série de elementos que transpareceram naquele debate: a exploração da alvenaria de tijolos[45] associada a materiais industrializados (grandes domos de fibra, perfis e estruturas metálicas); a criação de microclima e o cuidado com o projeto de ventilação; um desenho sem dúvida contemporâneo e tributário da arquitetura moderna; porém, em 1986, ao explicar o edifício, Assis Reis apresentou uma preocupação simbólica que não transparecia em seu discurso em 1976-1977:

[...] Dos seus espaços ressalto a flexibilidade característica da latinidade tropical de nossa sociedade, onde a liberdade está evidenciada pelo entrelaçamento do interior com o exterior, com a intimidade que determina a magia do ambiente baiano, fato marcante que reproduz o contexto em que vivemos. No restaurante, reproduzo na cobertura o sistema de dunas do litoral baiano, elemento que representa a grande variedade de nosso acervo ecológico e que não poderia em hipótese alguma deixar de estar registrado no corpo dessa proposta. Avançando um pouco mais, chego ao elemento água, não somente para criar uma associação com a empresa, ou quem sabe melhorar as condições climáticas; queria sim, trazer o dique do Tororó, que se encontra posicionado em meio à cidade, participando do nosso quadro urbano. Faltava-me ainda o fator surpresa que tanto encontro na minha cidade. Que ao caminhar pelas suas, às vezes estreitas, ruas me causa fascínio, provocado pelo inesperado encontro com grandes espaços abertos, voltados para o golfo, ou vice-versa. Para tentar traduzir esse encanto, responsabilizo o Castelo d'Água, onde sua forma cilíndrica, executada em tijolo, esconde dentro de si uma escada que só se precipita próximo ao topo[46].

44. Assis Reis, "Manifesto de um Baiano", art. cit., p. 33.

45. Os grandes pilares do edifício foram dimensionados para serem construídos em alvenaria portante de tijolos cerâmicos, mas acabou-se empregando o concreto armado em função dos prazos (ver *Projeto*, "A Nova Arquitetura Baiana", n. 42, 1982, p. 22.

46. Assis Reis, "Fazer Arquitetura...", art. cit., p. 46-47.

Entende-se, assim, que mais que perseguir uma arquitetura referenciada, cultural e regionalmente, o arquiteto quis fazer uma representação da paisagem e do ambiente cultural de Salvador. Representação levada a cabo por meio de uma linguagem simbólica própria, não tributária da tradição ou da história. No emprego desse simbolismo abstrato é possível estabelecer um paralelo com a arquitetura de modelo paulista, em que algumas características construtivas e espaciais passaram a simbolizar a prefiguração de uma sociedade mais igualitária e a afirmação da soberania nacional.

A sede da Chesf foi construída junto ao Centro Administrativo da Bahia. Assis Reis, por ocasião de sua participação nos depoimentos do IAB-RJ, expôs suas restrições ao projeto urbanístico, coerente com suas preocupações em relação à "ambiência urbana": "Lúcio Costa fez e devo dizer que sou contrário a este traçado, que ele não me convence. É um traçado de grandes perspectivas, por que não dizer de perspectivas monumentais, em que se torna, se não impossível, mas quase difícil, o urbano participar deste espaço"[47].

Nos projetos dos edifícios do Centro Administrativo, Assis Reis observou que passou a haver uma competição entre os arquitetos: "A coisa tomou o rumo de um furor de realização individual [...]. Acredito que tudo isto ocorreu em razão do traçado urbanístico, que distanciava excessivamente as diversas unidades governamentais"[48]. Preocupações urbanísticas que não transpareceram na sua explicação do edifício da Chesf, em que o edifício foi justificado pela representação de um todo, e não como partícipe deste todo.

Em 1986, Assis Reis estava engajado na proposta de um Centro de Identidade Cultural da Bahia (CIC), e em dois textos: "Manifesto de um Baiano" e "Fazer Arquitetura, um Difícil Aprendizado", apresenta a ideia do CIC, cuja peça-chave seria um modelo em escala 1:2000 da cidade de Salvador, com o objetivo didático de apresentar a cidade à população:

> [...] Assis propõe o conhecimento da cidade, seu autoconhecimento de modo concreto através da valorização de sua configuração urbanística ao longo do tempo [...]. É ainda elemento de leitura da cidade, de explicitação das suas estruturas pouco percebidas no cotidiano da metrópole e melhor alcançadas numa figuração. Com a ajuda do Centro de Identidade, o cidadão pode reconhecer-se como agente de cultura e dispor de instrumentos para atuar politicamente com uma base mais nítida[49].

Talvez essa preocupação com a representação da cultura baiana por meio do CIC, projeto que foi exposto nos textos de 1986, mas que já existia há algum tempo (o modelo reduzido da cidade de Sal-

47. Assis Reis, em Arquitetura Brasileira após Brasília, op. cit., vol. 2, p. 299.
48. Idem, p. 300.
49. Sérgio Magalhães, art. cit., p. 45.

vador teve sua execução iniciada em 1973 e retomada em 1979, para atualização), tenha levado o arquiteto à elaboração de um edifício com tal preocupação simbólica, considerando que tratava-se de um edifício institucional, ligado ao rio São Francisco, elemento importante na paisagem e na cultura baiana, ao mesmo tempo em que a companhia está ligada à modernização da Bahia: "Com o alcance de minha síntese, a Chesf, sentia-me e sinto-me mais abalizado para desenvolver meu ideário, ou seja, a ideia de realizar um Centro de Identidade Cultural da cidade de Salvador[50].

SESC FÁBRICA DA POMPEIA (OBRA 8)

Arquiteto:	Lina Bo Bardi
Colaboradores:	André Vainer e Marcelo Carvalho Ferraz
Local:	São Paulo, SP
Data:	1977-1986
Técnica construtiva:	Ala nova em concreto armado e lajes de concreto protendido. Restauração de galpões construídos com pilares de concreto, alvenaria de tijolos, estrutura do telhado em madeira e telhas cerâmicas
Materiais de acabamento:	Estrutura e alvenarias aparentes, pisos de concreto nos ambientes principais, pisos cerâmicos e revestimentos de azulejos
Área do terreno:	16 000 m²
Área construída:	24 000 m² (área restaurada: 12 000 m²; blocos novos: 12 000 m²)

Vista geral, *apud Projeto*, n. 117, dez. 1988, p. D2. Foto de Sérgio Gicovate.

50. Assis Reis, "Fazer Arquitetura...", art. cit., p. 47.

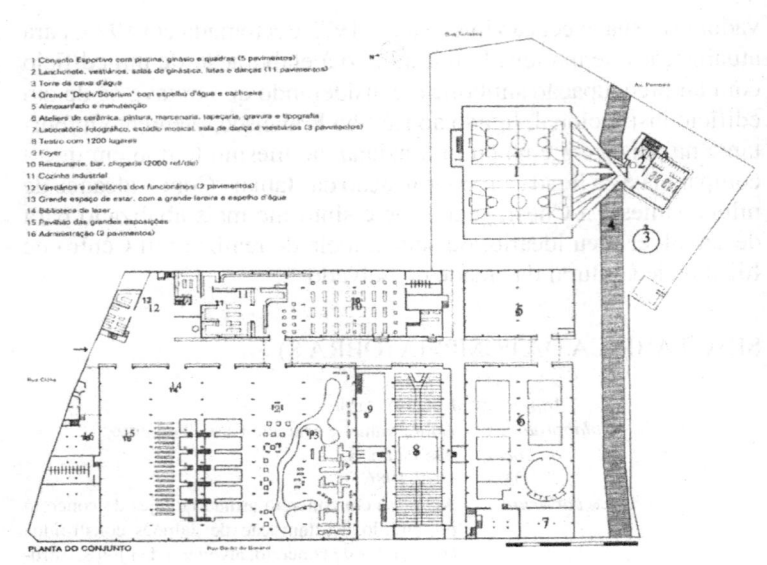

1. Conjunto esportivo com piscina, ginásio e quadras (5 pav.); 2. Lanchonete, vestiários, salas de ginástica, lutas e danças (11 pav.); 3. Caixa-d'água; 4. Deck/Solarium; 5. Almoxarifado e manutenção; 6. Ateliês de cerâmica, pintura, marcenaria, tapeçaria, gravura e tipografia; 7. Lab. fotográfico, estúdio musical, sala de dança e vestiários (3 pav.); 8. Teatro (1200 lugares). Planta do conjunto, *apud* Marcelo Carvalho Ferraz (org.), Instituto Lina Bo e P. M. Bardi, *Lina Bo Bardi,* São Paulo, Empresa das Artes, 1993, p. 222.

Espaço de estar com o espelho d'água, *apud* Marcelo Carvalho Ferraz (org.), Instituto Lina Bo e P. M. Bardi, *Lina Bo Bardi,* São Paulo, Empresa das Artes, 1993, p. 225. Arquivo do Instituto.

O Sesc Pompeia contou com um sucesso imediato de público e foi tendo, ao longo dos anos de 1980 e 1990, sua importância em relação aos rumos da arquitetura contemporânea brasileira mais e mais valorizada. A princípio aclamado como mais um exemplar da arquitetura moderna brasileira – da qual é testemunho o emprego do concreto aparente, a valorização da estrutura da antiga fábrica de tambores, a solução dos ateliês, com suas paredes de bloco de concreto aparente formando biombos, as tubulações aparentes, o despojamento do teatro – a apreciação do edifício passou por uma evolução, especialmente no entendimento da relação entre edifício e cidade ali proposta.

O roteiro *Arquitetura Moderna Paulistana* destacou a solução do edifício esportivo com vãos totalmente livres de trinta metros por quarenta metros, obtidos com o emprego de lajes nervuradas e protendidas nos dois sentidos, apontou as envasaduras irregulares para ventilação como "nota peculiar" e entendeu a torre da caixa-d'água como uma referência à antiga chaminé, demolida anteriormente[51]. É num texto da própria Lina Bo Bardi que a chave para o entendimento do significado maior da obra está claramente colocada. Lina descreveu suas duas primeiras visitas ao local, em 1976, na primeira, encantou-se com a estrutura de concreto "elegante e precursora"[52], e decidiu que os galpões deviam ser conservados, na segunda, encantou-se com a vida que se desenvolvia ali, e decidiu que também esta característica tinha que ser conservada. Nas suas palavras:

Na segunda vez que lá estive, um sábado, o ambiente era outro: não mais a elegante e solitária estrutura Hennebiqueana, mas um público alegre de crianças, mães, pais, anciãos passava de um pavilhão a outro. Crianças corriam, jovens jogavam futebol debaixo da chuva que caía dos telhados rachados, rindo com os chutes da bola na água. As mães preparavam churrasquinhos e sanduíches na entrada da rua Clélia; um teatrinho de bonecos funcionava perto da mesma, cheio de crianças. Pensei: isto tudo deve continuar assim, com toda esta alegria. Voltei muitas vezes, aos sábados e aos domingos, até fixar claramente aquelas alegres cenas populares[53].

É esta vida e alegria, e seu contraponto, a cidade desumana, que estão presentes no projeto do Sesc Pompeia. Voltando ao texto de Lina: "Assim, numa cidade entulhada e ofendida pode, de repente, surgir uma lasca de luz, um sopro de vento [...] a alegria da fábrica destelhada que continua: pequena alegria numa triste cidade[54].

51. Alberto Xavier, Carlos Lemos e Eduardo Corona, *Arquitetura Moderna Paulistana, op. cit.*, p. 208.

52. Lina Bo Bardi, em Marcelo Ferraz (org.), Instituto Lina Bo e P.M. Bardi, *Lina Bo Bardi*, São Paulo, Empresa das Artes, 1993, p. 220.

53. *Idem, ibidem.*

54. *Idem, ibidem.*

O edifício do Sesc Pompeia partiu da aceitação da cidade, com seus contrastes, sua feiura, suas nesgas de beleza e alegria. Partiu do desejo de se constituir numa nesga feliz, dando um novo significado a um trecho da cidade. A atitude de aceitação da cidade é em si um fator que demonstra uma enorme mudança de direção em relação ao que vinha sendo proposto pelas correntes mais hegemônicas da arquitetura moderna brasileira. A aceitação da cidade começou pela preservação da antiga fábrica de tambores, acarretando a drástica redução da área de projeto:

Uma galeria subterrânea de "águas pluviais" (na realidade o famoso córrego das Águas Pretas) que ocupa o fundo da área da Fábrica da Pompeia, transformou a quase totalidade do terreno destinado à zona esportiva em área *non edificanti*. Restaram dois "pedaços" de terreno livre, um à esquerda, outro à direita, perto da "torre-chaminé-caixa-d'água" – tudo meio complicado[55].

O projeto teve que se adaptar a um terreno irregular, levando em conta os galpões preexistentes, com sua carga de significados – ao invés de simplesmente fazer *tabula rasa* do existente e propor sua arquitetura. Esta complexidade advinda do projeto ter partido de uma série de condicionantes e limitações, foi bastante valorizada pela crítica dos anos de 1980. Nas palavras de Ruth Verde Zein:

E a cidade não se faz negando-a: pois que não existe o terreno ideal para a arquitetura ideal. Tal abstração é recusá-la, fechar os olhos e voltar as costas ao ambiente onde vivem tantos homens; e o arquiteto é porque trabalha para seu concidadão. A cidade não limita o arquiteto; ao contrário, incentiva sua criatividade, e lhe dá sua real dimensão de responsabilidade e humildade: nem tudo podemos[56].

Esta apreciação foi feita em 1986, quando o conjunto esportivo foi concluído, e a revista *Projeto* publicou a obra, com textos críticos de Ruth Verde Zein, Marlene Acayaba e Eduardo Subirats. Nestes quase dez anos entre a concepção do projeto e a finalização das obras, o ideário arquitetônico se alterou levando a crítica a se voltar justamente para a inserção urbana da obra.

Ruth Verde Zein começou a sua análise apontando a relação entre obra e contexto urbano. No seu entender, numa realidade como São Paulo, a obra não deve necessariamente adotar o contexto urbano, mas sim "dotá-lo".

Na fábrica da Pompeia isso acontece duas vezes. Quando se recupera o significado volumétrico da antiga e desativada fábrica ao invés, por exemplo, de demoli-la, mantendo a paisagem habitual daquele trecho de bairro, recordando sua origem de periferia fabril, mas transformando seu significado (de espaço

55. *Idem*, p. 231.

56. Ruth Verde Zein, "Fábrica da Pompeia, para Ver e Aprender", *Projeto*, n. 92, out. 1986, p. 45.

introvertido de produção em espaço extrovertido de lazer). A outra dotação é o próprio fato urbano inusitado posto pelo novo edifício das quadras esportivas, sinalizando e qualificando seu próprio evento. Re-conhecer e surpreender com o que se desconhece: ao recusar o amorfo da mera construção, a obra se fez arquitetura e cidade[57].

Os edifícios novos são inusitados, mas de forma alguma pode-se dizer que sejam caprichos individualísticos. Se expressam por meio de elementos comuns à cidade: a volumetria não é destoante, a torre mais larga está alinhada com um dos galpões, inclusive guardando a mesma dimensão lateral, a torre menor é paralela à avenida Pompeia, o concreto aparente é comum em São Paulo, mesmo como vedação, por meio de grandes empenas cegas – e é aí, abrindo janelas no concreto aparente, que Lina conseguiu um efeito surpreendente, acentuado pela disposição aleatória das aberturas na torre menor e por sua forma irregular na maior. Nas palavras de Carlos Eduardo Comas:

A simplicidade e racionalidade do partido tornam ainda mais extraordinário o impacto visual do conjunto, contrastando pela altura e material com as coberturas de barro, pela fenestração inusitada e elementos extraordinários com os edifícios especulativos de altura similar. Impossível deixar de notar esta chaminé ou vela de epiderme escamada em anéis de bordas picotadas, as paredes da torre mais baixa rasgadas por malha regular de buracos de borda irregular como os produzidos por cigarro em folha de papel, as paredes da torre mais alta perfurada por sucessão irregular de vãos retangulares e balcões superpostos, as passarelas que se abrem em leque, e se tomariam por dutos petrificados de uma refinaria imaginária[58].

Vários críticos apontaram para o fato de que a configuração do projeto do Sesc é formada por contrastes – referência à própria cidade e ao desejo de dar um novo significado a um trecho desta cidade. O roteiro da revista *Projeto*, *Arquiteturas no Brasil*: *Anos 80*, tem o pequeno texto de apresentação da obra pontuado com esses contrastes:

[...] o rigor e a concisão característicos da autora se adoçam, nas áreas recicladas, com a delicadeza de trato dos pormenores que dão vida aos ambientes [...] os interiores revelam o doce coração de tão dura mole, nas cores dos pisos e em poucos e escolhidos detalhes [...] a maestria com que a autora joga com os contrastes – novo e antigo, retas e sinuosidades, simetrias e assimetrias [...] criação de um marco urbano tão paulistano, cinza por fora e cheio de vida por dentro[59].

57. *Idem, ibidem.*

58. Carlos Eduardo Comas, "Arquitetura Brasileira: Anos 80 – Um Fio de Esperança", *AU*, n. 28, out. 1986, p. 97.

59. Hugo Segawa, Cecília Rodrigues dos Santos, Ruth Verde Zein (orgs.), *et al.*, *Arquiteturas no Brasil*: *Anos 80, op. cit.*, p. D2.

Eduardo Subirats escreveu dois artigos na revista *Projeto* sobre o Sesc Pompeia, "Os Gigantes e a Cidade" e "Arquitetura e Poesia: Dois Exemplos Latino-americanos", nos quais enumerou os contrastes que acompanharam o projeto desde sua concepção:

A fábrica e o lugar de recreação, o edifício histórico e a arquitetura moderna de concreto, o galpão industrial e as torres da cidadela, uma paisagem metropolitana dura que abriga o espaço de uma cultura popular de dimensões poéticas, [...] a conjugação de uma vanguarda artística de signo experimental e até mesmo surrealista com um público social, étnica e culturalmente diferenciado[60].

E procurou mostrar como esses contrastes se refletiram na resolução formal das torres, atingindo um teor expressionista:

O deque, como estreito passadiço entre as torres, oferece o aspecto de um alegre dique, sempre repleto de crianças e adultos estendidos ao sol. Esse ar festivo contrasta com a massa escura e a textura áspera das grandes torres, que ao mesmo tempo se confundem com a cor escura e os grandes volumes contrastados do conjunto urbano paulista. Entretanto, as grandes janelas de formas caprichosas e uniformes da torre maior voltam a assinalar a presença de um elemento sensual e aprimorado que pisca e sorri sobre os elementos mais sombrios de seu entorno urbano[61].

Na sua apresentação da cadeira do teatro do Sesc, Lina Bo Bardi falou sobre o pós-moderno:

Depois de cinicamente julgar esgotados o conteúdo e as possibilidades humanas do Movimento Moderno na arquitetura, aparece na Europa um novo lançamento: o *Post-Modern*, que pode ser definido como a Retromania, o complexo da impotência frente à impossibilidade de sair de um dos mais estarrecedores esforços humanos no Ocidente [...]. A Retromania impera, na Europa e nos Estados Unidos, absorvendo criticamente os penetras da arquitetura, que, desde o começo da industrialização gratificam as classes mais abastadas com as reciclagens espirituais do passado[62].

A modernidade em Lina Bo Bardi passou pela sua sensibilidade em relação ao Brasil e ao homem brasileiro, ao povo. É interessante que essa sensibilidade tenha se manifestado na obra de Lina, não no sentido de uma arquitetura tropical, ou de alguma forma ligada à tradição. Nas suas palavras:

Se o economista e o sociólogo podem diagnosticar com desprendimento, o artista deve agir, como parte ligada ao povo ativo, além de ligado ao intelectual. O reexame da história recente do país se impõe. O balanço da civilização brasileira "popular" é necessário, mesmo se pobre à luz da alta cultura. Este balanço não é o balanço do Folclore, sempre paternalisticamente amparado pela

60. Eduardo Subirats, "Arquitetura e Poesia: Dois Exemplos Latino-americanos", *Projeto*, n. 143, jul. 1991, p. 78.

61. *Idem, ibidem.*

62. Lina Bo Bardi, em Marcelo Ferraz (org.), *Lina Bo Bardi, op. cit.*, p. 226.

cultura elevada, é o balanço "visto do outro lado", o balanço participante. É o Aleijadinho e a cultura brasileira antes da Missão Francesa. É o nordestino do couro e das latas vazias, é o habitante das "Vilas", é o negro e o índio, é uma massa que inventa, que traz uma contribuição indigesta, seca, dura de digerir[63].

A declaração de um usuário da Igreja do Espírito Santo do Cerrado, em Uberlândia[64], diz muito da arquitetura de Lina: "Eu, no começo, até que estranhava essa construção sem nenhum acabamento. Mas, agora, sabe que estou gostando? A dona Lina quer que fique tudo assim [...] e está certa ela, afinal das contas a casa de Deus não precisa de luxo, bastam as belezuras"[65].

63. *Idem*, p. 210.

64. Projeto de Lina Bo Bardi, (1976-1982), colaboradores: André Vainer e Marcelo Carvalho Ferraz.

65. Usuário da capela citado em texto de Cecília Rodrigues dos Santos, "Porque as Catedrais não Eram Brancas", *Projeto*, n. 128, dez. 1989, p. 49.

3. Teorias Urbanas e o Desenho de Cidades no Brasil

Na segunda metade dos anos de 1970, é possível perceber novas teorias urbanas orientando o desenho de cidades e complexos habitacionais, apontando a superação do modelo de Brasília. Ao ideário de uma arquitetura mais voltada a uma realidade dada, portanto, respeitando padrões culturais urbano-espaciais, que vinha ganhando espaço nos debates dos anos de 1970, aliaram-se novas ideias geradas a partir dos anos de 1960, na Europa e Estados Unidos.

A reconstrução do pós-guerra na Europa, que implementou grandes bairros residenciais, permitiu constatar que a ideia de zoneamento estrito é prejudicial ao tecido urbano, a cidade se mostra mais viva onde existe mistura de usos: habitação, comércio, lazer, trabalho. As teorias urbanas racionalistas foram gradualmente substituídas por teorias que se preocuparam com as características locais, restabelecendo o vínculo com a história. A revisão do urbanismo moderno levou à revalorização dos espaços urbanos da cidade tradicional, espaços emparedados pelos edifícios, que o definiam tridimensionalmente. Um texto de William J.R. Curtis, de 1987, mostra bem a contraposição entre as ideias de Le Corbusier e as teorias recentes:

> Ao contrário dos urbanistas de hoje em dia, que têm como fetiche a praça e a rua definidas por fachadas, Le Corbusier queria situar a maioria de seus edifícios afastados uns dos outros. [...] As atuais ideologias urbanísticas das nações industriais avançadas se orientam para os problemas de remendar o tecido an-

tigo; não encontram muito apoio nos ataques de Le Corbusier contra a rua nem em sua aparente negligência com respeito ao espaço externo[1].

Dentro desta mudança de enfoque com relação à cidade, o contextualismo cultural foi a teoria de maior repercussão no Brasil. O contextualismo cultural se desenvolveu a partir das ideias discutidas pelo neorrealismo italiano, movimento cultural que ocorreu no segundo pós-guerra, orientando a reconstrução na Itália. Uma das principais lideranças da reconstrução foi Ernesto N. Rogers, redator chefe da *Casabella-Continuitá*, no período de 1953 a 1964. Os conceitos de Rogers pregavam, a par da necessidade de continuidade do movimento moderno, a importância das preexistências ambientais, a importância da história na arquitetura, a importância da discussão sobre tradição na cidade europeia, ideias que, em grande parte, tiveram continuidade no trabalho de seus discípulos. Josep Maria Montaner, no seu livro *Después del Movimiento Moderno*, comentou o neorrealismo italiano como um movimento cultural amplo, que se desenvolveu na arquitetura, ao mesmo tempo em que o fez na literatura e no cinema. Nas suas palavras:

> [...] em cada caso há uma busca da verossimilitude tradicional – daí a recuperação de contos populares, personagens comuns ou arquiteturas vernaculares –, um imperativo ético, uma atenção aos fatos como são, uma vontade exacerbada de comunicação baseada nos diálogos, uma luta contra todo formalismo, seja clássico ou moderno. O realismo na arquitetura, de uma ou outra maneira, conduz ao compromisso com um desenho funcional, direto, simples[2].

Com o neorrealismo, a produção arquitetônica italiana caminhou no sentido da valorização do existente, da importância atribuída à realidade em que se vai intervir. No estabelecimento deste vínculo com a realidade, o "lugar" foi entendido como um espaço dotado de qualidade, com sentido, significativo. Ernesto Rogers defendia a adaptabilidade da obra à tradição do lugar.

O contextualismo cultural se desenvolveu em continuidade a essas ideias. Nas palavras de Josep Maria Montaner:

> Se trata de uma posição definida já nos anos de 1950, aquela que outorga um lugar preeminente ao contexto urbano no qual se atua e ao marco cultural geral dentro do qual se situa a nova obra arquitetônica [...]. Trata-se de uma posição que coloca a cultura do lugar – o conceito de *genius loci* tal como o desenvolveu Ch. Norberg-Schulz – no centro do processo de projeto, e que busca que a arquitetura volte a situar-se entre os bens culturais do homem, entendendo-a como criação de lugares significativos, no sentido concreto e fenomenológico da palavra[3].

1. William J.R. Curtis, "Tipos para la Nueva Ciudad Industrial", *A&V*, n. 10, 1987, p. 11 e 23.

2. Josep Maria Montaner, *Después del Movimiento Moderno – Arquitectura de la Segunda Mitad del Siglo XX*, Barcelona, GG, 1993, p. 108.

3. *Idem*, p. 191.

Aldo Rossi teve uma importante contribuição no desenvolvimento destas ideias, tendo sido um dos discípulos[4] de Ernesto N. Rogers. Em 1966, Aldo Rossi publicou seu livro *A Arquitetura da Cidade*, que, de acordo com Montaner, é "um texto que alcança um papel representativo similar ao dos tratados da época clássica"[5]. Este livro buscou entender a arquitetura em relação à cidade, entendendo a cidade como um bem histórico e cultural. O livro fez uma crítica ao funcionalismo ingênuo, afirmando a importância e autonomia das formas, que vão muito além das funções estritas. Outra colocação importante é a identificação de duas partes na cidade; os monumentos, únicos e destacados, pertencentes à esfera pública, e o tecido básico da cidade, constituído pelas residências, que implica certa repetição. Esses conceitos se opõem radicalmente ao espaço urbano moderno, assim descrito por Bernard Huet:

> O modelo de cidade proposto na Carta de Atenas e ilustrado por Le Corbusier implica um espaço de tipo novo que obviamente se contrapõe, sob diversos aspectos, àquele da cidade histórica. Em primeiro lugar, este vem reduzido a uma mera abstração, isto é, unicamente em suas três dimensões. É homogêneo, isótropo e fragmentável, desprovido de direção; isento de qualquer valor cultural simbólico ou histórico. Não centraliza nenhuma estratégia política ou econômica. É um espaço considerado em termos meramente quantitativos, lugar ideal para a aplicação da repetição industrial de elementos isolados iguais uns aos outros, como também lugar de fracionamento indiferenciado, da separação funcional e da segregação, ilustrada pela técnica do zoneamento[6].

O estudo de Aldo Rossi trouxe de volta a qualificação dos espaços, toda uma gama de significados e hierarquias no desenho das cidades e dos edifícios. De acordo com Montaner:

> Esta divisão entre monumentos e tecido residencial, que pode parecer óbvia e inofensiva, teve uma enorme transcendência e é um instrumento básico para a intervenção na cidade histórica. A revalorização do monumento como fator privilegiado para definir a imagem e caráter da cidade – a vontade de recuperar a ideia de monumentalidade já havia sido anunciada nos anos de 1940 por arquitetos e críticos como Ernesto N. Rogers, Josep Luís Sert, Siegried Giedion, Louis I. Kahn ou J.M. Richards – tem consequências teóricas transcendentais e implica uma visão de cidade oposta à do movimento moderno[7].

No Brasil, a concretização dos ideais do urbanismo moderno, tornada possível por meio da construção da cidade de Brasília, já não criou o espaço homogêneo descrito por Bernard Huet. Brasília tem eixos, perspectivas e sem dúvida buscou uma alta representati-

---

4. Ao lado de Cario Aymonino, Manfredo Tafuri, Vittorio Gregotti, Giorgio Grassi.

5. Josep Maria Montaner, *op. cit.*, p. 139.

6. Bernard Huet, "A Cidade como Espaço Habitável", *AU*, n. 9, dez. 1986/jan. 1987, p. 82-83.

7. Josep Maria Montaner, *op. cit.*, p. 140.

vidade nos edifícios públicos, foi uma cidade criada para atender a estratégias políticas e econômicas, com alto valor simbólico. Entretanto, rompeu com o urbanismo tradicional pela vastidão e indefinição dos espaços abertos.

No seu texto, "De Brasília a Itá", Hugo Segawa apontou a revalorização, empreendida pelo urbanismo nacional, da malha antiga e da qualificação do espaço externo da cidade tradicional:

> E a perspectiva de se projetar sem causar "estranhamentos" parece ser o grande mote dos anos de 1980: Brasília provocou estranheza suficiente em sua vastidão de espaços e solidão aos que se sentem bem apenas nos tecidos urbanos tradicionais. Arquitetos buscam nas malhas das cidades antigas e tradicionais as relações urbanas e humanas perdidas entre as distâncias quase-rodoviárias e os "vazios" que povoam os interstícios dos espaços de urbanismo dito "moderno"[8].

COMPLEXO HABITACIONAL DE ALFABARRA (OBRA 9)

Arquitetos:	Luiz Paulo Conde, Mauro Neves Nogueira, Sérgio Ferraz Magalhães, Sandra Muylaert, João José da Silva Costa, Leonardo Stuckert Fialho, Iso Milman e Juan Carlos Di Fillippo
Local:	Rio de Janeiro, RJ
Data:	1975-1988
Construtora:	João Fortes Engenharia
Técnica construtiva:	Estrutura de concreto armado
Materiais de acabamento:	Estrutura e vedação revestidos por um só material e pintados em uma cor por edificação
Área I:	1 000 unidades habitacionais, prédios comerciais e serviços
Área II:	2 000 unidades habitacionais, três escolas e clube
Área habitacional da área I:	Cinco torres para habitação – 92 700 m²

Igreja e comércio de Alfabarra - 1987/1991 - Relação com o passeio público, *apud* *Projeto*, n. 171, jan./fev. 1994, p. H7.

8. Hugo Segawa, "De Brasília a Itá", em *Arquiteturas no Brasil: Anos 80, op. cit.*, p. 48.

Vista geral, *apud Projeto*, n. 117, dez. 1988, p. D38.

Vista do campanário, *apud Projeto*, n. 171, jan./fev. 1994, p. H6.

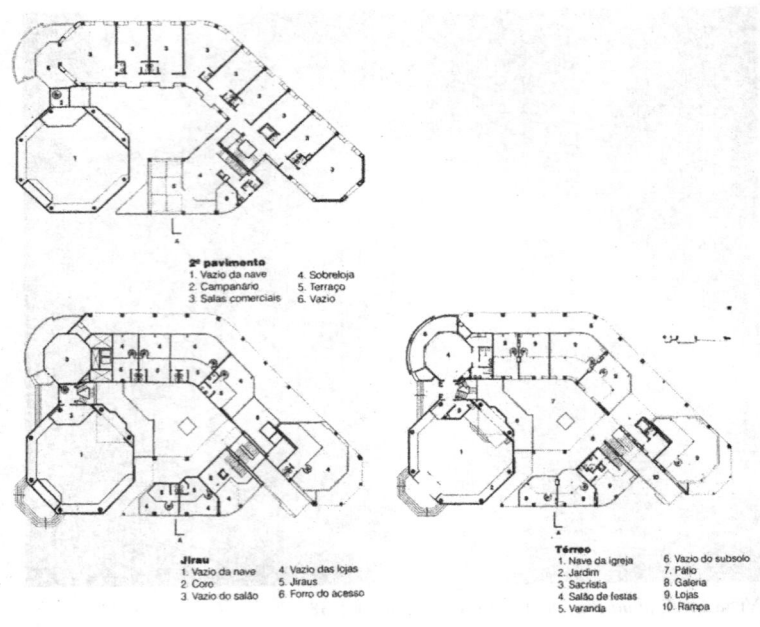

2º pavimento
1. Vazio da nave   4. Sobreloja
2. Campanário   5. Terraço
3. Salas comerciais 6. Vazio

Jirau
1. Vazio da nave   4. Vazio das lojas
2. Coro   5. Jiraus
3. Vazio do salão   6. Forro do acesso

Térreo
1. Nave da igreja   6. Vazio do subsolo
2. Jardim   7. Pátio
3. Sacristia   8. Galeria
4. Salão de festas 9. Lojas
5. Varanda   10. Rampa

Plantas do conjunto, *apud Projeto*, n. 171, jan./fev. 1994, p. H6.

O conjunto habitacional de Alfabarra se insere no plano urbanístico de Lúcio Costa para a Barra da Tijuca em Jacarepaguá. O plano piloto para a Barra da Tijuca foi desenvolvido em 1969, o projeto de Luiz Paulo Conde foi desenvolvido a partir de 1975, fruto de uma série de reflexões do arquiteto sobre o meio urbano, que levaram à revisão dos postulados urbanos modernos. Lúcio Costa desenvolveu as diretrizes para a urbanização da Barra, movido por sentimentos contraditórios que por um lado apontavam para a preservação do que havia de agreste e intocado na região, e por outro, para a premência da expansão urbana na região da Barra e planície do Jacarepaguá, vendo nessa ocupação a possibilidade de unir as zonas norte e sul da cidade e constituir um novo centro metropolitano. O plano de Lúcio Costa previa o adensamento em altura para permitir a ampla arborização[9]. O complexo de Alfabarra se situa entre a lagoa de Marapendi e o mar, obedecendo à mesma determinação para a ocupação da área entre a lagoa e a via expressa, ou seja, núcleos de torres de vinte e cinco a trinta pisos, espaçados entre si cerca de um quilômetro, estes núcleos disporiam de comércio e serviços no térreo ou em nível inferior. Nas palavras de Lúcio Costa:

9. O plano acabou sendo desrespeitado com a permissão para a construção de 300 edifícios de 18 pavimentos no entorno da Pedra da Panela, região que deveria ser mantida no estado agreste natural.

"Esses conjuntos de torres, muito afastados, além de favorecer os moradores com o desafogo e a vista, teriam o dom de balizar e dar ritmo espacial à paisagem, compensando ainda por um lado, o uso rarefeito do chão mantido agreste[10].

Dentro do plano urbanístico de Lúcio Costa, que procurou conciliar cidade e natureza, o projeto de Conde buscou recuperar qualidades urbanas. De acordo com Assis Reis: "[...] o colega Luiz Paulo Conde, já no final da década de 1970, realizava uma pesquisa sobre a habitação coletiva do Rio de Janeiro dos anos de 1930/1940, construções pré-contemporâneas, em que identificou, além dos valores e soluções construtivas e espaciais, a harmonia da ambiência formada pela edificação e logradouro"[11].

Também Luiz Paulo Conde, em depoimento no final dos anos de 1970, mencionou esta preocupação com o ambiente urbano: "Mais tarde com o estudo, discussões e aprofundamento, começamos a notar uma série de locais no Rio de Janeiro que não tinham muita qualidade arquitetônica isoladamente, mas que eram bons ambientes urbanos. Então começou-se a se preocupar com esse aspecto e a se prestar mais atenção até mesmo pela impossibilidade de arrasar tudo e fazer de novo"[12].

No pequeno texto publicado pela revista *Projeto*, "Neorracionalismo nos Trópicos", em matéria sobre o escritório Luiz Paulo Conde, a importância desta pesquisa foi reafirmada:

A cidade como base do projeto arquitetônico, o estudo aprofundado de tipologias populares e das relações urbanas voltado à prática projetual do edifício [...]. Reconhecendo valores significativos na produção informal/vernacular, em geral à margem da história oficial, e procurando sistematizá-la para auxiliar na reflexão projetual, Conde realiza uma pesquisa pioneira sobre os edifícios protomodernos cariocas construídos nas décadas de 1930 e 1940 [...]. A fusão criativa dos universos popular e erudito responde em grande parte pela qualidade arquitetônica de seus edifícios[13].

O projeto de Conde na Barra da Tijuca opera em dois níveis: os edifícios de gabarito mais baixo que abrigam equipamentos públicos: escolas, comércio, capela, clube e as torres, de vinte e dois pavimentos, destacadas na paisagem, protótipo do ideal moderno, interagindo na cidade não como fachada bidimensional, mas como volume isolado. No Brasil, o urbanismo moderno acabou permitindo a primazia do edifício de expressão sobre o meio urbano. Resultado de características próprias da arquitetura nacional, em que cabe destacar a

10. Lúcio Costa, *Lúcio Costa: Registro de uma Vivência*, São Paulo, Empresa das Artes, 1995.

11. Assis Reis, "Manifesto de um Baiano", art. cit., p. 35.

12. Depoimento de Luiz Paulo Conde *em Arquitetura Brasileira após Brasília*, *op. cit.*, p. 21.

13. "Neorracionalismo nos Trópicos", *Projeto*, n. 171, jan./fev. 1994, p. H8.

influência da obra de Oscar Niemeyer, na sua exploração plástica das formas, aliada à incipiente tradição urbana do país. As torres de Alfabarra assumem a escala regional, com uma série de preocupações que as distanciam da corrente mais hegemônica da arquitetura moderna brasileira dos anos de 1970: não há preocupação em expor ou deixar evidente a estrutura, sendo a expressão formal definida pelo desenho das unidades; há evidente predomínio dos cheios sobre os vazios, com a preocupação de adequação climática; as varandas são reentrantes, para se resguardarem do vento da Barra da Tijuca; as torres são totalmente revestidas por um só material e pintadas em tom único, que varia de edifício para edifício, ajudando a identificação. Finalmente, uma característica ressaltada nos textos sobre o conjunto foi a composição dos edifícios em base, corpo e coroamento. Num texto de apresentação do projeto, essa característica foi justificada da seguinte forma: "Estes elementos plásticos conferem à edificação um caráter próprio: não é uma torre com número indefinido de pavimentos, mas um objeto arquitetônico situado num determinado tempo e num determinado espaço em ajuste a uma determinada cultura"[14].

Ou ainda, segundo Bruno Padovano: "Num conjunto de apartamentos na Barra, no Rio de Janeiro, o arquiteto carioca Luiz Paulo Conde adota a convenção clássica base-fuste-capitel para os edifícios, para exprimir sua importância na paisagem urbana e ao mesmo tempo identificar as diferentes plantas dos apartamentos"[15].

O texto, "Neorracionalismo nos Trópicos", ao procurar resumir as características fundamentais da obra do arquiteto, destacou a "perenidade consciente" de sua obra. Perenidade que, de acordo com o texto, se expressa no rigoroso detalhamento e no caráter clássico das soluções, que se observa nas proporções e composição global[16]. Também apontou a busca por uma resolução formal que seja vinculada à sua implantação em dado lugar, criando um relacionamento específico com a paisagem onde se insere:

> Recusando a gratuidade da forma pela forma e elegendo os aspectos funcionais e necessidades concretas como ponto de partida do trabalho, Conde elabora cada vez mais uma arquitetura com forte sentido tropical, onde os cheios predominam sobre os vazios e há intenso uso de dispositivos de proteção contra a chuva e o excesso de sol; um neorracionalismo tropical que responde aos aspectos climáticos e regionais[17].

14. "Escritório Luiz Paulo Conde", texto de apresentação do projeto em "Alfabarra: Expressão Urbana e Arquitetura Habitacional", *Projeto*, n. 71, jan. 1985, p. 86.

15. Bruno Padovano, "A Arquitetura Brasileira em busca de Novos Caminhos", *AU*, n. 4, fev. 1986, p. 81.

16. *Projeto*, "Neorracionalismo nos Trópicos", art. cit., p. H8.

17. *Idem, ibidem.*

O contraponto às torres são os edifícios de gabarito baixo ocupados com atividades complementares, que têm importância local, sendo inexpressivos à distância. É por meio deles que os arquitetos procuraram recriar a paisagem urbana tradicional, com edifícios voltados para as calçadas, conformando o espaço público. É interessante acompanhar a descrição de como foi composto o conjunto de comércio e igreja de Alfabarra: "O processo compositivo de todo o conjunto partiu da decomposição de um volume único definido pela forma do lote em volumes representativos das diferentes partes do programa da igreja e do comércio"[18]. Forma de atuação oposta à arquitetura moderna, aqui o arquiteto procurou impor ao seu projeto as dimensões da quadra, como a cidade tradicional condicionava a forma dos edifícios à dimensão do terreno disponível. O conjunto comercial foi revestido com lajotas e coberto com telhas cerâmicas, reforçando seu caráter tradicional e criando uma tensão com o plano urbanístico da Barra.

CIDADE PLANEJADA DE CARAÍBA (OBRA 10)

Arquitetos:	Joaquim Guedes & Associados
Local:	Jaguarari, BA
Data:	1976-1982
Técnica construtiva:	Alvenaria de tijolos prensados, projetados especialmente, cobertura em telhas cerâmicas apoiadas sobre laje
Materiais de acabamento:	Revestimento de argamassa pintada com cal, cor a critério dos moradores
População estimada:	15 000 pessoas
Área da gleba:	Aproximadamente 200 ha

Vista geral. Arquivo do arquiteto.

18. Texto de apresentação do projeto, "Grandes Escritórios: Luiz Paulo Conde", *Projeto*, n. 171, jan./fev. 1994, p. H6.

Foto da maquete, *apud Process Architecture*, n. 17, 1980, p. 81.

Vilarejo da região: padrão urbano e arquitetura influenciaram a elaboração do plano da nova cidade, arquivo do arquiteto.

Edifícios centrais. Arquivo do arquiteto.

Residências, arquivo do arquiteto.

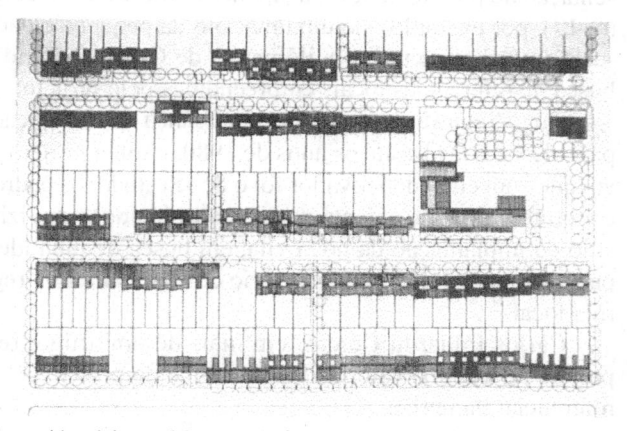

Planta de quadra residencial, *apud Process Architecture*, n. 17, 1980, p. 79.

Joaquim Guedes procurou fazer uma reflexão sobre o "destino da cidade no Brasil", esclarecendo algumas das preocupações que provavelmente nortearam o projeto de Caraíba:

Nossa missão é a de assumir o caráter coletivo e político da criação de uma nova estética que não poderá fundir-se em velhos conteúdos de refinamento tecnológico e formal. Ela deverá estar apoiada – com sensibilidade e rigor – na vida, atividades e movimentos das massas urbanas, nas revelações de seus pequenos interesses e acontecimentos cotidianos; pois os grandes interesses, provavelmente, se farão ouvir com força. A "beleza" não será clássica e serena, não será o objetivo, mas sim, o resultado do fazer lúdico, necessário e rigoroso – medida, técnica, eficiente e perfeita [...]. Nunca entendo uma arquitetura que nasça de uma intenção abstrata e obsessiva de procura da beleza [...]. Só o homem deve estar em nossas cabeças no momento do projeto: pensado, vivo, particular, com humor e esperança. Somente assim as cidades serão belas. Mas, belas como? Que beleza? O que é a beleza, mais uma vez? A beleza delas será certamente chocante, para os que preconcebiam modelos ideais, mas absolutamente nova, fresca, autêntica e real[19].

O projeto de Caraíba foi desenvolvido entre 1976 e 1982. A cidade foi criada por encomenda do BNDES, para servir de núcleo de mineração numa região rica em jazidas de cobre, para uma população estimada de quinze mil pessoas. Localiza-se em região semiárida, de caatinga, a cerca de quinhentos quilômetros de Salvador, na Bahia.

Em 1992, na Bienal de Santiago, no Chile, a cidade de Caraíba recebeu destaque como um dos oito projetos brasileiros mais importantes da década de 1980. A apreciação da cidade foi feita nas revistas especializadas, a partir de dez anos de sua concepção, e seu aspecto mais comentado foi o fato de que seu projeto procurou referenciar-se em características urbano-espaciais regionais. A apresentação do projeto na revista japonesa *Process Architecture* de 1980 (n. 17), por exemplo, incluiu uma foto da pequena cidade de Poço-de-Fora, distante trinta quilômetros de Caraíba, como modelo na busca de referências locais empreendidas pelo projeto.

Hugo Segawa, ao descrever a mudança na concepção urbana no país, desde Brasília até os anos de 1980, citou o projeto de Caraíba, em que "um cuidado inovador foi o de se estudar os padrões urbanos e arquitetônicos de assentamentos consolidados nas vizinhanças do sítio de implantação da nova vila, em busca de uma identidade espacial compatível com o repertório dos habitantes da região semiárida local"[20].

Carlos Eduardo Comas, em mais de um artigo, referiu-se ao projeto de Caraíba valorizando o esforço do projeto em procurar se referenciar na região.

[...] o interesse manifesto numa expressão não dogmática do "espírito do lugar" é razão suficiente para que, no período, o grosso da produção de qualidade e suas manifestações mais substantivas se possam enquadrar no polo neorrealista (o Sesc Pompeia de Lina Bardi e o projeto de Joaquim Guedes para a cidade nova de Caraíba) e nas suas zonas limítrofes [...][21].

Em outra ocasião descreveu o projeto frisando suas características comuns a uma típica cidadezinha do nordeste:

---

19. Depoimento de Joaquim Guedes, *Arquitetura Brasileira após Brasília, op. cit.*, vol. 3, p. 185-187.

20. Hugo Segawa, *em Arquiteturas no Brasil: Anos 80, op. cit.*, p. 48.

21. Carlos Eduardo Comas, "II Bienal Internacional de Arquitetura: Década e Meia de Arquitetura Brasileira", *AU*, n. 49, ago./set. 1993, p. 75.

Caraíba se levanta sobre um traçado xadrez, feita de quarteirões-padrão subdivididos em lotes e de quadras especiais indivisas, de ruas e de praças figurativamente definidas pelas fachadas de construções baixas em fita contrapostas ao edifício isolado aqui e ali. As construções em fita têm frente, fundos e pátios como o casario tradicional; os edifícios isolados se destacam como a igrejinha antiga[22].

Também Bruno Padovano apontou a "nova atitude perante o urbano" no projeto de Caraíba:

[...] os arquitetos da Joaquim Guedes & Associados repropõem a mesma estrutura em lotes e construções no alinhamento, de modo a respeitar a cultura urbana dos habitantes. A mistura de usos permitida se diferencia também da prática discriminatória, hoje praticada pelos diversos zoneamentos nas cidades brasileiras, que partem do princípio da segregação funcional das áreas urbanas[23].

A crítica nacional da segunda metade dos anos de 1980 e primeira metade dos anos de 1990 valorizou especialmente os aspectos que distinguiam Caraíba da cidade funcional do urbanismo moderno: a ausência de zoneamento estrito, das superquadras, dos espaços indefinidos de Brasília, tornando difícil perceber o que distingue Caraíba da típica cidadezinha do nordeste.

Ruth Verde Zein analisou aspectos da obra de Joaquim Guedes que estavam presentes em Caraíba:

Herdeiro da tradição moderna, Guedes se recusa a supô-la esgotada, em seu repertório e, mais ainda, em seu *modus operandi*. Caraíba guarda as marcas da racionalidade cartesiana e da boa influência da modernidade, embora ali se possa ver muito mais o Le Corbusier dos *redents* do que o das torres isoladas. Mas, embora em meio ao sertão semidesértico da Bahia, ele não cai na tentação da criação *ex nihilo*, tão própria dessa modernidade[24].

E apontou o racionalismo inerente ao projeto, que se manifestou na procura de adequação climática das edificações, por meio da orientação, do estabelecimento da distância entre os edifícios e da relação destes com os espaços abertos. As ruas são orientadas no sentido leste-oeste, inclinadas dez graus no sentido anti-horário, para obstruir os raios solares, assim as edificações têm orientação norte-sul, ficando menos expostas aos raios diretos. Os quarteirões são compridos e não quadrados, e todas as habitações têm as faces direcionadas para o norte e para o sul, numa solução que chega a lembrar os conjuntos de Ernst May na Alemanha. Já os edifícios comerciais

22. Carlos Eduardo Comas, "Arquitetura Brasileira: Anos 80 – Um fio de esperança", art. cit., p. 94.

23. Bruno Padovano, "A Arquitetura Brasileira em busca de Novos Caminhos", art. cit., p. 81.

24. Ruth Verde Zein, "Razão e Paixão", *Projeto*, n. 126, out. 1989, p. 108.

se libertam desse alinhamento e se posicionam nos limites das quadras formando ângulos retos entre si.

Os diferentes tamanhos de habitação se apresentam numa solução uniforme de casas geminadas cobertas com telhas cerâmicas. De acordo com descrição publicada na revista *AU*:

> As casas têm pé-direito alto, janelas pequenas e sem proteção; os telhados não possuem berais; pátios internos retêm o frio da noite. As paredes de tijolos prensados, especialmente projetados, são revestidas com argamassa e pintadas com cal. A cobertura de telha sobre laje cria massa eficiente contra o calor. O projeto não se compromete com cores, e por força de um importante traço cultural que diz respeito à pintura das casas e ao desenho das platibandas, delega essa preferência aos moradores, assim como o arranjo interno das casas[25].

O trabalho de Guedes foi desde a definição do conceito de empreendimento, que ficou estabelecido como "cidade aberta" e não "cidade de companhia", até a definição do local para as bacias dos rejeitos da mineração de cobre, até o projeto de todas as edificações. A cidade é constituída, em sua maioria, por construções térreas, o alinhamento das edificações não é uniforme, alargando e estreitando o espaço público, definindo locais de estacionamento e variedade no espaço urbano. Os edifícios centrais têm de três a quatro pavimentos, com os térreos destinados ao comércio e apartamentos nos andares superiores, proporcionando um passeio coberto, ao abrigo do sol e da chuva. O projeto conferiu especial importância às praças, a malha viária ortogonal é organizada a partir de seis praças centrais e seis praças periféricas. As praças centrais deveriam abrigar as atividades de interesse geral; igreja, mercado, escola, funcionando como "coração da cidade"[26].

O projeto procurou evitar a segregação das habitações por renda. Assim as sete categorias de habitação, definidas de acordo com sete categorias salariais, foram distribuídas por toda a cidade. Da mesma forma, as áreas vazias, previstas para o futuro crescimento urbano, também são descentralizadas. De acordo com Joaquim Guedes, "o desenho urbano tornou quase impossível a segregação, porque não há mercado imobiliário para valorizar artificialmente alguns lotes"[27]. Em Caraíba os imóveis são da companhia, sendo alugados para os funcionários. Em que pese essa situação excepcional em termos de propriedade imobiliária, o desenho urbano é claro ao definir os espaços de uso público ou privado. Nas palavras de Ruth Verde Zein, "Caraíba quer ser a antítese da cidade da especulação, onde os índi-

25. Sandra Maria Alaga Pini, "Joaquim Guedes: Documento", *AU*, n. 63, dez. 1995/ jan. 1996, p. 70.

26. Maria Inês Camargo, "Projetos e Seus Caminhos na Caatinga Baiana", *Projeto*, n. 126, out. 1989, p. 106.

27. Joaquim Guedes, *apud* Maria Inês Camargo, art. cit., p. 105.

ces de uso do solo e o zoneamento abstrato resultam, a bom ou mau grado de seus usufrutuários, em traços descontínuos fracamente unidos pelos vazios das circulações viárias"[28]. Ainda para Ruth, este desejo antissegregacionista se embala na mesma utopia democrática de Brasília, traindo a crença do arquiteto no poder da arquitetura como instrumento para minorar os contrastes da sociedade.

Distorções na execução do projeto fizeram com que Joaquim Guedes se afastasse de Caraíba, por entender que a cidade construída era inferior à projetada. Estas distorções vão desde alterações nas recomendações sobre conforto térmico, até a proibição de feira livre junto às praças.

NÚCLEO HABITACIONAL DO INOCOOP-CAFUNDÁ (OBRA 11)

Arquitetos:	Sérgio Ferraz Magalhães, Ana Luiza Petrik Magalhães, Silvia Pozzana de Barros, Clóvis Silvestre de Barros e Rui Rocha Velloso
Colaboradores:	Andréa Araújo Laranjeira, Maria Cristina Souza Lobo, José Silva Ribeiro
Local:	Rio de Janeiro, RJ
Data:	1978-1982
Área do terreno:	106 996 m²
Área construída:	128 000 m²
População prevista:	8 000 habitantes
Número de unidades:	1 443

Vista geral do conjunto, *apud Projeto*, n. 129, jan./fev./ 1990, p. 122.

28. Ruth Verde Zein, "Razão e Paixão", art. cit., p. 108.

Vista da praça central do conjunto, *apud Projeto*, n. 117, dez. 1988, p. D41.

Pavimento-tipo com circulação, *apud L'Architecture d'aujourd hui*, n. 251, jun. 1987, p. 60.

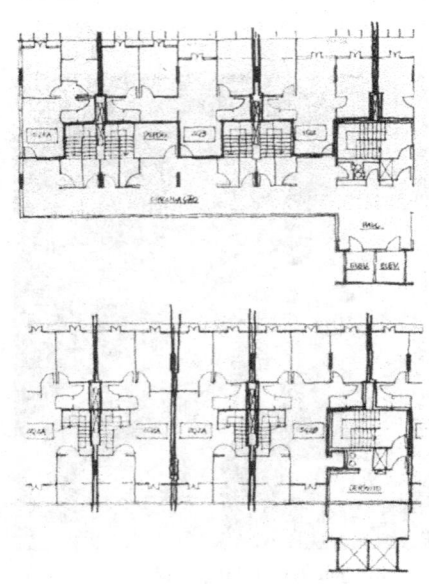

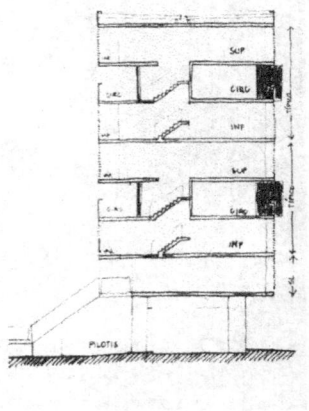

Pavimento-tipo sem circulação, *apud L'Architecture d'aujourd hui*, n. 251, jun. 1987, p. 60.

Corte de módulo-tipo, mostrando alternância dos pavimentos com circulação, *apud L'Architecture d'aujourd hui*, n. 251, jun. 1987, p. 60.

Enquanto o conjunto residencial de Alfabarra procurou imprimir, dentro de um projeto urbanístico moderno, características da cidade tradicional, e o projeto de Guedes para Caraíba rompeu com os amplos espaços do urbanismo moderno, propondo habitações geminadas em linhas contínuas, procurando definir as praças a partir dos limites estabelecidos pelas edificações, o conjunto de Cafundá foi implantado dentro da cidade convencional, criando uma "ilha" com traçado diferenciado. Na descrição oferecida no roteiro da revista *Projeto, Arquiteturas no Brasil: Anos 80*: "Os edifícios galgam o terreno em pequeno morro, abrindo entre si espaços comunitários que culminam numa praça na cota mais elevada. Entre os edifícios e os limites do terreno situam-se os equipamentos, promovendo sua integração com o bairro"[29]. Além das habitações, foram previstos escola, centro comunitário, quadras de esporte e área de lazer. Embora rompendo com o alinhamento convencional de ruas e quarteirões, o projeto incorporou em parte as revisões do Team X, ao procurar definir espacialmente os espaços abertos; promover a integração do conjunto com o bairro; preocupar-se, enfim, com a definição de uma estrutura urbana propiciadora de trocas sociais.

O projeto foi selecionado em concurso promovido pelo Inocoop-Rio/BNH e premiado pelo IAB-RJ em 1986. O concurso de ideias ocorreu em 1977, o projeto foi desenvolvido em 1978-1979, e as obras tiveram início em 1980. O conjunto foi projetado para aproximadamente 8000 pessoas, a serem distribuídas em 1443 unidades habitacionais. A área de implantação foi um morro de 10,7 ha, cercado por ruas existentes, num bairro de ocupação ainda incipiente. Formalmente, o conjunto se caracteriza por diversos blocos dispostos irregularmente, galgando o morro. Os blocos se acomodam à declividade do terreno, mantendo uma cota máxima, assim os blocos das áreas mais baixas possuem um número maior de pavimentos, o alinhamento das construções varia, de forma a permitir um melhor ajuste ao terreno e constituir uma praça interna. A circulação de veículos é independente. O projeto inicial previa que as circulações de pedestres dos diversos blocos estariam unidas por meio de pontes, interligando todo o conjunto, na solução final os blocos são independentes ou unidos dois a dois.

A solução formal do conjunto foi ditada por preocupações conceituais da equipe, que levaram às opções de implantação e concentração do conjunto[30]. Os arquitetos consideraram que deviam respeitar a escala do entorno construído; como era impossível integrar pelo mimetismo, afastaram os edifícios dos limites do terreno, instalando nas áreas periféricas os equipamentos de uso comunitário, que fariam

29. Hugo Segawa, Cecília Rodrigues dos Santos, Ruth Verde Zein (orgs.), *et al.*, *Arquiteturas no Brasil: Anos 80, op. cit.*, p. D40.

30. Ver apresentação do projeto na *Projeto*, n. 32, ago. 1981, p. 63-72.

a transição da velha escala para a nova escala. Os arquitetos defenderam a concentração, argumentando que a casa isolada ou conjugada assente sobre o terreno não é mais solução para os problemas da habitação no mundo contemporâneo, e que os conjuntos convencionais do BNH, com blocos em "H" de baixa altura, por terem que atender a uma alta densidade, para que sejam economicamente viáveis, acabam por gerar áreas livres que atendem estritamente aos recuos exigidos pela legislação, levando à diminuição das áreas de recreação e convívio. Assim, a equipe assumiu como premissa conceitual o benefício da alta densidade convenientemente distribuída; edifícios em altura, permitindo serviços e fomentando as relações sociais. Ainda quanto à definição formal do conjunto, os arquitetos se preocuparam com a identidade nos seguintes níveis: em nível comunitário, que o conjunto fosse íntegro; em contrapartida, que os condomínios fossem notáveis e expressivos no conjunto; e, finalmente, que o morador identificasse e se identificasse com a sua habitação. Na definição dos edifícios foi empregada a ordenação modular, permitindo flexibilidade de planta, usos variados e tipologias diversas nas unidades, as prumadas e instalações foram concentradas, os materiais de acabamento definidos visando a baixa manutenção. Todas as unidades têm dupla orientação, garantindo ventilação cruzada e insolação. A privacidade foi garantida, pois não há habitações próximas colocadas frente a frente.

Os arquitetos, na apresentação do projeto, fizeram uma série de croquis, mostrando diferentes hipóteses de implantação do conjunto. Os croquis procuravam provar que a opção escolhida agregava uma série de vantagens: bom rendimento, espaço central bem caracterizado, do qual as unidades participam, boa implantação, levando em conta a topografia, respeito à vegetação e à paisagem, conjunto aberto para o bairro. A preocupação básica, que acabou definindo a forma do conjunto e seu traçado excepcional na trama urbana, foi com a manutenção da paisagem, isso determinou que uma ocupação extensiva em vários níveis do terreno fosse descartada por deformar a configuração da paisagem, enquanto uma ocupação envolvendo a elevação a desfiguraria. A preocupação com a manutenção da paisagem é própria do movimento moderno:

> Não mais pátios, mas sim, apartamentos que abram todas as suas faces para o ar e a luz, e que não deem mais para as árvores doentias dos bulevares atuais, mas para relvas, para áreas reservadas a jogos e a plantações abundantes. A natureza é de novo levada em consideração. A cidade, ao invés de tornar-se um pedregal impiedoso, é concebida como um grande parque[31].

---

31. Le Corbusier, *apud* Françoise Choay, *O Urbanismo*, trad. Dafne Nascimento Rodrigues, São Paulo, Perspectiva, 1979, p. 190-191.

Assim Le Corbusier propôs abolir a rua tradicional, criando uma urbanização em que os edifícios altos liberariam o solo. Guardadas as proporções e levando em conta as revisões implementadas pelo projeto, sua implantação deve muito a esse ideal de comunhão com a natureza. Seu traçado faz com que gere uma descontinuidade na trama urbana. Em que pesem os equipamentos destinados à integração com o bairro, a organização espacial do conjunto privilegia o espaço interno aos blocos – a praça comunitária – deixando as áreas de estacionamento voltadas para a cidade.

Mauro Neves Nogueira, nos comentários que teceu sobre a premiação do IAB-RJ (1986)[32], considerou o projeto seguidor do movimento moderno e de suas ideias internacionalizadas, mas numa linha mais evolutiva com o discurso da continuidade, podendo ser considerado "transformista".

Carlos Eduardo Comas apontou as filiações do projeto: "[...] um desenvolvimento tipológico, de filão corbusiano temperado pelo Parque Guinle e por uma pitada de Team X"[33], mas ressaltou as qualidades plásticas do conjunto. O texto no roteiro da revista *Projeto, Arquiteturas no Brasil: Anos 80*, apontou a apropriação, pelo projeto, de elementos tradicionais da arquitetura moderna brasileira e carioca, como o emprego de quebra-sóis e elementos vazados, além do uso da cor. Fato que também foi apontado por Cêça de Guimaraens: "[...] nesta fase de explosão de escrituras anônimas, buscam as obras-primas da Arquitetura Moderna e com elas escrevem uma frase sem truques de retórica, compondo elementos nas fachadas, usando os materiais, jogando volumes, vazios e cores, desenhando um "habitat" de qualidade e criando espaços com arte e paixão"[34].

---

32. Mauro Neves Nogueira, "Novas Gerações à Procura de Espaços", *Projeto*, n. 98, abr. 1987, p. 87-89.

33. Carlos Eduardo Comas, "Arquitetura Brasileira: Anos 80...", art. cit., p. 93.

34. Cêça Guimaraens, "XXIV Premiação Anual: Breves Comentários para uma Arquitetura sem Retórica", *Módulo*, n. 93, jan./fev. 1987, p. 24.

RELOCAÇÃO DA CIDADE DE ITÁ: NOVA ITÁ (OBRA 12)

Arquitetos:	Equipe Técnica da Divisão de Urbanismo do Departamento de Projetos de Edificações da Eletrosul
Local:	Itá, SC
Data:	1979-1988
Técnica construtiva:	Estrutura convencional de concreto, alvenarias de tijolos, coberturas em telhas cerâmicas e estrutura de madeira
Materiais de acabamento:	Utilização de catálogo de elementos previamente detalhados, especialmente em madeira: guarda-corpos, empenas, óculos, revestimentos em argamassa ou tijolo de revestimento
População prevista:	940 habitantes
Número de habitações:	200

Edifício da Prefeitura e Câmara, *apud Projeto*, n. 126, out. 1989, p. 97. Foto de Hugo Segawa.

Pórtico da galeria comercial, *apud Projeto*, n. 126, out. 1989, p. 98. Foto de Hugo Segawa.

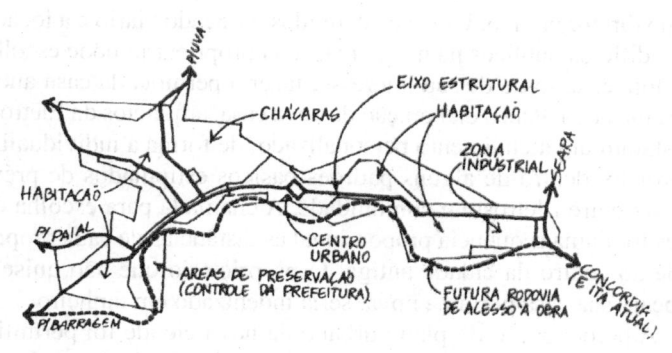

Planta de Nova Itá: estrutura urbana linear definida por eixo viário, *apud Projeto*, n. 71, jan. 1985, p. 48.

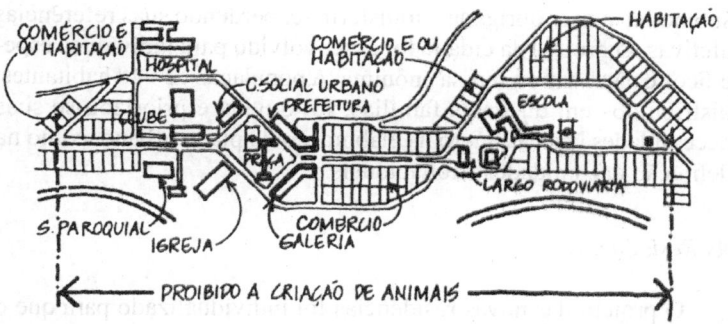

Centro da cidade com a indicação dos principais edifícios públicos, *apud Projeto*, n. 71, jan. 1985, p. 48.

Com o represamento do rio Uruguai, para instalação da usina hidrelétrica Itá, a área urbana de Itá, em Santa Catarina, seria inundada, e toda a população teria, então, de ser transferida para outra região. Assim, foi criada uma nova cidade, a quatro quilômetros da antiga. O projeto, desenvolvido pela equipe técnica da Divisão de Urbanismo da Eletrosul de Santa Catarina, foi uma experiência radical no sentido de procurar reproduzir as relações urbanas e espaciais da antiga cidade. Hugo Segawa, em "De Brasília a Itá", procurou mostrar a mudança de atitude frente à criação de novas cidades no Brasil, que, de certa forma, espelham dois extremos de concepção urbana.

Para início dos estudos de planejamento urbano, foi feita uma pesquisa direta com a população, no sentido de estabelecer um diagnóstico da situação existente e definir as necessidades básicas da população na nova cidade. A partir desses dados foi elaborado o estudo preliminar urbano, que foi submetido à população para discussão e coleta de sugestões, e a partir dessas contribuições, foi elaborado o plano diretor urbano. Uma vez definidos o traçado viário e a locação dos edifícios públicos na nova área, cada proprietário pôde escolher seu lote e, se fosse de seu interesse, fazer a permuta da casa antiga por uma nova. Para a elaboração da nova casa, arquitetos da Eletrosul prestaram um atendimento personalizado, de forma a individualizar o projeto, dentro de alguns padrões básicos estipulados de prévio acordo entre Eletrosul e comunidade. A chamada para escolha dos lotes foi numa sequência proporcional às distâncias de cada propriedade ao centro da cidade antiga. O proprietário que não quisesse "trocar" sua casa por uma nova, seria indenizado em dinheiro.

A preocupação do plano urbano da nova cidade foi permitir a manutenção das atividades desenvolvidas pela população e procurar suprir eventuais carências. Todo o projeto foi desenvolvido levando em conta a violência básica a que aquela população estava sendo submetida ao ser obrigada a transferir-se, perdendo suas referências afetivas. O projeto da cidade foi desenvolvido para indivíduos específicos e não a uma a massa anônima. A população de 940 habitantes, distribuídos em duzentas famílias, foi ouvida e priorizou-se suas necessidades básicas, tanto na elaboração do plano urbano, como na definição das unidades habitacionais.

As Residências

O projeto das novas residências foi individualizado para que o vínculo que a população tinha com a casa original não fosse perdido. Para viabilizar a execução, as casas seguiram certas relações básicas, que permitiram sua construção como se fossem iguais. Para auxiliar a relação entre morador e arquiteto, foi elaborado um catálogo com elementos previamente detalhados: guarda-corpos, detalhes de madeira, escadas, banheiros, esquadrias. O que não eliminou a possibilidade de detalhes próprios para soluções específicas. Os arquitetos se preocuparam em criar uma identificação formal dos moradores com as novas residências: "A região, por sua formação colonial e distância dos grandes centros urbanos, possui e mantém uma forte e particular expressividade arquitetônica; foi propósito do projeto trabalhar e explorar a linguagem arquitetônica vernacular local que é suporte dessa expressividade"[35].

A preocupação em manter o modo de morar da comunidade, respeitar o valor cultural dos materiais e ornamentos, levou a um quase mimetismo entre novas e antigas residências.

35. Cecília Rodrigues dos Santos, "Apenas uma Cidade", *Projeto*, n. 126, out. 1989, p. 92.

Casas de Nova Itá, *apud Projeto*, n. 126, out. 1989. p. 95 e 96. Fotos de Almir Francisco Reis.

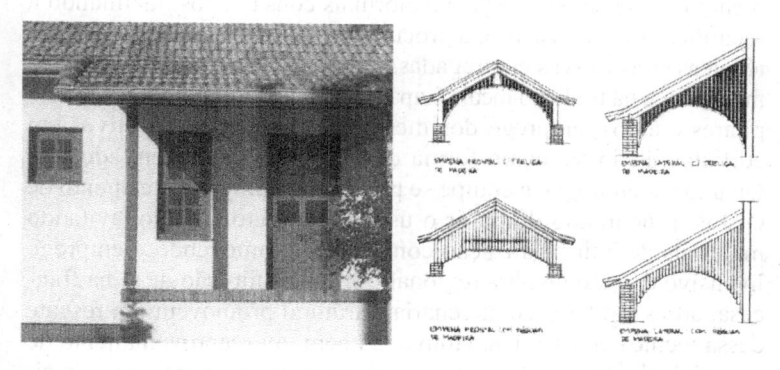

Opções de elementos construtivos produzidos em série. Variações para empena e guarda-corpo, *apud Projeto*, n. 126, out. 1989, p. 93-95.

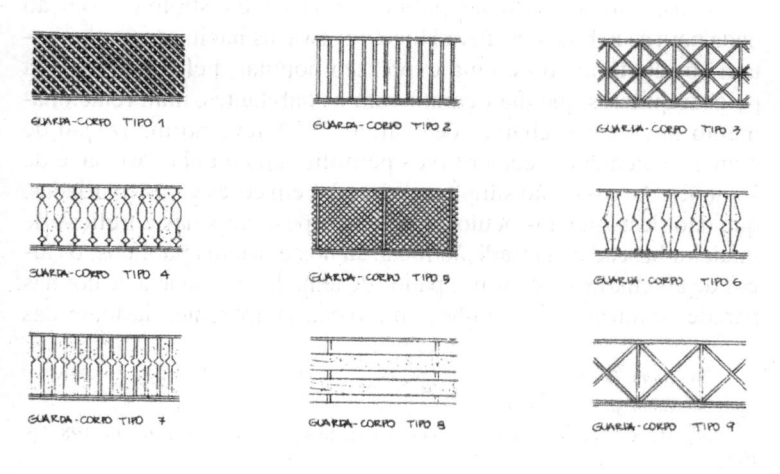

Os Edifícios Públicos

Nova Itá, cujo projeto urbano é o resultado de uma crítica ao urbanismo moderno, teve na importância atribuída aos monumentos um dos pontos principais de sua elaboração, essa importância tem, inclusive, um sentido de resgate: "Recuperar a ideia de monumento, que anteriormente possuíam os prédios públicos, fosse qual fosse a escala humana"[36]. As premissas do projeto revelam a preocupação em caracterizar a cidade por seus edifícios públicos: "A arquitetura dos principais prédios de interesse público, criando referenciais urbanos fortes, garante a particularização espacial da cidade, seja ao nível da vivência ou mesmo da lembrança por parte de seus habitantes"[37].

A expressão arquitetônica dos edifícios foi ditada pelas seguintes premissas: assimilação da dimensão da fantasia/cenografia, quer na estrutura espacial ou na expressão formal dos edifícios, admitindo o uso do decorativo e a retomada de imagens arquitetônicas vistas; o emprego de códigos espaciais/formais consagrados, facilitando a identificação pelo usuário; a procura da máxima expressividade das técnicas construtivas empregadas, inclusive com o emprego de elementos que na tradição local só apareciam na arquitetura sacra, como pilares e arcos; emprego dos mesmos elementos construtivos em edifícios distintos, como forma de reforçar a linguagem adotada. Quanto à tecnologia, a equipe se preocupou com o barateamento de custos, procurando diminuir o uso do concreto armado, evitando materiais de industrialização complexa e promovendo o emprego intensivo da mão de obra regional. As coberturas são de telha francesa, arcos e pilares em alvenaria estrutural promovem um resgate dessa técnica construtiva. Houve também um reaproveitamento de materiais de demolição, inclusive de elementos expressivos da cidade antiga, como os vitrais da igreja.

O aspecto dos edifícios públicos é bastante distinto da solução dada para as habitações. Para Hugo Segawa, as habitações representam "o rebatimento de uma expressão popular, fielmente seguida pelos arquitetos que dialogaram com os habitantes, num relacionamento que vamos chamar de 'varejo'"[38]. A leve normalização de plantas e elementos construtivos permitiu uma ampla variedade de soluções. As casas são simples, decoradas em cores vivas e variadas, que dão destaque aos óculos, guarda-corpos, empenas e treliças de madeira baseadas na tradição local. Já nos edifícios públicos, os arcos de alvenaria, os enormes panos de telhado, a ausência de cor nas paredes brancas com detalhes em alvenaria aparente, destoam das

36. *Idem, ibidem.*
37. *Idem*, p. 97.
38. Hugo Segawa, "Mimetismo ou Alternativa?", *Projeto*, n. 126, out. 1989, p. 100.

fotos que a própria matéria apresenta das construções da região. Hugo Segawa apontou uma semelhança entre o procedimento da equipe da Eletrosul na elaboração de um código formal e o do movimento neocolonial brasileiro dos anos de 1920-1930.

> Todavia, excetuando-se as escolas (com uma clareza formal obediente à funcionalidade de um programa dessa natureza) e o ginásio coberto, as demais obras ostentam plenamente essa fantasia que julgo como uma apropriação um pouco à maneira (enquanto processo) do hoje denominado "movimento neocolonial" brasileiro [...] o paralelo está na "mimese" formal deliberada do vernacular do início deste século na região – mas completamente idealizado enquanto montagem formal: é um arquétipo[39].

A equipe da Eletrosul não teve, como no urbanismo moderno, a preocupação com a preservação da paisagem, preocupou-se, sim, em criar um arcabouço construído que preenchesse as necessidades comunitárias, no sentido de identificação, orgulho, memória e vizinhança.

---

39. *Idem*, p. 102.

Parte III
Anos de 1980 e Início de 1990

1. Novas Teorias Alimentando o Pensamento Arquitetônico Nacional na Década de 1980

A questão da cidade parece estar no cerne de todos os caminhos de reavaliação e crítica da arquitetura moderna que se tornaram visíveis no início da década de 1980. Nesta década, quase sem solução de continuidade, Brasília passou da situação de modelo urbano, em que boa parte da produção dos anos de 1970 ainda se inspirou, para o consenso de representar uma proposta já superada. Nas palavras de Eduardo Comas, ao fazer um balanço dos anos de 1980:

> A reação não se limitou a criticar, como era hábito, as interpretações parciais e caricatas do esquema que proliferaram na cidade brasileira, BNH e planejadores ajudando. Evidenciou a problematicidade intrínseca – enquanto norma – do zoneamento monofuncional e da coleção de esculturas e armários gigantescos dispostos aleatoriamente sobre superquadras indivisas [...]. A repulsa da cidade funcional ao lote quanto sua apologia da coletivização de todo espaço aberto da cidade não resiste à análise elementar. Em Brasília o lote persiste como projeção. Fora de Brasília, a ânsia de se aproximar do modelo subordina a construção da cidade brasileira a relações matemático-abstratas que conferem ao lote uma preponderância que ele nunca teve quando o urbanismo era de gabarito e de alinhamento[1].

Ou, a crítica ao urbanismo moderno, nas palavras de Ruth Verde Zein:

> [...] se o arquiteto não pôde modificar o mundo com seu risco, nem por isso é menos responsável pelas distorções oriundas de suas idílicas concepções

---

1. Carlos Eduardo Comas, "Arquitetura Brasileira: Anos 80...", art. cit., p. 92-94.

[…]. O uso do solo e o zoneamento estanqueizado, duas de suas noções básicas, ajudaram a transformar a cidade em mercadoria e a paisagem urbana em traços descontínuos cuja coerência é dada apenas pelas ligações viárias[2].

Um consenso a partir de meados da década de 1980 foi a existência de um pluralismo de expressões arquitetônicas, fruto de diversos caminhos de pesquisa e indagação. Nas palavras de Eduardo Comas: "A afirmação positiva de pluralidade esteve também por trás da rejeição crescente ao reducionismo estilístico e tecnológico. O bom senso e a observação indicam que a qualidade da obra não é assegurada automaticamente pela adesão a uma corrente estilística ou pelo emprego de um material ou técnica construtiva específica"[3].

O pluralismo passou pela quebra da ideia de universalização e padronização da arquitetura moderna, assim, tanto quanto a contemporaneidade com a época, passou a importar a ideia de lugar. Do conceito de lugar pode-se entender uma arquitetura coerente com o homem que a usa, com a vida que abriga, com o cenário construído onde se insere. Para Carlos Eduardo Comas, houve uma mudança de condição:

[…] cidade e cultura se impuseram como termos de referência da produção mais instigante, substituindo a hegemonia anterior de natureza e máquina […]. Entendendo cultura como o precipitado de uma história, é evidente que, ao longo do tempo, a cidade seja o recipiente em que esse precipitado se gera mais complexo, se deposita mais palpável. Nem cabe dúvida que a cultura da condição contemporânea – Brasil incluído – é essencialmente urbana[4].

A filósofa Otília Arantes, em seu livro *O Lugar da Arquitetura depois dos Modernos*, fez uma interessante apreciação do Teatro do Mundo, de Aldo Rossi, mostrando as diversas formas como a proposta se relacionava com o contexto físico e cultural de Veneza[5]:

* O Teatro do Mundo foi baseado numa velha tradição veneziana, documentada na iconografia dos séculos XVI e XVII, a de um teatro sobre barco.
* Nele o espaço é fechado, como no teatro moderno, mas alude à mais antiga forma teatral, uma vez que sua configuração é a de uma arena circundada por arquibancadas, como um anfiteatro grego.

2. Ruth Verde Zein, "O Futuro do Passado, ou As Tendências Atuais", *Projeto*, n. 104, out. 1987, p. 105.

3. Carlos Eduardo Dias Comas, art. cit.

4. Carlos Eduardo Comas, "II Bienal Internacional de Arquitetura: Década e Meia de Arquitetura Brasileira", *AU*, n. 49, ago./set. 1993, p. 73.

5. Otília Arantes, *O Lugar da Arquitetura depois dos Modernos*, São Paulo, Edusp/ Studio Nobel, 1993, p. 43.

Teatro do Mundo (Aldo Rossi), *apud* Otília Arantes, *O Lugar da Arquitetura depois dos Modernos*, p. 45.

- O projeto foi encomendado para o Carnaval de Veneza (1979), daí sua feição de carro alegórico, dotado de mobilidade, construído com estruturas metálicas desmontáveis e paredes de tábua, como a armação dos palanques.
- Possui uma arquitetura simples, fortemente referenciada à complexidade veneziana – especialmente a arquitetura renascentista de Palladio. Planta em forma de cruz, encimada por uma cúpula octogonal – estabelece relações com os edifícios vizinhos: igreja de San Giorgio, antiga Alfândega.
- Sua localização na entrada de Veneza cria associações e faz com que assuma a fisionomia familiar de um farol.
- A conversa com a cidade continua através do olhar: um balcão no alto do edifício, faz do Teatro do Mundo mais uma das tantas torres e mirantes que olham sobre a cidade e ainda, pequenas aberturas no corpo do edifício, permitem que o espectador veja simultaneamente o espetáculo de teatro e o espetáculo que é Veneza.

Assim, nas palavras de Otília Arantes:

Aldo Rossi encara o projeto arquitetônico, e cada um deles em particular, como um "fato urbano" e, como tal, diretamente vinculado ao seu "lugar" de inserção, não apenas do ponto de vista físico ou topográfico, a sua ambiência imediata, mas um gesto referido a um espaço constituído por "elementos primários" – os monumentos, que de um certo modo encarnam aquilo que Chabot chamou a "alma da cidade" –, fatores da memória coletiva que configuram a imagem da cidade de que partirá o arquiteto[6].

6. *Idem*, p. 46.

Nessa valorização do lugar de inserção da obra arquitetônica, a realidade passou a ser valorizada. Nas palavras de Ruth Verde Zein:

> [...] imprescindível entre as tendências de futuro que as arquiteturas se preocupem em trabalhar a favor da realidade em que se inserem; o compromisso maior delas deverá ser a coerência com seu contexto, sempre tendo em vista que a realidade está em permanente transformação, integrando as contribuições que a ela são apostas, e portanto variando continuamente de parâmetros[7].

Conceito que, segundo a autora, pressupõe uma coerência de procedimento, uma coerência no fazer, que não necessariamente resulta numa uniformidade formal: "a variedade dos resultados formais seria então menos relevante que a procura contínua de adequação às nossas potencialidades, buscando soluções nas possibilidades naturais e culturais de nossa terra e nosso povo"[8].

Estas ideias foram retiradas de textos que procuraram apontar os caminhos trilhados nos anos de 1980, a partir de uma visão retrospectiva da arquitetura nacional, desenvolvida já no início dos anos de 1990. Importa aqui compreender as teorias que passaram a influenciar a arquitetura contemporânea brasileira a partir do final da década de 1970 e início da década de 1980, dando respaldo à produção crítica e projetual.

---

7. Ruth Verde Zein, "No Século XXI: Fim das Utopias ou sua Realização?", *Projeto*, n. 129, jan./fev. 1990, p. 71.

8. *Idem*, p. 71.

2. Revisão da Arquitetura Moderna: Realidade e Inspiração no Popular

O REGIONALISMO CRÍTICO

No princípio dos anos de 1980, a internacionalização do mundo em direção a uma civilização global, por meio do mercado e finanças, da tecnologia, do turismo e telecomunicações, reacendeu a ideia de regionalismo. No seu artigo "With Due Respect: Regionalism", Peter Buchanan expôs a insatisfação com o ambiente construído, num mundo que tende a homogenizar-se:

> [...] a evidência mais visível da civilização universal é que em todo lugar se encontra o mesmo entulho comercial dos blocos de escritório em cortina de vidro, prédios de apartamento pegajosos, cadeias de hambúrguer e mesmo entretenimentos descartáveis. Então, a despeito de seus óbvios benefícios, esta civilização possui também uma poderosa tendência à homogeneidade e mediocridade; isto se reflete particularmente no ambiente construído. Mas escondida no interior desta civilização e frequentemente prosperando também, está a vasta variedade da cultura local[1].

O fim da utopia universalizante da arquitetura moderna e os novos discursos críticos voltados para a noção de contexto, de lugar, de características regionais vieram alimentar uma consciência regional na América Latina. Foram organizados os SAL[2] (Seminário de

---

1. Peter Buchanan, "With Due Respect: Regionalism", *The Architecture Review* 173, n. 1035, maio 1983, p. 15.
2. O primeiro SAL foi realizado em 1985, junto com a Bienal de Buenos Aires.

Arquitetura Latino-Americana), em que se discutiu a identidade cultural dos países latino-americanos e se valorizou a produção arquitetônica mais vinculada a características regionais.

Um dos principais mentores do regionalismo dos anos de 1980 foi Kenneth Frampton, que defendeu a ideia de uma arquitetura de resistência contra o condicionamento universal pela tecnologia:

> Hoje a arquitetura só pode manter-se como disciplina crítica se assumir um papel de retaguarda, se distanciar-se em igual medida do mito do progresso do Iluminismo, assim como do impulso reacionário e irrealístico de um retomo a formas arquitetônicas do passado pré-industrial. Uma retaguarda crítica deve desligar-se tanto da otimização da tecnologia mais avançada, quanto da contínua tendência a regredir em um historicismo nostálgico e voluvelmente decorativo. A minha opinião é de que só uma retaguarda possui a capacidade de desenvolver uma cultura forte e com identidade, mantendo todavia aberto o contato com a técnica universal[3].

Assim, o impacto da civilização universal seria mediado por características próprias do lugar, como a luz, a tectônica derivada de determinada técnica estrutural, a topografia. Em seu texto "El Regionalismo Crítico: Arquitectura Moderna e Identidad Cultural", Frampton destacou o caráter ideológico do regionalismo crítico:

> Tal regionalismo depende, por definição, da conexão entre a consciência política de uma sociedade e a profissão. Entre as condições prévias para que surja a expressão regional crítica não é suficiente a prosperidade, mas também que exista um forte desejo de realizar uma identidade. Uma das causas da cultura regionalista é um sentimento anticentrista, uma aspiração a alguma forma de independência cultural, econômica e política[4].

Frampton utilizou a tese de Paul Ricoeur, segundo a qual uma "cultura mundial" híbrida só existirá por meio de uma fecundação entre a cultura enraizada e a civilização universal, assim, a cultura regional deve ser uma forma de cultura mundial, a depender de sua capacidade para recriar uma tradição enraizada e apropriar-se, ao mesmo tempo, de influências estrangeiras. Ainda para Frampton, esse processo de fecundação e reinterpretação é impuro por definição: "o regionalismo crítico é uma expressão dialética. Timidamente busca desmontar o Movimento Moderno universal com referências a valores e imagens cultivados localmente, enquanto que, ao mesmo tempo, adultera estes elementos próprios com paradigmas extraídos de fontes alheias"[5].

Na sua argumentação, Frampton não destacou a expressão regional de determinado local, antes procurou identificar atitudes re-

---

3. Kenneth Frampton, "Anti-tabula Rasa: Verso un Regionalismo Crítico", *Casabella*, Milão, n. 500, mar. 1984, p. 22.

4. Kenneth Frampton, "El Regionalismo Crítico: Arquitectura Moderna e Identidad Cultural", *A&V Monografias de Arquitectura y Vivienda*, n. 3, 1985, p. 20.

5. *Idem, ibidem*.

gionalistas em vários arquitetos, em diversas regiões do mundo. Nas suas palavras: "o regionalismo não é tanto o resultado de um esforço coletivo como a expressão de um talento individual comprometido em trabalhar a partir de algum tipo de criação enraizada"[6].

Para Alex Tzonis e Liane Lefaivre, também teóricos do movimento, o termo "regionalismo crítico" veio nomear uma tendência importante da arquitetura atual.

"Crítico" tem aqui o sentido de Kant ou Hegel, de forma de pensamento voltada sobre suas próprias regras, de autoconsciência que desarma e reconstrói o esquema do saber arquitetônico. Por "regionalismo" se designa uma forma de fazer ligada à memória e experiência coletivas de um território concreto. Como o funcionalismo, o regionalismo crítico pode expressar-se em linguagens formais distintas; não é um estilo, mas uma atitude. Compartilha com outras tendências, como o ecletismo, o historicismo ou o contextualismo, a referência à memória e ao lugar, mas usa-os de modo humanista e real, a fim de interpretar relações humanas concretas e locais, a fim de resistir aos efeitos negativos da anomia e da atopia próprias do capitalismo tardio. Para restabelecer um topos, para dar forma a uma comunidade. E isto o aproxima de outras grandes expressões da cultura de hoje, da literatura e do cinema[7].

O arquiteto regionalista, na sua explanação, destaca aspectos do tradicional e do vernáculo e os tipifica. Essas formas tipificadas são colocadas em novas situações, desfamiliarizadas, obtendo um novo significado.

Na América Latina, uma das contribuições teóricas mais importantes ao tema foi o conceito de "modernidade apropriada", desenvolvido pelo arquiteto chileno Cristián Fernandez Cox. Para chegar a esse conceito, Cox partiu do pressuposto de que o moderno pode ser entendido como o desafio histórico de transição entre uma ordem recebida e uma ordem produzida. Ora, sua tese é de que os países periféricos receberam o moderno como um "modelo" congelado.

As nações desenvolvidas do Norte, ao serem pioneiras na modernidade, geraram intrinsecamente o desafio e deram sua resposta histórica em termos "espontaneamente apropriados" (ninguém havia se modernizado antes); no nosso caso, diferentemente, o desafio inicial da modernidade chegou principalmente de fora de nós mesmos, pelo "efeito demonstração" [...] nossa condição de permanente atraso na modernização e sobretudo na modernidade, torna particularmente importante o fato de não confundirmos o desafio genérico com as respostas peculiares de determinada modernidade pioneira, que vêm a adquirir caráter emblemático, não sendo interpretados como símbolos de desafio que são, mas como a receita unívoca, congelada e dogmática da modernidade[8].

6. *Idem*, p. 23.

7. Alex Tzonis e Liane Lefaivre. "El Regionalismo Crítico y la Arquitectura Espanola Actual", *A&V Monografias de Arquitectura y Vivienda*, n. 3, 1985, p. 4.

8. Cristián Fernandez Cox, "Modernidade Apropriada, Revisada e Reencantada", trad. Anita Regina Di Marco, *Projeto*, n. 146, out. 1991, p. 124.

Assim, Fernandez Cox defendeu o desafio de criar uma "ordem produzida" na América Latina: "As elites latino-americanas, ao se recusarem a assumir sua identidade mestiça, tornaram-se alheias à sua própria realidade cultural, e têm sido sumamente inábeis no esforço de gerar uma modernidade apropriada a nossas idiossincrasias: em muitos aspectos e ocasiões têm se limitado a arremedar servilmente os padrões da modernidade do Norte"[9].

Para entender o conceito de "ordem produzida", vale a pena transcrever a apreciação do autor sobre a obra de Rogelio Salmona:

> Rogelio Salmona e outros na Colômbia, [...] em vez de copiarem o símbolo (o concreto aparente), responderam ao desafio. E, assumindo que sua tecnologia bogotana real e potencial era, em grande parte, a tecnologia do tijolo, criaram uma autêntica ordem produzida: a magnífica arquitetura moderna em alvenaria de tijolos em Bogotá, hoje paradigmática – uma nova ordem arquitetônica que, por ser autenticamente apropriada, é autenticamente moderna[10].

Arquivo Histórico Nacional, Bogotá, Colômbia (arquiteto Rogelio Salmona). *Apud Projeto*, n. 169, nov. 1993, p. 35. Foto de Hugo Segawa.

Ruth Verde Zein, em seu texto sobre o II SAL (1987), falou da necessidade de entender a identidade ou uma arquitetura latino-americana como conceitos a desenvolver e conquistar:

---

9. Cristián Fernandez Cox, "Arquitetura da Transmodernidade na América Latina", trad. Ruth Verde Zein, *Projeto*, n. 188, ago. 1995, p. 40.

10. Cristián Fernandez Cox, "Modernidade Apropriada, Revisada e Reencantada", art. cit., p. 125.

[...] uma identidade latino-americana deverá ser construída, na arquitetura, através do compromisso cotidiano com a realidade que vivemos, sem esquecer que ela está em contínuo movimento [...]. Mais do que uma coerência nos feitos, precisamos para essa identidade de uma coerência no fazer; a variedade de resultados formais é menos relevante do que a busca contínua de adequação às nossas potencialidades, conscientes de nossas vastas riquezas em contraste, sempre chocante, com nossas profundas dificuldades materiais[11].

Esta "consciência regional" tornou consenso a ideia da necessidade de um rumo próprio para a arquitetura do continente, independente e diverso do rumo tomado pela arquitetura nos países desenvolvidos. "Assim, deve-se postular ou definir, com toda clareza e energia, uma direção para que a arquitetura moderna latino-americana consolide uma alternativa própria, que atenda e dê respostas aos nossos problemas e particularidades"[12]. A identidade cultural do continente sendo entendida em função da dependência compartilhada: "O passado colonial e o desencanto presente diante do desmoronar das ilusões do desenvolvimento, com o endividamento grandioso, ajudam a compreender que a América Latina congrega – ao menos – um todo específico de um legado cultural – um conjunto de problemas, de mesma índole, que a une como região"[13].

Marina Waisman em artigo publicado na revista *Projeto*, também expôs a diferença de caminhos entre a arquitetura do mundo desenvolvido e as manifestações periféricas:

[...] a perda da unidade da cultura arquitetônica conduziu, por um lado, à destruição e ao vazio e, pôr outro, à possibilidade da livre expressão, de tal modo que aquelas que eram apenas expressões periféricas puderam encontrar seu lugar no mundo e ocupar um lugar central em suas respectivas sociedades. Chame-se a isso regionalismo ou como quiserem, mas essas arquiteturas fazem centro, onde quer que estejam[14].

A ideia de regionalismo como uma atitude própria de regiões mais periféricas, enquanto a ordem dominante, universalizante parte do centro, das regiões mais ricas, teve paralelos também no entendimento da arquitetura brasileira. O livro *Arquitetura Moderna Brasileira* de Sylvia Ficher e Marlene Milan Acayaba, ao analisar a arquitetura brasileira após 1960, dividiu a produção segundo tendências regionais, com a seguinte justificativa:

11. Ruth Verde Zein, "Construir a Identidade, com Diversidade", *Projeto*, n. 96, fev. 1987, p. 57.

12. Antonio Toca Filho, "Do Desconcerto à Certeza: Teses para uma Arquitetura Regional", AC, n. 17, abr./maio 1988, p. 89.

13. *Idem*, p. 92.

14. Marina Waisman, "O Centro se Desloca para as Margens", trad. Anita Regina Di Marco, *Projeto*, n. 129, jan./fev. 1990, p. 73-77.

Simultaneamente à construção de Brasília, devido à industrialização que se estende por todo o país, a linguagem arquitetônica de origens comuns vai se enquadrar em um novo contexto: diferenças econômicas, climáticas, tecnológicas e de programa conduzem a um processo de regionalização. Enquanto é possível falar de uma arquitetura tropical que se estende do Rio de Janeiro a Fortaleza e Manaus, o contraste entre o Sul industrializado e o Nordeste rural e pobre reflete diferenças sociais insuperáveis [...]. Deixa de existir uma expressão dominante para a arquitetura brasileira, a qual vai dar lugar a uma produção diferenciada cuja lógica deve ser procurada em cada região[15].

A revista *Projeto* fez uma retrospectiva da década de 1980 intitulada *Arquiteturas no Brasil: Anos 80*, em que procurou mostrar a produção de todo o Brasil sem priorizar o eixo Rio-São Paulo, tradicionalmente difusor de influências por sediar as principais revistas especializadas e faculdades de arquitetura. Como o regionalismo estava em pauta, quatro das monografias que acompanharam a publicação derivaram da seguinte indagação: "existe uma regionalidade específica – construída no tempo – que caracterize uma prática arquitetônica distinta das vertentes hegemônicas ou matrizes consubstanciadas na arquitetura do Rio de Janeiro e São Paulo?"[16], e um quinto texto abordou as fronteiras entre o moderno e o tradicional, interesse próprio da visão regionalista. Assim, a produção brasileira foi dividida por regiões e apresentada por meio de foto e um pequeno texto. Na sua introdução, Hugo Segawa demonstrou perplexidade diante do resultado da coletânea de obras ali apresentada: "perplexidade, sobretudo nos destaques da produção fora do eixo Rio-São Paulo, cuja diversificação e quantidade demonstra um quadro bem mais amplo do que se supunha no início dos trabalhos e que, certamente, sempre esteve excluído das 'totalizações'[17] mencionadas anteriormente"[18].

A diversidade veio fornecer um dado inédito na historiografia da arquitetura contemporânea brasileira: a arquitetura moderna brasileira sempre se apresentou como um movimento unitário, fato que o presente trabalho procurou rever. A quantidade da produção arquitetônica fora do eixo Rio-São Paulo também é um dado inédito, fruto das enormes transformações ocorridas no Brasil a partir dos anos de 1960. Portanto, o pesquisador da arquitetura contemporânea brasileira conta com um universo de produção amplo e pluralista. A possível chave, fornecida pela citada retrospectiva, a divisão por regiões geográficas, não caracterizou uma diferenciação regional da arqui-

---

15. Sylvia Ficher e Marlene Milan Acayaba, *Arquitetura Moderna Brasileira*, São Paulo, Projeto, 1982, p. 48.

16. Hugo Segawa, "À Guisa de Explicação", texto de introdução ao livro *Arquiteturas no Brasil: Anos 80*, São Paulo, Projeto, 1988, p. 7.

17. Anteriormente havia afirmado que as tentativas de totalização da arquitetura brasileira (Yves Bruand, Midlin), haviam trabalhado sobre cortes, a partir de uma preocupação de afirmação da modernidade.

18. Hugo Segawa, "À Guisa de Explicação", *op. cit.*, p. 7.

tetura, com algumas exceções, como a arquitetura amazônica, representada pela obra de Severiano Porto, João Castro Filho e Otacílio Teixeira. Existe uma tal diversidade dentro da produção de cada região, que as diversas regiões acabam se aproximando, todas possuem obras de concreto, mais ligadas à corrente hegemônica da arquitetura moderna brasileira, todas têm obras com inspiração na arquitetura vernacular (não necessariamente específicas de sua região – exceção para a cidade de Nova Itá em Santa Catarina, e a já mencionada arquitetura amazônica), todas têm obras mais ligadas às correntes internacionais de revisão da arquitetura moderna. Portanto, ao folhear a retrospectiva, mais que uma diferenciação regional, o que se destaca é a obra de um ou outro arquiteto, cujo traço pessoal acaba por se associar a esta ou àquela região.

Uma das vozes contrárias à ideia de regionalismo crítico como um caminho para a arquitetura contemporânea foi a de Alan Colquhoun. Na sua visão, o que o adjetivo "crítico" significa é: preservar uma essência regional, mantendo as qualidades da cultura local, contra a civilização universal racionalizante, e resistir ao retorno meramente nostálgico do passado. São duas ideias separadas e, na sua opinião, contraditórias. Para Colquhoun, a tipificação dos motivos tradicionais, sugerida por Tzonis e Lefaivre, e consequente desfamiliarização da arquitetura da vida cotidiana, atinge o objetivo oposto: "sugerindo que tudo o que resta de um corpo original e unitário de arquitetura regional são fragmentos, pedaços e peças, tirados de seu contexto original"[19]. Ainda para Colquhoun: "a ideia de regionalidade é apenas um dentre uma série de conceitos de representação arquitetônica e dar-lhe importância especial significa seguir uma tradição crítica já muito trilhada, que não tem mais a relevância que pode ter tido no passado"[20].

Assim, para Colquhoun, a utilização de materiais, tipologias ou morfologias locais é válida para produzir ideias arquitetônicas originais, únicas e relevantes em relação ao contexto, e não para expressar a "essência" de determinadas regiões.

Para Josep Maria Montaner, a proposta de Kenneth Frampton, ao detectar regionalismos arquitetônicos em muitos contextos, a partir da obra de arquitetos como Jorn. Uto, Luis Barragem, Álvaro Sisa Vieira, e mesmo Mário Bota, Estadão Ando, José Antonio Codec, contém limitações. Nas palavras de Montaner: "Em essência nos parece paradoxal colocar uma atitude de resistência e regionalismo a partir de um ponto de vista geral e internacional, que em última

---

19. Alan Colquhoun, "O Conceito de Regionalismo", *Projeto*, n. 159, dez. 1992, p. 77.

20. *Idem, ibidem.*

instância não deixa de ter vontade homogeneizadora e totalizadora, forçando a realidade"[21].

O regionalismo crítico deixou de ser discutido nos anos de 1990. Em seu texto "Espacio y Antiespacio, Lugar y No Lugar en la Arquitectura Moderna"[22], Josep Maria Montaner tratou do assunto, usando o termo "arquiteturas do lugar". Nesse texto, além de colocar como origem da arquitetura do lugar a estética pitoresca, que Alex Tzonis e Liane Lefaivre haviam considerado como a origem do regionalismo[23], mencionou vários arquitetos em cujas obras Frampton havia identificado atitudes regionalistas: Luís Barragem; Jorn. Uto, o catalão José Antonio Codec, entre outros, como mestres da arquitetura do lugar. O conceito de "arquitetura do lugar" não parece implicar o forte fator ideológico que os mentores do regionalismo crítico viam no movimento: desejo de afirmação de uma comunidade e independência cultural, econômica ou política; sentimento anticentrista. Montaner, no mesmo texto, expôs uma outra atitude em relação ao lugar, vivida pelos arquitetos americanos (citou Louis Kahn, Oscar Niemeyer, Roberto Burle Marx) que é, nas suas palavras: "o desafio da transformação, o de criar lugar onde não existe, transformar o não lugar americano em lugar"[24].

Em artigo na revista *Projeto*, Hugo Segawa denunciou o perigo de um discurso ideológico "latino-americanista", legitimador de uma linguagem institucionalmente permitida ou autorizada. "A ideologia consagra a ideia constituída, o saber consumado incorporado ao repertório ideológico, perdida sua força instauradora decorrente do trabalho instituinte ou fundador do saber. É preciso, então, discernir no quadro atual as atitudes 'instauradoras' e as atitudes 'ideológicas' no reconhecimento de uma arquitetura latino-americana"[25].

Hugo Segawa[26] citou o engenheiro Eládio Dieste, em contrapartida ao regionalismo crítico de Frampton[27]:

Não se pode propor como programa a realização de uma arquitetura nacional, porque não faz sentido. Uma arquitetura de personalidade forte nunca resultou de uma proposta com esse objetivo [...]. Parece-me perigosa e errônea

21. Josep Maria Montaner, "La Búsqueda de una Arquitectura Nacional", *A&V Monografías de Arquitectura y Vivienda*, n. 3, 1985, p. 61.

22. Josep Maria Montaner, *La Modernidad Superada: Arquitectura, Arte y Pensamiento del Siglo XX*, Barcelona, GG, 1997.

23. Alex Tzonis e Liane Lefaivre, "El Regionalismo Crítico y la Arquitectura Española Actual", art. cit., p. 4.

24. Josep Maria Montaner, *La Modernidad Superada*: ..., *op. cit.*, p. 42.

25. Hugo Segawa, "Dilemas da Modernidade e da Tradição na Arquitetura Brasileira", *Projeto*, n. 131, abr./maio 1990, p. 50.

26. Hugo Segawa, "Ibero-América dos Outros", *Projeto*, n. 156, set. 1992, p. 76-79.

27. O regionalismo crítico, como foi visto, é programático – necessita de um vetor ideológico que leve ao desejo de realizar uma identidade, um sentimento anticentrista.

por princípio toda arquitetura que busque o folclórico. A força de muita arquitetura espontânea está na perfeita inocência em que foi realizada[28].

Portanto, Dieste só vê a possibilidade de um regionalismo pragmático, expondo a contradição, já esboçada por Alan Colquhoun[29], da dificuldade de um regionalismo autêntico, que seja fruto de um ato de vontade. Para Hugo Segawa, "o regionalismo na arquitetura deve ser entendido apenas como um esforço de reconhecimento da diversidade, o caracterizar de uma singularidade no interior de uma totalidade: a prática de uma especificidade que se articula com uma dimensão mais ampla"[30]. Na sua análise sobre o VI SAL, Carlos Eduardo Comas apontou o esgotamento do regionalismo.

Discussões formais e informais apontaram o esgotamento das bandeiras do regionalismo e da identidade, se correlacionadas com a ideia de uma única arquitetura latino-americana. Imposições doutrinárias estão em baixa, a pluralidade de caminhos constitui um fato, triunfa a atitude mais empírica e pragmática diante das demandas de uma realidade contraditória que mescla elementos tribais e cosmopolitas. Cresce a convicção de que a noção de contextualismo precisa se redefinir; mais que adotar um contexto, o arquiteto latino-americano é frequentemente chamado a criar um contexto inovador[31].

A REVALORIZAÇÃO DO EMPIRISMO

Nos anos de 1980, a obra de Alvar Aalto passou por uma valorização no Brasil. Joaquim Guedes (em entrevista concedida a Ruth Verde Zein, em 1987, sobre a influência de Le Corbusier sobre a arquitetura paulista no final dos anos de 1950 e anos de 1960) confessou sua atração pelos escandinavos, como contrapartida ao autoritarismo de Le Corbusier:

Mesmo naquela época me preocupava, me causava certa angústia o autoritarismo de Le Corbusier [...]. E não foi por acaso que os escandinavos me atraíram: era um empirismo mais exigente e sofisticado. O homem não é só aquilo, o humanismo não pode ir numa só direção de maneira cega e autoritária. Esse homem que sabe tudo, resolve tudo, incorpora toda a sabedoria que a humanidade possui – alguma coisa está errada nisso[32].

Para Josep Maria Montaner, o empirismo representou o surgimento de uma nova concepção e método projetual:

---

28. Eládio Dieste, *apud* Hugo Segawa, "Ibero-América dos Outros", p. 77-78.

29. Alan Colquhoun, art. cit., p. 76-77.

30. Hugo Segawa, "Ibero-América dos Outros", art. cit., p. 78.

31. Carlos Eduardo Comas, "O Esgotamento do Regionalismo", *AU*, n. 48, jun./jul. 1993, p. 25.

32. Joaquim Guedes, em entrevista concedida a Ruth Verde Zein, "Le Corbusier e a Arquitetura Paulista", *Projeto*, n. 102, ago. 1987, p. 117.

Se trata de uma posição que para cada tarefa concreta busca inspiração nos dados do lugar, o clima, o programa, os futuros usuários, os materiais autóctones. O detalhe e o concreto, aquilo que todas as metodologias sistematizadoras marginalizam como anedótico, se converte em protagonista [...]. Mais que um estilo, o novo empirismo representa uma nova posição projetual do século XX [...]. Não se trata de estabelecer modelos, mas sim de desenvolver um novo conceito, um método de propor e pensar através do projeto. Logicamente é uma posição que se adequa com posições humanizadoras, respeitosas com a psicologia do usuário, e com as características do entorno e a natureza. Uma arquitetura da diversidade que terá sua maior sujeição na falta de um discurso teórico e cultural[33].

Esta nova posição projetual, descrita por Montaner para explicar o empirismo nórdico, encontra paralelo em algumas apreciações críticas feitas no Brasil nos anos de 1980. Ruth Verde Zein descreveu da seguinte forma o trabalho de Severiano Porto:

Uma arquitetura que se insere harmoniosamente no meio em que é produzida, dialogando criativamente com sua realidade, não é exótica [...]. Melhor dizendo, em seu processo de elaboração ela não deixa de fora quaisquer dados que possam ser de utilidade para a compreensão do caráter correto a se dar a cada edifício, venham de onde vierem: da sabedoria popular, das fontes eruditas, temperados com muito senso de oportunidade e muita sensibilidade artística. A ausência de preconceitos quanto a materiais, tema, local, aliada à pesquisa responsável de caminhos e propostas, produz resultados variados e adequados a cada circunstância[34].

Mauro Neves Nogueira, descrevendo a obra de James Lawrence Vianna, também se aproximou da caracterização do empirismo apresentada acima:

Vianna parte para a concepção arquitetônica sem preconceitos de forma, de materiais, de linguagem etc. [...] Ele tem uma teoria sempre *in progress* baseada no *métier* profissional e no diálogo constante com os temas arquitetônicos e com a construção. Seu trabalho se enquadra na tradição do moderno, seguindo-a de maneira livre e ajustando-a às nossas condições e necessidades[35].

Ainda sobre a obra de James Lawrence Vianna, um texto de José Wolf procurou sintetizar suas características:

Uma linguagem arquitetônica, basicamente racionalista, mas flexível de acordo com as necessidades de cada programa, que procura explorar todas as potencialidades de uma realidade ou de uma condição local, dentro da diversidade brasileira, seja em relação ao material, seja em relação à paisagem, ao entorno e à tecnologia – esse tem sido em síntese o fio condutor da equipe multidisciplinar[36].

33. Josep Maria Montaner, *Después del Movimiento Moderno: Arquitectura de la Segunda Mitad del Siglo XX*, Barcelona, GG, 1993, p. 94.

34. Ruth Verde Zein, "Um Arquiteto Brasileiro: Severiano Mário Porto", *Projeto*, n. 83, jan. 1986, p. 44-5.

35. Mauro Neves Nogueira, "O Formalismo e o Pluralismo na Arquitetura Brasileira", *Projeto*, n. 97, mar. 1987, p. 96.

36. José Wolf, "Escritório James Lawrence P. Vianna e Equipe", *AU*, n. 57, dez. 1994/ jan. 1995, p. 86.

Este caminho arquitetônico, baseado antes numa postura projetual que num receituário formal, diverge das tendências mais formalistas da arquitetura brasileira. As ideias desenvolvidas por críticos como Kenneth Frampton e Alexander Tzonis, sobre o regionalismo crítico, têm pontos de contato com o empirismo nórdico, por procurarem descrever uma arquitetura contemporânea, porém com tom local, referenciada à cultura, ao clima, à construção tradicional. A contribuição arquitetônica de Lúcio Costa pode ser entendida a partir desse enfoque, como a busca de síntese entre tradição e modernidade, como no Park Hotel São Clemente, em Nova Friburgo, de 1944.

Ruth Verde Zein associou a produção de Severiano Porto ao primeiro modernismo brasileiro:

> Sua postura relembra uma das mais interessantes características da arquitetura moderna brasileira: a adaptação de postulados genéricos, advindos dos mestres europeus, ao sítio, clima, materiais e até ao jeito nossos. Pertence a uma tradição que produziu obras como o hotel de Friburgo de Lúcio Costa, a casa de Oswald de Andrade, de Oscar Niemeyer, a caixa-d'água de Olinda, de Luís Nunes, para citar os mais conhecidos[37].

O resgate desse primeiro modernismo foi um dos caminhos de pesquisa da arquitetura nacional, valorizados pela crítica, percorrendo desde uma pesquisa mais construtiva como na escola de Nova Friburgo, de James Lawrence Vianna, com claras referências à obra de Lúcio Costa, até o interesse pelo protomodernismo, com a preocupação em recuperar determinadas características de inserção do edifício no espaço urbano e entendimento de seu papel como protagonista da cidade.

A REVALORIZAÇÃO DAS TÉCNICAS CONSTRUTIVAS TRADICIONAIS

Em seu texto "Os Materiais da Natureza e a Natureza dos Materiais" Hugo Segawa mostrou bem como um processo de conscientização ecológica despertou a partir do cartel do petróleo, quando a humanidade tomou consciência de que certos recursos energéticos eram finitos. Essa conscientização levou, entre outras questões, ao interesse sobre a urbanização no terceiro mundo, e também à uma revalorização das arquiteturas tradicionais que ainda se desenvolviam nos países periféricos. Dentro desse quadro, o concreto armado foi condenado como material inadequado para os países pobres, por exigir um parque industrial caro, poluidor e consumidor de energia. A busca de tecnologias alternativas levou à recuperação de materiais tradicionais, como a taipa. Em 1981, o Centro Georges Pompidou,

---

37. Ruth Verde Zein, "Um Arquiteto Brasileiro...", art. cit., p. 45.

em Paris, montou a exposição *Des architectures de terre*. Um dos trabalhos apresentados na mostra foi do arquiteto Hassan Fathy, cuja obra havia sido publicada no Brasil em 1980[38]. Uma obra que recuperava a tradição construtiva egípcia, a partir de um trabalho solidário com a comunidade. Neste processo de busca de tecnologias alternativas, Hugo Segawa apontou ainda outros fatores, como o livro de Sérgio Ferro, *O Canteiro e o Desenho*, publicado no final da década de 1970, que alertava para a alienação do operário no canteiro de obras.

RESIDÊNCIA HELENA COSTA (OBRA 13)

Arquiteto:	Lúcio Costa
Colaborador:	Maria Elisa Costa
Local:	Rio de Janeiro, RJ
Data:	1980-1984
Construção:	Empreiteiros locais, com fiscalização de Lúcio Costa
Técnica construtiva:	Técnica convencional, estrutura em concreto, alvenaria revestida, estrutura do telhado em madeira.
Materiais de acabamento:	Argamassa pintada, cobertura em telhas de barro, guarda-corpo em madeira.
Área do terreno:	2952 m²
Área construída:	403,5 m²

Vista geral da casa e jardim, *apud Projeto*, n. 117, dez. 1988, p. D48. Foto de Hugo Segawa.

38. Hassan Fathy, *Construindo com o Povo*, trad. Maria Clotilde Santoro, Rio de Janeiro/São Paulo, Salamandra/Edusp, 1980.

Varandas, *apud Projeto*, n. 104, out. 1987, p. 117. Foto de Hugo Segawa.

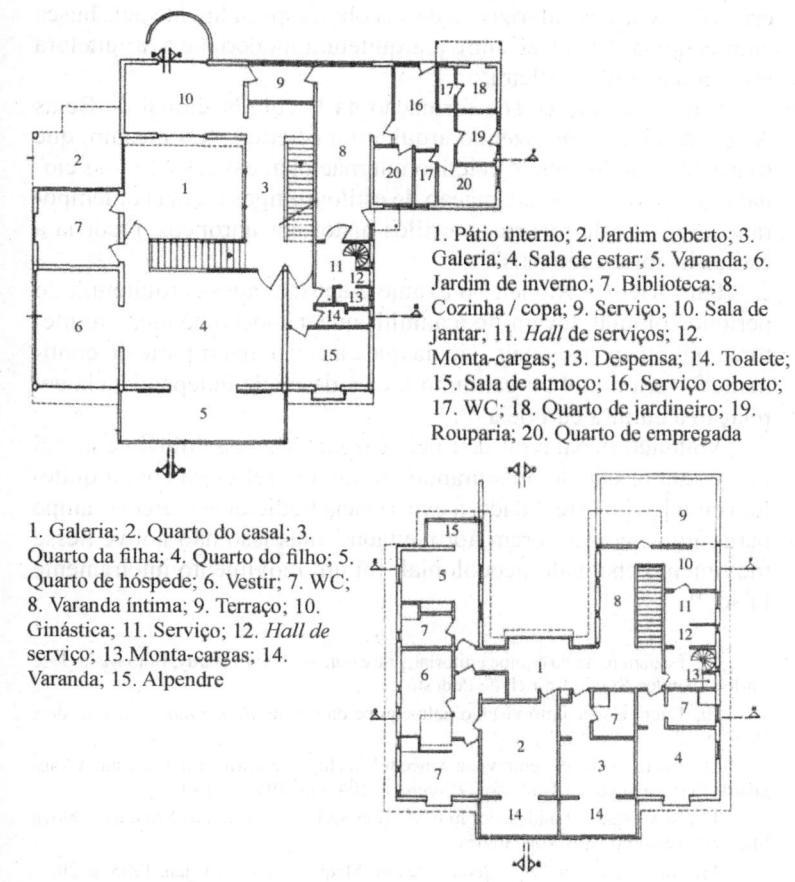

1. Pátio interno; 2. Jardim coberto; 3. Galeria; 4. Sala de estar; 5. Varanda; 6. Jardim de inverno; 7. Biblioteca; 8. Cozinha / copa; 9. Serviço; 10. Sala de jantar; 11. *Hall* de serviços; 12. Monta-cargas; 13. Despensa; 14. Toalete; 15. Sala de almoço; 16. Serviço coberto; 17. WC; 18. Quarto de jardineiro; 19. Rouparia; 20. Quarto de empregada

1. Galeria; 2. Quarto do casal; 3. Quarto da filha; 4. Quarto do filho; 5. Quarto de hóspede; 6. Vestir; 7. WC; 8. Varanda íntima; 9. Terraço; 10. Ginástica; 11. Serviço; 12. *Hall de* serviço; 13.Monta-cargas; 14. Varanda; 15. Alpendre

Plantas do primeiro e segundo pavimentos, *apud Projeto*, n. 104, out. 1987, p. 120.

A revista *Pampulha*, lançada em 1979, porta-voz de um grupo mineiro descontente com os rumos da arquitetura contemporânea no Brasil[39], publicou em seu primeiro número uma entrevista com Lúcio Costa, em que o arquiteto externou seu descontentamento frente aos rumos da arquitetura nacional: "Acho que a perspectiva vai ser uma arquitetura à moda contemporânea, esta experiência arquitetônica do mundo inteiro. Vocês fatalmente vão ser arrastados por este gosto de uma coisa [...] uma coisa um pouco [...] violentar as coisas naturais. É difícil você encontrar uma coisa natural, singela, como seria desejável na arquitetura brasileira [...]"[40].

Lúcio Costa, cujo nome, na época da entrevista, estava associado aos projetos urbanísticos para Brasília e mais recentemente, Barra da Tijuca e Centro Administrativo da Bahia, passou, a partir dos anos de 1980, a ser revalorizado como arquiteto de edificações. O rumo das discussões na primeira metade da década de 1980, de revisão da arquitetura moderna no Brasil e no mundo, como o "regionalismo crítico", levou à revalorização de sua obra, especialmente pela busca empreendida de síntese entre a arquitetura moderna e a arquitetura tradicional civil brasileira.

Lúcio Costa teve sua formação na Escola Nacional de Belas Artes, de onde saiu fazendo arquitetura eclética. "Eu mesmo, que tive esse período entre o eclético internacional e o eclético tradicional brasileiro, a fazer adaptação de estilos antigos à vida contemporânea, em vez de recorrer a estilos históricos europeus, recorria a estilos históricos do país"[41].

Para Alberto Xavier, "o exame atento de nossa arquitetura do período colonial, levam-no a admitir que a adoção de uma arquitetura com raízes nacionais – ideia que varreu a maior parte do continente[42] – era o melhor caminho face à desejada independência em relação à cultura europeia"[43].

Voltando às palavras de Lúcio Costa: "Mas esse movimento foi muito mal orientado, misturando arquitetura religiosa com arquitetura civil [...]. Na realidade, a experiência tradicional oferecia campo para muitas coisas serem aproveitadas, mas isso não houve nesse movimento chamado neocolonial, foi um movimento inteiramente falso"[44].

39. Faziam parte da equipe editorial, entre outros: Álvaro Hardy, Éolo Maia, José Carlos Laender, Sylvio Emrich de Podestá.

40. Lúcio Costa, entrevistado pela equipe da revista *Pampulha*, n. 1, nov./dez. 1979, p. 18.

41. Lúcio Costa, em entrevista concedida a Hugo Segawa, "Lúcio Costa: A Vanguarda Permeada com a Tradição", *Projeto*, n. 104, out. 1987, p. 149.

42. Nos Estados Unidos surgiu o Mission Style, ou Estilo das Missões; a Nova Inglaterra reabilitou o *cottage* inglês.

43. Alberto Xavier, "A Trajetória de um 'Maquis'", *AU*, n. 1, jan. 1985, p. 20.

44. Lúcio Costa em entrevista concedida a Hugo Segawa, art. cit., p. 149.

Segundo Alberto Xavier[45], no final da década de 1920, Lúcio Costa se deu conta do equívoco do movimento, mas só a partir da direção da Escola Nacional de Belas Artes é que traçou um novo caminho para a arquitetura brasileira. Sua permanência como diretor da Escola foi breve, devido à pressão do corpo docente conservador. Foi como diretor da Escola que entrou em contato com Gregori Warchavchik, a quem convidou para ser professor na Escola, e de quem acabou tornando-se sócio: "Nesta fase de sociedade com Warchavchik, a arquitetura é realizada com a paixão típica dos novos convertidos. A clientela afasta-se do arquiteto que esqueceu as recordações e produz obras de pura transparência. Cheios e vazios, pilotis, plantas livres, teto plano [,..]"[46].

Lúcio Costa comentou da seguinte forma sua conversão à arquitetura moderna:

[...] Warchavchik & Lúcio Costa, uma firma que durou só dois anos. Depois que encerramos essa experiência de escritório fiquei três a quatro anos sem trabalho nenhum. Um período na vida muito difícil e foi então, nessa época, que tomei conhecimento a fundo, de verdade, de todo esse movimento que havia ocorrido na Europa [...]. Aí comecei a tomar conhecimento da obra de Le Corbusier e me apaixonei, porque ele era extraordinário, tanto na paixão que tinha pelo que estava fazendo como foi o único daqueles arquitetos que trabalhavam na época, todos extraordinários – o Gropius, o Mies van der Rohe –, que fez uma abordagem completa do movimento do ponto de vista social, do ponto de vista tecnológico, das novas técnicas construtivas, e do ponto de vista plástico, ponto de vista das artes[47].

Apenas a partir de meados da década de 1930 Lúcio Costa conseguiu fazer uma união entre a arquitetura moderna e a arquitetura tradicional brasileira, época que coincidiu com o início de seus trabalhos junto ao SPHAN. Atingiu, portanto, uma maturidade na sua obra na década de 1940, quando também a arquitetura moderna brasileira conseguiu estabelecer caminhos próprios. Para Alberto Xavier, havia na época duas vertentes na arquitetura nacional.

A de Oscar Niemeyer, já insinuada no Pavilhão e explicitada com desenvoltura no conjunto de Pampulha (1942), diz respeito à superação da ortodoxia funcional e regularidade dos traçados, rumo à procura da liberdade formal. A de Lúcio Costa volta-se para preocupações distintas: a reintrodução, na arquitetura contemporânea, de um caráter nacional que garantisse uma continuidade com o passado, naquilo que ele apresentasse de "válido para hoje e para sempre"[48].

Essa procura do caráter nacional, da coisa nossa, é própria do modernismo no Brasil, tendo se manifestado na literatura, na pintura, na música:

45. Alberto Xavier, art. cit., p. 20.
46. Maria Angélica da Silva, "As Casas da Memória", *AU*, n. 38, out./nov. 1991, p. 81.
47. Lúcio Costa, em entrevista concedida a Hugo Segawa, art. cit., p. 146-147.
48. Alberto Xavier, art. cit., p. 20.

Modernistas e tradicionalistas superam divergências quando se trata da busca de um passado, de uma origem, que deve ser resgatada para orientar a prática no presente. Estão convictos que para encontrar a verdadeira arquitetura brasileira é necessário procurá-la longe, talvez no mundo totêmico de Macunaíma, ou rumo às cidades esquecidas, por trás das montanhas de Minas[49].

Lúcio Costa, entrevistado por Hugo Segawa, mencionou essa característica do moderno no Brasil:

Mas o que quero assinalar é exatamente isso: essa singularidade de que no Brasil eram as mesmas pessoas que propunham a retomada do antigo e a renovação com o moderno [...] em todos os outros países sempre houve gente diferente, cada um cuidando da sua área: tradicional e moderno. Isso marcou muito, acho, nossa experiência brasileira de síntese das duas coisas, de ver que não havia essa diferença[50].

Para Yves Bruand, a obra de Lúcio Costa apresenta gradações na síntese entre arquitetura contemporânea e arquitetura tradicional brasileira; gradações que dizem respeito mais ao programa do edifício, que a uma evolução cronológica, pois Lúcio Costa acreditava que alguns programas, como o de residência, se prestavam melhor a essa síntese. Ainda segundo Yves Bruand, nas casas de Lúcio Costa construídas entre os anos de 1930 e 1940, predomina uma linguagem contemporânea sem qualquer equívoco:

Com efeito, Lúcio Costa conseguiu evitar toda imitação servil, optando com segurança, de modo a não sacrificar o presente em nome do passado. Sua preocupação primeira foi sempre a satisfação das necessidades atuais e o bem-estar dos moradores, sem jamais deixar que as preocupações de ordem puramente histórica o dominassem. Um excelente exemplo disso é a organização da planta dessas casas. A preocupação principal foi a criação da continuidade entre exterior e interior [...]. Assim, em todas essas plantas, não há nada que possa lembrar a tradição luso-brasileira, exceto talvez a preocupação de apresentar a maioria dessas casas [...] como um bloco compacto, dominado por uma simetria para quem olha do exterior[51].

Portanto, para Yves Bruand, Lúcio Costa fez uma síntese entre arquitetura contemporânea e tradicional, em que os elementos tradicionais foram reelaborados e assimilados pela linguagem contemporânea:

Lúcio Costa preferia uma criação nova inspirada nas soluções de outrora, mas que respondesse aos problemas contemporâneos, à integração pura e simples de motivos vindos diretamente do passado. Assim, com frequência empregou um simples ripado de madeira para fechar parcialmente os espaços abertos, conseguindo obter efeitos admiráveis com as treliças baratas tão usadas na vida

---

49. Maria Angélica da Silva, art. cit., p. 78.

50. Lúcio Costa, em entrevista concedida a Hugo Segawa, art. cit., p. 149.

51. Yves Bruand, *Arquitetura Contemporânea no Brasil*, trad. Ana M. Goldberger, 2. ed., São Paulo, Perspectiva, 1991, p. 125-126.

cotidiana [...] os elementos tomados de empréstimo do passado jamais eram pastiches, não tinham por objetivo copiar o passado [...] visavam somente criar uma atmosfera psicológica e garantir uma continuidade espiritual entre a arquitetura local de outrora e a arquitetura contemporânea, em nenhum caso prejudicando a independência total desta[52].

Lúcio Costa acreditava numa grande proximidade entre a arquitetura brasileira tradicional e a arquitetura moderna. Uma vez que a arquitetura tradicional havia resolvido uma série de problemas – estéticos, construtivos, climáticos – se constituía numa fonte preciosa de ensinamentos.

Park Hotel São Clemente (arquiteto Lúcio Costa), *apud AU*, n. 38, out./nov. 1991, p. 91. Foto de Marcel Gautherot.

Com a revalorização, nos anos de 1980, das técnicas tradicionais, o Park Hotel São Clemente, em Nova Friburgo, tornou-se a obra emblemática de Lúcio Costa, na busca de síntese entre a tradição local e o espírito moderno. Hugo Segawa, no artigo "Os Materiais da Natureza e a Natureza dos Materiais" citou o hotel como "obra-síntese a demonstrar as possibilidades contemporâneas de materiais tradicionais, permeada num discurso moderno"[53]. A historiografia moderna de arquitetura brasileira valorizou muito mais o conjunto residencial Parque Guinle, em que Lúcio Costa empregou elementos da arquitetura tradicional, porém, com materiais modernos – industrializáveis. Em seu livro, Yves Bruand comentou os dois

52. *Idem*, p. 129-132.
53. Hugo Segawa, em *Arquiteturas no Brasil: Anos 80, op. cit.*, p. 36.

edifícios, sendo possível perceber que considerava o Parque Guinle uma evolução em relação ao Park Hotel:

Aqui [Park Hotel], a síntese entre a tradição local e o espírito moderno, apropriada à paisagem, atinge seu ponto alto da perfeição. Mas seu autor era capaz de muito mais, conforme demonstraria de modo peremptório alguns anos mais tarde, em outra realização que lhe foi confiada pelo mesmo cliente: o conjunto residencial do Parque Eduardo Guinle, no Rio de Janeiro[54].

Nos anos de 1980, além da residência Helena Costa, Lúcio Costa fez as casas da Amazônia para Thiago de Mello e a casa Olivia Byington, no Rio de Janeiro. Os projetos dessas casas foram publicados e comentados dentro do processo de revalorização de seu pensamento e de sua arquitetura nos anos de 1940. É interessante acompanhar essas abordagens recentes da obra de Lúcio Costa, em comparação, por exemplo, à abordagem de Yves Bruand.

Yves Bruand salientou a racionalidade que emerge da obra de Lúcio Costa: "O hotel do Parque São Clemente [...] é um notável exemplo de uma arquitetura hábil, ponderada, fruto da reflexão, onde não dominou a intuição e onde a imaginação submeteu-se à razão"[55]. Ou sobre o conjunto residencial do Parque Guinle:

Eles são plenamente representativos da obra de um discípulo de Le Corbusier, cujos princípios aí estão rigorosamente aplicados, mas são mais que isso. A perfeita coerência das soluções funcionais que orientaram as pesquisas de toda ordem e levaram à concepção plástica final, a pureza dos volumes geométricos simples de cada um dos blocos, a regularidade das proporções modulares, a preocupação com o equilíbrio que domina a composição, vinculam os edifícios diretamente à escola racionalista – mas segundo uma versão nova e personalizada, tipicamente brasileira, elaborada por Lúcio Costa[56].

Para Yves Bruand, a arquitetura de Lúcio Costa é "racionalista e clássica em sua essência"[57].

A primeira vista, pode parecer que ocorre uma contradição entre a inclinação clássica de Lúcio Costa e seu apego à arquitetura luso-brasileira, vinculada quase que sistematicamente ao movimento barroco. Isto, no entanto, não procede, por uma razão muito simples: a arquitetura colonial portuguesa é na verdade apenas parcialmente barroca e não são justamente esses traços barrocos que agradam a Lúcio Costa[58].

Nas abordagens mais recentes da obra de Lúcio Costa, o discurso é diverso. A edição número 38 da revista *AU* foi dedicada a Lúcio Costa. Nele, Alberto Petrina publicou o artigo "Uma Inspiração Latino-americana", em que reivindicou o desenvolvimento de

54. Yves Bruand, *op. cit.*, p. 135.
55. *Idem*, p. 134.
56. *Idem*, p. 137.
57. *Idem*, p. 140.
58. *Idem*, p. 123.

um pensamento – crítico e histórico – latino-americano capaz de analisar sem preconceitos a produção latino-americana.

Lúcio Costa dota o universo da modernidade europeia de uma dimensão expressiva que não possuía e que ele havia extraído de sua enraizada origem americana. Esse processo será irreversível. A monomania racionalista das origens contamina-se pelo envenenamento dos sentidos, pelos acentos mágicos de um pensamento aberto a outros horizontes perceptivos, por uma escala de proporções de inédita grandeza. Lúcio Costa e sua poesia são algo nosso: do seu Brasil, da nossa América [...]. Não é para estômagos delicados nem para cérebros limitados por uma tranquilizadora ordem preestabelecida. Sua arquitetura supõe certos riscos, que ele correu em sua vida[59].

No mesmo número da revista, Carlos Eduardo Comas fez uma leitura das quatro obras em que julga que Lúcio Costa, a partir da arquitetura de Le Corbusier, estabeleceu um estilo brasileiro de arquitetura, a saber: Ministério da Educação e Saúde (em parceria), Pavilhão Brasileiro em Nova York (em parceria), o Hotel de Friburgo e o Parque Guinle.

As obras têm em comum uma exuberância e extroversão que advêm das qualidades sensuais dos revestimentos, coberturas e elementos de proteção solar usados, da preferência enfática pelos "jogos de volumes" formal e funcionalmente contrastantes em grau ou natureza, da externalização reiterada da independência entre vedação e suporte, suporte e laje. Os térreos se fazem porosos a partir do pórtico hipostilo do Ministério, vazio entre dois sólidos. O debate formal se exacerba, a ambivalência entre circunstância e ordem propõe sabor *barroco*[60].

A atualidade de Lúcio Costa e o interesse que sua obra voltou a despertar a partir dos anos de 1980 estão ligados à procura de uma arquitetura moderna de caráter nacional, que o levou a superar a ortodoxia modernista (internacionalizante), e ao reconhecimento da legitimidade da intenção plástica.

Afeito aos pontos de vista caros à sua geração, incorrendo por vezes num discurso levemente nostálgico, quase passadista, Lúcio Costa estava, curiosamente, mais preparado para a contemporaneidade do que os colegas que se deslumbravam com o novo. Por volta de 1930, grupos bem pensantes de artistas e arquitetos preparavam-se para a sociedade que nasceria após a generalização da produção mecanizada. Mas a realidade não se comoveu com os modelos futuristas, e Lúcio se descobriu então mais perto dos fatos do que os reformadores impacientes [...]. Desse modo direto e seguro, sem maiores devaneios vanguardistas, realizou uma proeza admirável, que só agora estamos capacitados para avaliar em toda a sua extensão[61].

59. Alberto Petrina, "Uma Inspiração Latino-americana", trad. Laila Massuh, *AU*, n. 38, out./nov. 1991, p. 68.

60. Carlos Eduardo Dias Comas, "Da Atualidade de Seu Pensamento", *AU*, n. 38, out./nov. 1991, p. 70. O grifo é nosso.

61. Ricardo Christiano de Souza, "Verdade, Brasilidade, Modernidade", *AU*, n. 38, out./nov. 1991, p. 77.

Na reavaliação de Lúcio Costa, além do caráter expressivo de suas obras, sua própria atitude ao buscar os fundamentos de sua arquitetura, foi valorizada:

Da afirmação insistente de liberdade criativa do arquiteto não decorre pensá-lo como "nobre selvagem", trabalhando individualística e diretamente sobre as condicionantes de projeto sem a mediação de uma cultura especificamente arquitetônica, uma tradição disciplinar própria, um saber acumulado e sistematizado sobre a natureza e o significado dos artefatos arquitetônicos[62].

Um outro aspecto atual do pensamento de Lúcio Costa é a noção de que a cidade se faz com um conjunto de edifícios, que devem, de certa forma, se relacionar, sem exibicionismos:

Se o arquiteto é bem formado [...] evidentemente a solução que der aos problemas será uma solução interessante [...]. Mas é difícil, né? Porque realmente os arquitetos são estimulados para serem gênios, para inventar. Então, o sujeito fica inventando demais, o próprio Oscar foi culpado disso [...]. O apuro das coisas repetidas caracterizou sempre o estilo do passado [...] é disto que foi feito o estilo da época, de um país, de uma região: é essa uniformidade[63].

Ao comentar a residência Helena Costa, Hugo Segawa comentou sobre a estranheza que tal casa poderia causar no observador desavisado: "Para um arquiteto que concebeu Brasília imbricada nas teses da Carta de Atenas, da Ville Radieuse, das unidades de vizinhança, parece um contrassenso o desenho de uma casa aparentemente convencional em seu todo – mas complexa na revelação de seus pormenores"[64]. Fez também um comentário sobre o número de citações de elementos da arquitetura antiga:

[...] o pátio central (de tradição não brasileira), o balcão almofadado, a gelosia, a sacada, a varanda íntima, os alpendres, os pilares e os balaústres dos guarda-corpos e grades em quina, a disposição das telhas nos cantos, os forros em abóbada, elementos decorativos aplicados aqui e acolá (azulejos genuinamente coloniais, coruchéus de cristal, mobiliário), e por aí seguindo [...][65].

Segawa fez, então, uma divagação sobre a modernidade, com o objetivo de assegurar que o "historicismo" de Lúcio Costa não tem nada de pós-moderno, tratando-se, pelo contrário, de uma faceta da modernidade. Tanto Hugo Segawa como Alberto Xavier observaram uma continuidade no trabalho de Lúcio Costa, que, com esta casa, estaria retomando seu mote, a busca de uma arquitetura com caráter na-

---

62. Carlos Eduardo Dias Comas, "Da Atualidade de Seu Pensamento", art. cit., p. 72.

63. Lúcio Costa, em entrevista concedida à equipe da revista *Pampulha*, art. cit., p. 19.

64. Hugo Segawa, "Uma Casa de Lúcio Costa", *Projeto*, n. 104, out. 1987, p. 116.

65. *Idem, ibidem.*

cional, local e ao mesmo tempo contemporânea em sua forma de expressão.

Nas palavras de Alberto Xavier:

> Experiência que, interrompida no tempo por razões de oportunidade de projeto, é retomada quarenta anos depois – dado significativo quanto à coerência e solidez de seu pensamento, imune a modismos de qualquer sorte. E, com idêntica graça e sentido de proporção, na casa de sua filha [...]. São projetos em que os princípios da arquitetura preconizada por Le Corbusier convivem harmonicamente com técnicas e elementos tomados de empréstimo do passado[66].

É um tanto difícil avaliar o impacto que as obras de Lúcio Costa tiveram nos anos de 1940, a eventual estranheza que causavam, pois, como bem assinalou Yves Bruand, eram inequivocamente contemporâneas, embora recuperassem elementos da arquitetura tradicional brasileira. Sobre o Hotel Park comentou: "a adoção de uma estrutura de madeira, cujas colunas, vigas e pisos eram constituídos por troncos pouco debastados, apresentava uma série de vantagens: economia considerável, já que a matéria prima, abundante no local era quase gratuita; o edifício assumia um caráter de simplicidade rústica, muito apreciado pelas pessoas a que se destinava"[67].

O que nos leva a entender que havia uma boa aceitação na época, para a simplicidade que seus edifícios perseguiam, especialmente os mais rústicos (casas de campo), já o conjunto Parque Guinle teve problemas de comercialização. Nas palavras de Lúcio Costa: "os corretores da época não souberam vender – eles tiveram dificuldades no começo"[68]. Yves Bruand comentou também que Lúcio Costa tinha grande liberdade em seus projetos, uma vez que os seus poucos clientes eram famílias amigas que manifestavam total confiança no arquiteto[69].

As casas de Lúcio Costa feitas nos anos de 1980, necessariamente têm outro significado. A época é outra, se a validade de perseguir uma expressão arquitetônica com tom local se mantém, se se mantém a busca por uma arquitetura simples, despojada, no entender de Lúcio Costa coerente com o jeito brasileiro[70], em contraposição, nos anos de 1980, a arquitetura brasileira vivia uma crise com a revisão dos princípios da arquitetura moderna – movimento bastante díspar dos anos de 1940, quando a nova linguagem se impunha de forma vitoriosa. Em 1979, na já mencionada entrevista à revista *Pampulha*, Lúcio Costa acreditava que caminhávamos para uma internacionalização crescente da expressão arquitetônica, os edifícios em *curtain--wall*, as esquadrias de alumínio, e claramente não se colocava mais

66. Alberto Xavier, art. cit., p. 21.
67. Yves Bruand, *op. cit.*, p. 132.
68. Lúcio Costa, em entrevista concedida a Hugo Segawa, art. cit., p. 150.
69. Yves Bruand, *op. cit.*, p. 125.
70. Ver entrevista de Lúcio Costa concedida à equipe da revista *Pampulha*, art. cit., p. 18-19.

como protagonista do cenário arquitetônico nacional. Se nos anos de 1940, Lúcio Costa se preocupava ainda com a implantação da linguagem moderna no país, no princípio dos anos de 1980 o preocupava a excessiva internacionalização da arquitetura, ou o excesso de "criatividade" dos arquitetos, se antes era engajado no meio arquitetônico, no princípio dos anos de 1980, estava distanciado. Se nos anos de 1940 sua arquitetura tinha uma feição original, na incorporação de elementos tradicionais a uma linguagem contemporânea (ver por exemplo a estranheza da fachada da residência do Barão de Saavedra, com suas duas varandas simétricas), nos anos de 1980 suas residências se afiguram, como disse Hugo Segawa[71], convencionais.

Na residência Olivia Byington o telhado desenvolve o ângulo obtuso, diferindo das observações de Yves Bruand sobre as residências da década de 1940:

[...] precaveu-se ao máximo para não copiar as formas do passado que não mais se justificassem, mesmo quando admirava sua elegância. Não retomou nem a curva graciosa do telhado português, nem o complexo vigamento que o tornava possível, pois depois que as paredes tinham deixado de ser de taipa, material particularmente vulnerável às infiltrações, a preocupação de lançar as águas pluviais longe das paredes não era mais fundamental[72].

Na residência Helena Costa, o arquiteto se permitiu um vestíbulo paramentado, em parte, com azulejos da antiga Sé da Bahia[73], mais uma vez se distanciando das observações de Yves Bruand.

[...] Lúcio Costa desejou conservar, em suas residências, um aspecto totalmente contemporâneo de modo a não evocar o estilo neocolonial da década de 1920; assim, pareceu-lhe que o branco absoluto era uma necessidade que se impunha especificamente para o gênero tradicional das casas [...]. Igualmente notável é a ausência quase total de azulejos, encontrados somente em alguns pontos secundários, especialmente na residência de Roberto Marinho, onde realçam o enquadramento de uma porta de serviço. Lúcio Costa parece ter deixado de lado voluntariamente esse processo [...] para evitar cair num excesso decorativo que teria prejudicado a simplicidade estritamente arquitetônica que pretendia dar a suas casas[74].

Talvez não só por estes detalhes, as casas de Lúcio Costa nos anos de 1980 guardam um caráter distinto de sua obra dos anos de 1940. Se em 1980, não havia mais o compromisso de lutar pela implantação da arquitetura moderna, é possível perceber, pelas observações de Lúcio Costa, o desejo de humanização dessa arquitetura, da reintrodução do caráter "natural, singelo, espontâneo" na arquitetura brasileira.

71. Hugo Segawa, "Uma Casa de Lúcio Costa", art. cit., p. 116.
72. Yves Bruand, *op. cit.*, p. 128-29.
73. Hugo Segawa, "Uma Casa de Lúcio Costa", art. cit., p. 116.
74. Yves Bruand, *op. cit.*, p. 132.

RESIDÊNCIA DOS PADRES CLARETIANOS (OBRA 14)

Arquitetos:	Affonso Risi Jr. e José Mário Nogueira de Carvalho Jr.
Local:	Batatais, SP
Data:	1982-1984
Construção:	Empreiteiros locais – engenheiro Luís Alberto Fantacini; mestre de obras Benedito Brunherotti
Técnica construtiva:	Alvenaria portante de tijolo de barro cozido, cobertura em abóbodas, cúpulas e lajes planas de tijolo.
Materiais de acabamento:	Alvenaria aparente no interior e exterior, esquadrias em madeira e ferro, pisos de pedra.
Área do terreno:	13 000 m²
Área construída:	1 000 m²

Vista geral, *apud Projeto*, n. 137, dez. 1990/jan. 1991, p. 30. Foto de Graça Aguiar.

Pilar de granito na sala de refeições, *apud Projeto*, n. 117, dez. 1988, p. D24. Foto de Graça Aguiar.

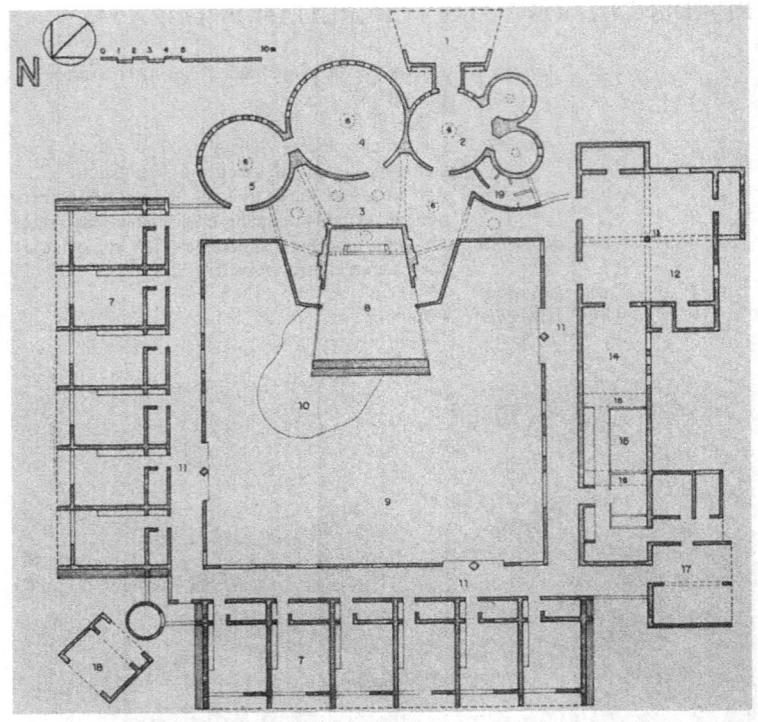

Planta baixa do conjunto, *apud Projeto*, n. 137, dez. 1990/jan. 1991, p. 34. 1.
Acesso; 2. Recepção; 3. Galerias com arcos; 4. Reuniões; 5. Estar; 6. Domo; 7.
Dormitório e sanitário; 8. Capela; 9. Pátio; 10. Espelho de água; 11. Claustro; 12.
Refeitório; 13. Pilar de granito; 14. Cozinha; 15. Serviços; 16. Projeção da
iluminação; 17. Garagem; 18. Coletor de energia solar; 19. Sanitário.

Enquanto a revalorização da obra de Lúcio Costa ocorreu no
final da década de 1980, em grande parte em função das discussões
ocorridas nos SAL, a residência dos padres claretianos teve repercussão quase imediata, tendo recebido o Prêmio Rino Levi do IAB-
-SP em 1983.

A residência dos Padres Claretianos propôs a retomada do tijolo
como material estrutural, numa organização de canteiro que dava
margem à contribuição criativa do operário. Num comentário sobre
a obra, Antônio Carlos Sant'Anna Jr. mencionou Rodrigo Léfèvre
(parceiro de Sérgio Ferro) e Hassan Fatty:

Lembro-me como hoje do sorriso do Rodrigo Léfèvre ao voltar da visita
à casa dos padres claretianos, em 1983 [...]. Uma obra que redescobre o saber
e o prazer do canteiro. Hassan Fathy observava que "queria, se possível, superar o abismo que separa a arquitetura popular daquela feita pelo arquiteto". O
canteiro é o espaço privilegiado da construção dessa possibilidade, onde o intercâmbio dos saberes rompe com a heteronomia e a alienação. Contra uma

visão senhorial da cultura, fundada no mito do autor, se propõe uma dialética entre autores[75].

Também Luís Carlos Daher comentou a obra em função da nova relação proposta no canteiro:

> Não deve ser por acaso que a comissão julgadora da Premiação Anual do Instituto de Arquitetos do Brasil, seção de São Paulo (IAB-SP), em 1983, premiou dois jovens arquitetos (José Mário e Affonso Risi Jr.) cuja obra desempenha uma apropriação amorosa da experiência dos pedreiros no canteiro de obras. Os arquitetos, como todos os artistas, desejam agradar à mente e aos sentidos. E a má apropriação de qualquer trabalho nos traz uma impressão prévia de desagrado, como lembrou Manoel Querino ao querido Flávio Motta[76].

Convém observar que nessa obra, não há uma recuperação de técnicas tradicionalmente dominadas pela população, as técnicas são novas para os operários, apenas mais humanas que a tecnologia do concreto: "Na construção pesquisou-se a possibilidade do tijolo como fechamento e estrutura, com paraboloides e cúpulas e até lajes planas, para o que foi necessário praticamente redescobrir as técnicas, não dominadas pela mão de obra local"[77].

A residência dos padres claretianos lançou outras questões à discussão arquitetônica. Bruno Padovano apontou a busca de novos caminhos para a arquitetura brasileira, observou os aspectos simbólicos da obra, que estabelecem a ligação entre sua forma e a atividade que abriga.

> [...] o conjunto de residências para os Padres Claretianos em Batatais, SP [...], além de recuperar o elo histórico com as tipologias medievais do mosteiro e do claustro, desenvolvem um vocabulário rico em metáforas associáveis ao caráter religioso da obra. Nas abóbadas dos dormitórios podemos "ler" uma associação com o domo celeste (tradicionalmente utilizado em igrejas renascentistas e barrocas), enquanto seu alinhamento traz uma simpática associação a uma procissão de monges encapuzados. O despojamento no uso dos materiais e a interiorização dos espaços reforçam a atmosfera geral de um centro de recolhimento espiritual[78].

Embora a obra apresente essa recuperação histórica da planta de mosteiro com pátio central, parte da crítica apontou justamente a semelhança de princípios entre a obra e a arquitetura paulista. "Em-

75. Antônio Carlos Sant'Anna Jr., "Residência dos Padres Claretianos", *Projeto*, n. 137, dez. 1990/jan. 1991, p. 30.

76. Luís Carlos Daher, "A Linguagem do Arquiteto: O Croqui", texto originalmente publicado no catálogo da exposição (Museu Lasar Segall, 1984) e republicado na revista *Projeto*, n. 99, maio 1987, p. 97.

77. Hugo Segawa, Cecília Rodrigues dos Santos e Ruth Verde Zein (orgs.) *et al.*, *Arquiteturas no Brasil: Anos 80, op. cit.*, p. D 24.

78. Bruno Padovano, "A Arquitetura Brasileira em busca de Novos Caminhos". *AU*, n. 4, fev. 1986, p. 82.

bora mantendo uma evidente filiação com a arquitetura paulista através do papel relevante da estrutura como definidora dos espaços, os autores se afastam das técnicas construtivas mais tecnológicas, buscando aproveitar, a seu favor, as condições advindas da falta de recursos"[79].

De fato, além do papel da estrutura, o gosto por um número muito restrito de materiais, a ausência de revestimentos, a limpeza construtiva devem ter contribuído para a aceitação da obra num meio arquitetônico em que ainda havia, no início dos anos de 1980, uma forte hegemonia da arquitetura moderna de concreto. O desejo de empregar o tijolo de várias formas – como parede, estrutura, teto – apropriando-se de diversas técnicas construtivas, parece uma reação direta à arquitetura brasileira do concreto aparente, ao mesmo tempo que estabelece uma filiação com aquela arquitetura. O concreto imperou na arquitetura brasileira nas décadas de 1960 e 1970, e vinha sendo usado não só como estrutura (pilares e lajes), mas também como vedação, em grandes empenas ou cascas de concreto. O emprego de um único material construtivo para estrutura, paredes e teto não faz parte da construção tradicional brasileira, foi a arquitetura moderna, ao explorar as possibilidades do concreto, que introduziu essa prática.

É interessante comparar esta obra ao trabalho de Lúcio Costa. Ambos se voltaram para a história, com o objetivo de recuperar técnicas tradicionais e elementos formais, porém, há uma grande diferença de enfoque. Para Lúcio Costa, os materiais construtivos eram meios para atingir seus objetivos, na busca de uma arquitetura referenciada à cultura brasileira, e as técnicas tradicionais não necessariamente a melhor opção. Nas palavras de Yves Bruand:

> O emprego de um sistema antigo não implicava recorrer necessariamente aos mesmos processos de outrora. Lúcio Costa bem o provou; frequentemente substituía a madeira pelo concreto armado, conforme o caso retomando o tipo tradicional de madeiramento de vigas entrecruzadas, mas, com maior frequência ainda, entregava-se a soluções novas: [...] não vacilou em fazer com que as telhas repousassem diretamente sobre uma fina laje de concreto que avançava como uma cornija, nem em inverter o sentido habitual da inclinação do telhado [...][80].

Já na residência dos Padres Claretianos, a técnica e o material construtivo assumiram um papel preponderante, ao permitir nova relação no canteiro e a libertação do receituário formal que havia dominado a arquitetura brasileira nos anos de 1970, mantendo, no entanto, certos princípios construtivos.

79. Hugo Segawa, Cecília Rodrigues dos Santos, Ruth Verde Zein (orgs.) *et al.*, *Arquiteturas no Brasil: Anos 80, op. cit.*, p. D24.

80. Yves Bruand, *op. cit.*, p. 129.

CAMPUS DA UNIVERSIDADE DO AMAZONAS (OBRA 15)

Arquitetos:	Severiano Porto e Mário Emílio Ribeiro
Local:	Manaus, AM
Data:	1973/1981-1990
Técnica construtiva:	Estrutura da cobertura em pórticos metálicos e telhas de cimento amianto; ambientes fechados em estrutura de concreto, alvenaria revestida e forro de concreto, criando colchão de ar entre o forro e a cobertura.
Área do terreno:	Cerca de 600 ha
Área construída:	94 320, 45 m²

Anfiteatros, *apud Projeto*, n. 114, set. 1988, p. A14. Foto de Hugo Segawa.

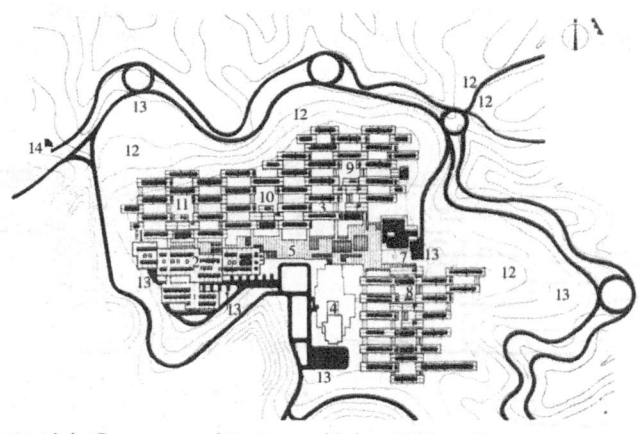

Planta geral do *Campus, apud Projeto*, n. 83, jan. 1986, p. 50.
1. Reitoria; 2. Sub-reitoria; 3. Centro de processamento de dados; 4. Biblioteca; 5. Centro comunitário; 6. Restaurante; 7. Castelo de água; 8. Instituto de Ciências Humanas e Letras; 9. Faculdade de Tecnologia; 10. Instituto de Ciências Exatas; 11. Instituto de Ciências Biológicas; 12. Área de expansão; 13. Área de estacionamento; 14. Prefeitura e serviços; 15. Setor cultural

Perspectiva através de sala de aula, mostrando ventilação natural pela cobertura, *apud Projeto*, n. 83, jan. 1986, p. 50.

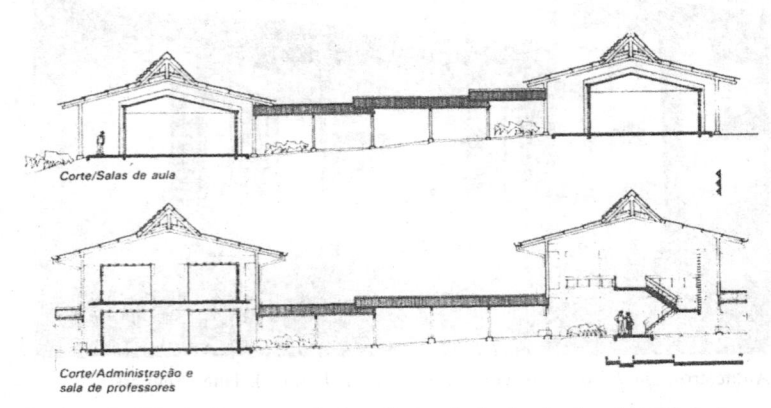

Instituto de Ciências Humanas e Letras. Cortes: (acima) salas de aula e (abaixo) administração e sala de professores. *Apud Projeto*, n. 83, jan. 1986, p. 53.

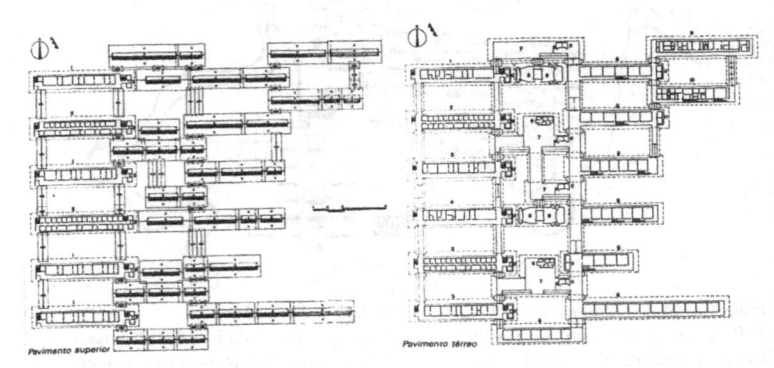

Instituto de Ciências Humanas e Letras: pavimento superior e térreo, *apud Projeto*, n. 83, jan. 1986, p. 53.

Nos anos de 1980, a arquitetura desenvolvida por Severiano Porto e Mário Emílio Ribeiro passou a ser vista como uma importante referência nas discussões sobre tendências e caminhos para a arquitetura nacional. Severiano Porto recebeu prêmio por sua obra na Bienal Internacional de Arquitetura de Buenos Aires em 1985, no auge das discussões sobre regionalismo. Sua arquitetura se enquadrava numa das discussões mais importantes travadas no continente, a revisão da arquitetura moderna, pela introdução de características culturais, construtivas, climáticas, em seus postulados genéricos. Em 1986, os arquitetos foram nomeados "personalidades do ano" na premiação do IAB-RJ. Para Mauro Neves Nogueira: "Sem dúvida, a escolha [...] muito tem a ver com o momento que vivemos no campo da arquitetura. O conselho deliberativo do IAB-RJ [...] quis valorizar arquitetos que procuram propostas diversas para nossa arquitetura"[81].

Severiano Porto não é nativo da Amazônia, segundo Hugo Segawa, a originalidade de sua arquitetura é resultado da forma como o arquiteto, ao invés de impor suas ideias, mostrou-se sensível e aberto à realidade que encontrou: "Severiano Porto observou o contexto Amazônico com um aguçado olhar estrangeiro: sem excluir sua própria formação, o arquiteto começou um longo e afetuoso aprendizado do modo de vida Amazônico"[82]. Ainda para Hugo Segawa:

A *raison d'être* arquitetônica de Porto e Ribeiro é responder precisa e eficientemente ao que foram solicitados. Neste sentido, eles são genuínos arquitetos modernos – na forma como lidam com espaços arquitetônicos e materiais, e no seu engajamento em desenvolver tecnologia – um compromisso que Porto não denega. Mas é um tipo de modernismo capaz de produzir obras notáveis como o *Campus* da Universidade do Amazonas, a Pousada da Ilha de Silves ou uma obra-prima como o Centro para Proteção Ambiental de Balbina – todas elas vistas como desenhos pós-modernos, mas, de fato, uma expressão do mais genuíno, não ortodoxo e não rotineiro modernismo[83].

Ruth Verde Zein comentou o fato de Severiano Porto ter sido considerado pós-moderno no Congresso de Arquitetos de Belo Horizonte: "À parte a total impropriedade desse termo, [...] há de fato um *quid* nesse tal de pós-moderno que merece nossa atenção, no que tange principalmente ao debate crítico dos dogmatismos da modernidade, quase sempre cristalizações formais/conceituais sedimentadas já um tanto tardiamente"[84].

Na apresentação do projeto do *campus*, o que transparece é a racionalidade que norteou a proposta:

81. Mauro Neves Nogueira, "Novas Gerações à Procura de Espaços", *Projeto*, n. 98, abr. 1987, p. 87.

82. Hugo Segawa, "Severiano Porto: La Sfida dell'Amazzonia", *Spazio e Società*, n. 61, jan./mar. 1993. p. 11.

83. *Idem*, p. 13.

84. Ruth Verde Zein, "Um Arquiteto Brasileiro: Severiano Mário Porto", art. cit., p. 45.

[...] procurou-se um partido para implantação e foi adotado um sistema de malhas, com flexibilidade de adaptações e de acréscimos constantes, devido principalmente ao crescimento dinâmico que ocorre nas universidades. As unidades sucedem-se interligadas por passarelas e formam um todo homogêneo, agrupando as diversas unidades [...] num sistema modulado, intercalado de jardins e áreas verdes [...]. A preocupação do enquadramento às características locais, econômicas, climáticas e topográficas em todos os momentos constituiu uma dominante. Procurou-se evitar o desmatamento, reduzindo-o ao mínimo possível e sem utilizar equipamentos de terraplenagem, acomodando-se os prédios das áreas de ensino e pesquisa nas vertentes direcionadas para os ventos dominantes na região [...]. As circulações de pedestres foram projetadas como uma rede de integração de todo o *campus* universitário, suporte estrutural do projeto, que, percorrendo toda a área construída, converge aos equipamentos gerais e complementares [...]. A rede de veículos foi traçada perifericamente ao conjunto construído, adaptando-se o mais possível às curvas do terreno e distribuindo os carros em zonas de estacionamento que atendem com bastante proximidade toda a universidade[85].

Os edifícios do *campus* têm a cobertura em duas águas, com telhas de amianto. A estrutura da cobertura é metálica, formada por pórticos em perfil "T". Há um dispositivo junto à cumeeira que garante ventilação forçada. O telhado possui amplos beirais, para proteção das chuvas torrenciais, pela mesma razão, as unidades são unidas por passarelas cobertas. Para garantir maior isolamento térmico, a cobertura é separada dos ambientes fechados por um colchão de ar ventilado, que fica entre as telhas de cimento amianto da cobertura e o forro de concreto das salas de aula.

Embora os estudos preliminares do plano diretor do *campus* datem do início dos anos de 1970, dificuldades com o financiamento fizeram com que as obras só fossem iniciadas no início dos anos de 1980. Com isso, houve uma evolução no partido adotado, e quando o projeto foi reiniciado, sofreu transformações no processo construtivo. Severiano Porto relatou a Ruth Verde Zein[86] que teve dificuldades em convencer os responsáveis pela Universidade do Amazonas, da impropriedade de projetar os edifícios do *campus* semelhantes à Pousada da Ilha de Silves (1979-1983). A Pousada, com cobertura e estrutura de madeira, é um edifício que se insere muito mais na linha "regionalista", tendo recebido o seguinte comentário no livro *Arquiteturas no Brasil: Anos 80*: "os resultados desta obra ultrapassam a reconhecida competência construtiva dos autores, alcançando um efeito formal inédito, mostrando que as técnicas tradicionais, criativamente trabalhadas, podem produzir obras do maior valor e dignidade"[87].

A contemporaneidade entre os dois projetos, com resultados formais bastante distintos, em função das diferentes técnicas construtivas empregadas, foi valorizada como consequência da atitude

85. Texto de apresentação do projeto. *Projeto*, n. 83, jan. 1986, p. 50-52.

86. Ruth Verde Zein, "Um Arquiteto Brasileiro...", art. cit., p. 45.

87. Hugo Segawa, Cecília Rodrigues dos Santos e Ruth Verde Zein (orgs.) *et al.*, *Arquiteturas no Brasil: Anos 80*, *op. cit.*, p. A10.

dos autores de abertura e sensibilidade a cada problema proposto. Nas palavras de Ruth Verde Zein: "A ausência de preconceitos quanto a materiais, tema, local, aliada à pesquisa responsável de caminhos e propostas, produz resultados variados e adequados a cada circunstância. Não há que temer, da parte de Porto, um surto impositivo de novas fórmulas de projeto"[88].

Ou, de acordo com Mauro Neves Nogueira: "Fazem uma arquitetura contracorrente e rejeitam qualquer camisa-de-força-linguagem ou clichê que possa impedir-lhes de fazer para cada programa uma determinada arquitetura"[89].

CENTRO DE PROTEÇÃO AMBIENTAL DA USINA HIDRELÉTRICA DE BALBINA/ELETRONORTE (OBRA 16)

Arquitetos:	Severiano Mário Porto e Mário Emílio Ribeiro
Local:	Manaus, AM
Data:	1983-1988 (primeira etapa)
Construção:	Andrade Gutierrez
Técnica construtiva:	Estrutura da cobertura em madeira, independente dos vedos, cobertura de cavacos extraídos no local, ambientes fechados definidos por paredes de alvenaria e forro de madeira.
Materiais de acabamento:	Alvenaria revestida com argamassa, madeirame aparente
Área do terreno:	40 000 m²
Área construída:	1 600 m² (primeira etapa)/l 300 m² (segunda etapa); total: 2 900 m²
Área coberta:	3 450 m² (primeira etapa)/2 650 m² (segunda etapa); total: 6 100 m²

Vista externa, *apud Projeto*, n. 125, set. 1989, p. 69. Foto de Severiano Porto.

88. Ruth Verde Zein, "Um Arquiteto Brasileiro...", art. cit., p. 45.

89. Mauro Neves Nogueira, "Novas Gerações à Procura de Espaços", art. cit., p. 87.

Circulação coberta, *apud Projeto*, n. 125, set. 1989, p. 75. Foto de Severiano Porto.

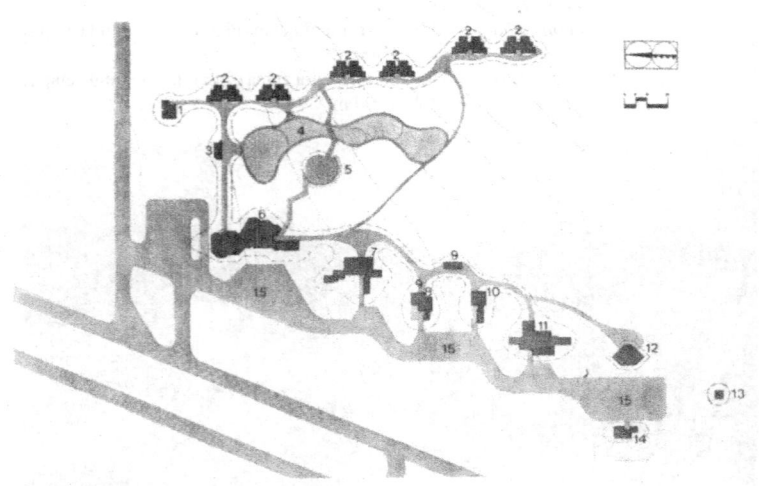

Implantação geral, *apud AU*, n. 11, abr./maio 1987, p. 53.
1. Residência do administrador; 2. Alojamento; 3. Apoio dos alojamentos; 4. Espelho d'agua - peixes; 5. Área de uso múltiplo; 6. Recepção, estar, museu, estudos e almoxarifado; 7. Laboratório de limnologia; 8. Laboratório polivalente I; 9. Bloco de sanitários; 10. Laboratório polivalente II; 11. Laboratório de endemias polivalente; 12. Alojamento de bebês; 13. Incinerador; 14. Lavanderias, manutenção dos jardins, oficina de manutenção dos prédios e material de campo; 15. Estacionamento.

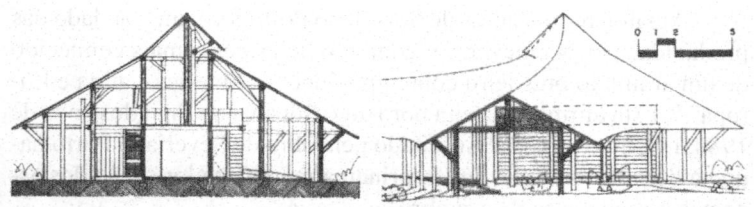

Alojamentos: corte e elevação, *apud Projeto*, n. 125, set. 1989, p. 74.

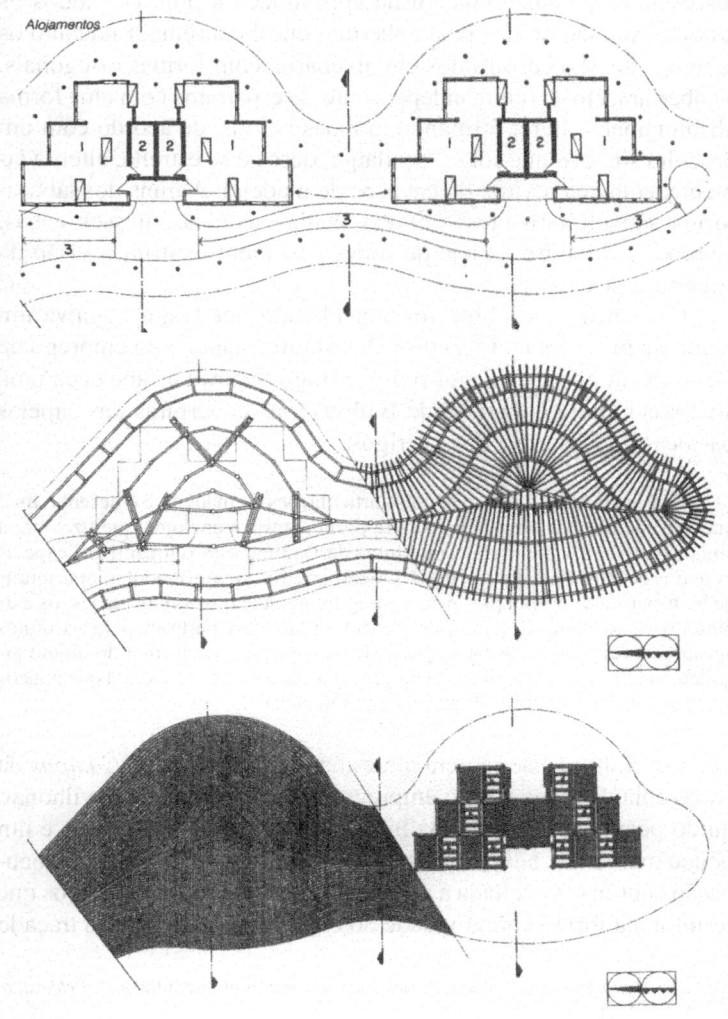

Alojamentos: planta, estrutura e madeiramento da cobertura, cobertura e teto refletido, *apud Projeto*, n. 125, set. 1989, p. 73.

"Atualmente, as obras de Severiano Porto formam – ao lado das produzidas por Niemeyer – o conjunto de projetos mais conhecido de um arquiteto brasileiro contemporâneo na América Latina e Europa"[90]. Esta afirmação, feita por Hugo Segawa no final dos anos de 1980, mostra o interesse suscitado pela obra de Severiano Porto naquela década, interesse ligado principalmente à valorização dos aspectos regionalistas de sua obra.

O Centro foi criado para ser um laboratório de avaliação do impacto ambiental da hidrelétrica de Balbina. Os diversos equipamentos estão dispostos numa forma aproximada a um "U", todos os laboratórios são unidos pela cobertura que é contínua. Enquanto os laboratórios são construídos em alvenaria, com formas ortogonais, a cobertura, em estrutura independente, se esparrama com uma forma absolutamente livre, formando grandes beirais, de acordo com um desenho sinuoso que sobe e se alarga, desce e se estreita, alternadamente, com sua textura de cavacos de madeira. Alguns dos laboratórios são climatizados, por exigências técnicas, nesses casos, claraboias de vidro na laje de forro, permitem usufruir a visão da cobertura de cavacos.

O Centro de Balbina foi considerado por Hugo Segawa um ponto de inflexão, tanto na obra dos autores, quanto no emprego de madeira em obras de maior porte[91]. Hugo Segawa estabeleceu uma analogia entre a cobertura de Balbina e as coberturas das capelas barrocas do Rosário e dos Clérigos:

> Examinar as preciosas e simples articulações de madeira e o desenho final que se vislumbra nas imagens da obra pronta atesta a analogia que fiz sobre a sinuosidade barroca entre as coberturas de Balbina e as oitocentistas capelas mineiras do Rosário e dos Clérigos. Os carpinteiros mineiros adotaram tesouras de bem-pensadas proporções para conseguirem elegantes sinuosidades; os carpinteiros amazônicos dispensaram a estrutura-tesoura e partiram para estruturas apropriadas em busca de total liberdade na configuração formal do objeto arquitetônico. Essa é a contribuição no pensar a madeira na arquitetura que poucos tiveram a oportunidade de experimentar. Ou ousar[92].

Em Balbina não impera a mesma racionalidade do *Campus* da Amazônia. Em que pese o emprego do mesmo sistema pavilhonar, unido pela cobertura, em Balbina a colocação dos pavilhões é um pouco mais livre, adaptando-se à declividade do terreno e a preocupação central está voltada à exploração de aspectos construtivos que resultou na forte expressividade do edifício. A liberdade do traçado

90. Hugo Segawa, "Liberdade nas Curvas e um Ponto de Inflexão", *Projeto*, n. 125, set. 1989, p. 76.

91. Ver os textos "Liberdade nas Curvas...", art. cit., e "Os Materiais da Natureza e a Natureza dos Materiais", *Arquiteturas no Brasil: Anos 80, op. cit.*

92. Hugo Segawa, "Liberdade nas Curvas...", art. cit., p. 76.

da cobertura foi conveniente à disposição mais livre dos pavilhões e permitiu que esses assumissem contornos irregulares, de acordo com as conveniências da organização em planta, não tendo que se conterem num retângulo como os pavilhões do *Campus* da Universidade do Amazonas. Entretanto, a cobertura claramente transcende este imperativo prático. Olhar fotos de Balbina ou uma planta aérea de sua cobertura remete a uma aldeia indígena, em que as coberturas, em geral de folhas de palmeira, ditam o aspecto formal. E é nisso que Balbina se distingue dentro da obra de Severiano Porto e Emílio Ribeiro. Aqui a sensibilidade às construções autóctones foi no sentido da exploração da expressividade formal, transcendendo aos aspectos mais racionais relativos à forma de apropriação do espaço e adequação climática dessas obras.

ESCOLA DE NOVA FRIBURGO: EXTERNATO SANTA IGNEZ (OBRA 17)

Arquiteto:	James Lawrence P. Vianna
Estrutura:	Luís S.M. Teixeira
Local:	Nova Friburgo, RJ
Data:	1983-1984
Técnica construtiva:	Sistema estrutural misto: alvenaria estrutural de blocos de concreto, associada a pilares e vigas de eucalipto e lajes pré-fabricadas leves. Empregou-se ainda paredes e pilares em pedra-de-mão e divisórias de placas de fibrocimento.
Materiais de acabamento:	Alvenarias e madeiramentos deixados à vista, pisos de borracha, telhas de amianto e translúcidas Goyana.
Área do terreno:	1 123 m²
Área construída:	931,30 m²

Vista externa, *apud Projeto*, n. 159, dez. 1992, p. 52. Foto de Hugo Segawa.

Estrutura de eucalipto e iluminação zenital, *apud Projeto*, n. 159, dez. 1992, p. 53. Foto de Hugo Segawa.

Perspectiva, *apud AU*, n. 57, dez. 1994/jan. 1995, p. 86.

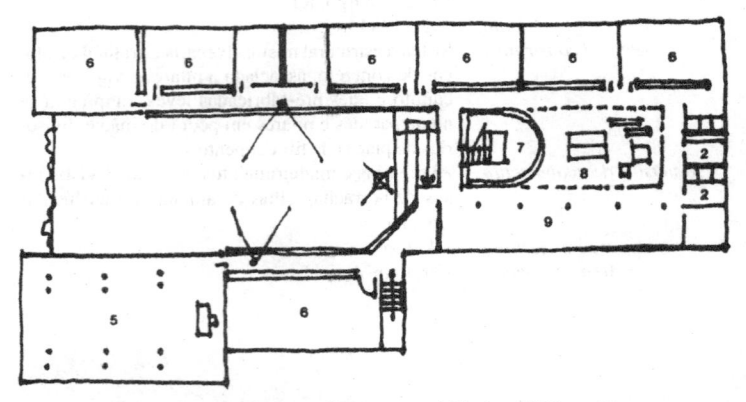

Planta do primeiro pavimento, *apud Projeto*, n. 159, dez. 1992, p. 54.
2. Sanitário; 5. Auditório; 6. Sala de aula; 7. Anfiteatro; 8. Recreio; 9. Jogos

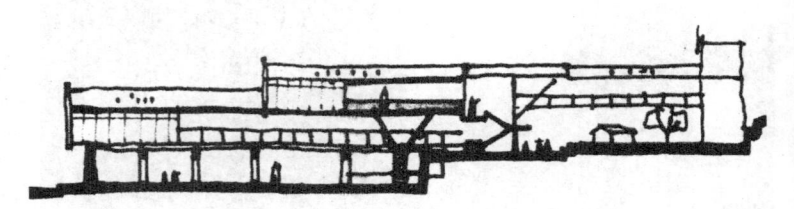

Corte longitudinal, *apud AU*, n. 57, dez. 1994/jan. 1995, p. 86.

Mauro Neves Nogueira, ao comentar a XXIII Premiação Anual do IAB-RJ, que contemplou a Escola de Nova Friburgo, deixou transparecer uma unanimidade em torno do projeto, transcrevendo os adjetivos com que o projeto foi saldado: "moderno, rico, variado, colorido, popular, construtivo etc."[93]. Mais adiante procurou destrinchar a concepção do autor e de sua arquitetura:

* O projeto foi criado sem preconceitos de linguagem, material ou forma. O autor segue a tradição do moderno de forma livre e adaptada às necessidades.
* Manifestou uma atitude realista perante as limitações. Exemplificada pelo emprego do eucalipto para baratear a estrutura.
* Faz referência a soluções e imagens que pertencem à história da arquitetura brasileira, especialmente edifícios de Nova Friburgo como o Park Hotel de Lúcio Costa e a casa de Carlos F. Correia (1949) de Niemeyer, numa atitude de revalorização do primeiro modernismo e contextualização da obra.
* Faz referência à arquitetura popular no emprego de grande gama de materiais. Nas palavras de Mauro Neves Nogueira: "Materiais considerados feios, *kitsch* ou pobres foram aqui empregados de maneira simples e interessante, numa clara assunção de nosso caráter lúdico, mais legitimado ainda por tratar-se de uma escola para crianças"[94]
* Concepção aberta do projeto, que aliada à liberdade no uso de materiais, permite que a obra passe por alterações e adaptações no tempo sem prejudicar sua integridade.

Esses pontos, levantados e valorizados na apreciação de Mauro Neves Nogueira, representam uma postura quase antagônica em relação ao capítulo mais recente da arquitetura moderna brasileira que havia se tornado preponderante nos anos de 1970. Essa arquitetura havia se caracterizado por um receituário formal expresso em concreto aparente, preso numa atitude que muitas vezes se distanciava da realidade em nome de uma expressão grandiosa quanto a vãos ou estruturas, demandando alta manutenção, havia se afastado de características e qualidades que possuía no primeiro modernismo, negligenciando clima, sítio e materiais locais, na sua opção estética por um número bastante limitado de materiais, muitas vezes comprometeu o acabamento da obra, revelando ausência de preocupações construtivas, finalmente, possuía a característica de obra fechada, definida num grande quadrado ou retângulo coberto por laje contínua e rodeado por empenas.

93. Mauro Neves Nogueira, "O Formalismo e o Pluralismo na Arquitetura Brasileira", *Projeto*, n. 97, mar. 1987, p. 96.
94. *Idem, ibidem.*

Na sua conclusão, Mauro Neves Nogueira apontou um ponto interessante: "sobre a escola de Friburgo, o que realmente nos toca é saber que ela constitui digno exemplo de uma arquitetura brasileira"[95]. Essa observação foi feita num contexto elogioso, valorizando tanto a atitude do arquiteto ("sem se impressionar com tendências, linguagens ou modas") quanto o resultado formal, original e familiar, a um só tempo. Ruth Verde Zein escreveu um artigo sobre Severiano Porto em que também o saudou como um arquiteto brasileiro[96], por características que em parte coincidem com as observações da obra de James Lawrence Vianna feitas por Mauro Neves Nogueira:

> [...] qualidade de seu esforço em trabalhar características regionais através da apropriação e reelaboração de técnicas e materiais tradicionais [...] arquitetura que se insere harmoniosamente no meio em que é produzida [...] em seu processo de elaboração ele não deixa de fora quaisquer dados que possam ser de utilidade para a compreensão do caráter correto a ser dado a cada edifício, venham de onde vierem: da sabedoria popular, das fontes eruditas, temperados com muito senso de oportunidade e muita sensibilidade artística. A ausência de preconceitos quanto a materiais, tema, local, aliada à pesquisa responsável de caminhos e propostas, produz resultados variados e adequados a cada circunstância[97].

Essas características, que procuram definir uma arquitetura brasileira dentro do pluralismo de expressões dos anos de 1980, com as constantes de ausência de preconceitos quanto a materiais, referência a fontes eruditas e populares, resultados formais distintos a depender da função/caráter de cada edifício, mostram uma enorme distância das características mais usualmente apontadas como definidoras da arquitetura nacional, e em grande parte apoiadas nas características da obra de Niemeyer: exploração plástica das possibilidades estruturais do concreto armado superando o funcionalismo pragmático, em nome de uma expressão formal mais livre e apologética do desafio tecnológico. Como nas palavras de Niemeyer:

> A arquitetura dos palácios guarda o denominador de unidade desejado: o mesmo espírito arquitetônico e os grandes vãos livres que o concreto nos oferece generoso [...]. Diante do Palácio do Governador é o vão espetacular que domina, a viga virandeil a sustentar os pré-fabricados das lajes de piso; o pilotis alto – oito metros – e sob ele, dando-lhe pelo contraste maior realce, a tribuna e as rampas de acesso[98].

O comentário sobre a Escola de Nova Friburgo feito *em Arquiteturas no Brasil: Anos 80*, diz o seguinte: "Essa obra se caracteriza

95. *Idem, ibidem.*
96. Ruth Verde Zein, "Um Arquiteto Brasileiro...", art. cit., p. 44-45.
97. *Idem, ibidem.*
98. Oscar Niemeyer, "Centro Administrativo de Pernambuco", *Módulo*, n. 58, abr./ maio 1980, p. 66.

pelo caráter inovador quanto ao uso dos materiais e técnicas construtivas, bem como pelo tratamento dado ao programa, criando de
uma forma alegre e lúdica os espaços adequados para o encontro e
as atividades didáticas"[99].

A escola se organiza em "U", criando um pátio central, o terreno
possui um desnível de 2,5 m, fazendo com que a escola tenha na
parte mais baixa até três pavimentos, e dois na parte mais alta. O
sistema estrutural é misto, empregando alvenaria estrutural de blocos
de concreto, pilares e vigas de eucalipto, lajes pré-fabricadas leves
(vigota em concreto armado e blocos cerâmicos) e, no térreo, algumas paredes e pilares em pedra-de-mão, na vedação além das pedras
e blocos, foram empregadas divisórias em placas de fibrocimento.
Nas salas de aula do último pavimento, alguns elementos cerâmicos
das lajes foram substituídos por vidro, proporcionando iluminação
zenital. No centro do pátio, onde há o desnível do terreno, a circulação vertical é coberta por telhas translúcidas azuis, numa cobertura
cuja estrutura de madeira tem os quatro apoios direcionados para um
único pilar de pedra, formando um "Y", numa referência à arquitetura moderna brasileira. Na fachada, as duas pernas do "U" apresentam um balanço em relação à parede de pedra do térreo, que se apoia
em pilares também inclinados, paralelos dois a dois, direcionados
para um ponto invisível na fundação, solução que remete à apropriação popular da arquitetura moderna no Brasil.

James Lawrence P. Vianna trabalha em equipe com Álvaro Ra-
phael, construtor, Sven Hanning, engenheiro e Fábio Matheus, técnico em instalações. Uma matéria na revista *AU* procurou apontar
as linhas mestras do trabalho da equipe:

Uma linguagem arquitetônica, basicamente racionalista, mas flexível de
acordo com as necessidades de cada programa, que procura explorar todas as
potencialidades de uma *realidade* ou de uma *condição local*, dentro da diversidade brasileira, seja em relação ao material, seja em relação à paisagem, ao
entorno e à tecnologia – esse tem sido em síntese, o fio condutor da equipe
multidisciplinar [...]. O trabalho do escritório, identificado por um caráter in-
vestigativo e pela busca de uma linguagem própria vinculada às raízes culturais
brasileiras e à construção, revela um denominador comum ou uma linha filo-
sófica [...][100].

Linhas gerais de conduta que não podem ser traduzidas num
receituário formal, cuja solução formal resulta das condições da-
das em cada caso, tendo como inspiração e referência a paisagem
construída.

99. Hugo Segawa, Cecília Rodrigues dos Santos e Ruth Verde Zein (orgs.) *et al.*,
Arquiteturas no Brasil: Anos 80, op. cit., p. D29.

100. José Wolf, "Escritório James Lawrence P. Vianna e Equipe", *AU*, n. 57, dez.
1994/ jan. 1995, p. 86. O grifo é nosso.

CENTRO DE TREINAMENTO E APERFEIÇOAMENTO DE PESSOAL – CENTAP/BRADESCO SEGUROS S.A. (OBRA 18)

Arquitetos:	Luiz Paulo Conde, Sérgio Ferraz Magalhães, Cristina S. Hartman, Vitória Braunstein, Sandra Bretas de Araújo Scassa, Cláudia Scholte Vianna
Local:	Rio de Janeiro, RJ
Data:	1982-1985
Construção:	Griner S.A. Engenheiros Construtores
Técnica construtiva:	Estrutura convencional de concreto armado, cobertura do ginásio poliesportivo em estrutura metálica.
Materiais de acabamento:	Alvenarias revestidas com argamassa e elementos cerâmicos, elementos vazados cerâmicos, pilares de concreto pintados.
Área do terreno:	3 247,84 m²
Área construída:	12 000 m²

Vista dos fundos e da lateral, *apud Projeto*, n. 80, out. 1985, p. 71. Foto de Kako.

Pátio interno, *apud Projeto*, n. 80, out. 1985, p. 71. Foto de Kako.

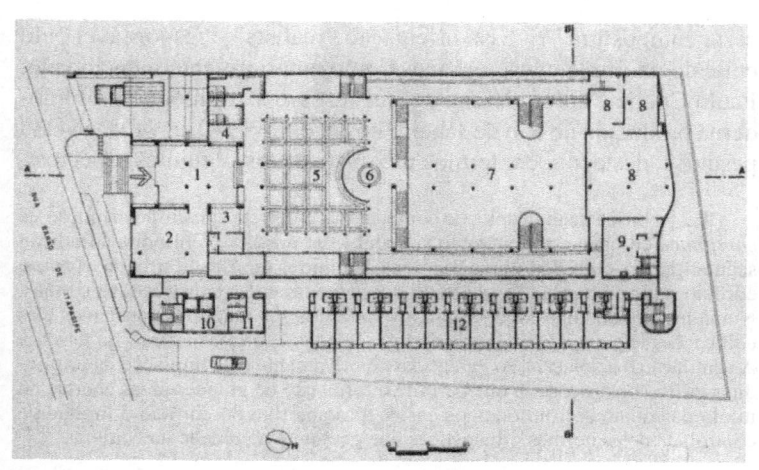

Planta nível 2 e corte B, *apud AU*, n. 17, abr./maio 1988, p. 26-29.
1. Hall; 2. Estar; 3. Portaria; 4. Loja; 5. Pátio; 6. Café; 7. Vazio Refeitório; 8. Restaurante Diretoria; 9. Cozinha; 10. Administração; 11. Rouparia; 12. Quarto.

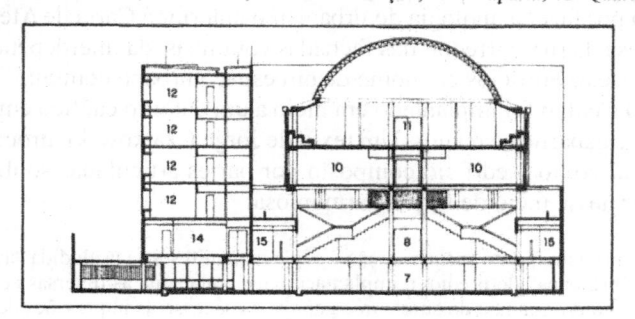

A obra de Luiz Paulo Conde e equipe tem como preocupação central o papel do edifício como constituinte de um espaço urbano. No caso do Centap, o problema urbano comparece tanto na inserção do edifício dentro de um meio urbano caótico, quanto na própria organização do projeto como um microcosmo de cidade, justificado pelo programa complexo, que abarca: habitação, educação, lazer, serviço.

A publicação do projeto na revista *AU*, com texto de Haifa Y. Sabbag, identificou a seguinte orientação no escritório de Conde: "trabalhar em conjunto, não adotar *a priori* uma definição tecnológica, respeitar as solicitações dos clientes e de outros profissionais envolvidos, sentir as limitações como fatores de estímulo à criatividade, rejeitar o formalismo"[101]. Mais adiante, citando Paulo Conde: "Não se pode perseguir apenas o terreno ideal, a liberdade total. O desafio está em saber trabalhar com poucos recursos, construir com

101. Haifa Y. Sabbag, "Quando o Espaço É Personagem", *AU*, n. 17, abr./maio 1988, p. 31.

certa compostura"[102]. Essa orientação "realista" é responsável pelo cuidado na implantação urbana. Como anteriormente mencionado, Paulo Conde é autor de uma pesquisa sobre a arquitetura protomoderna produzida no Rio de Janeiro nos anos de 1930 e 1940[103]. Nessa pesquisa, destacou, em termos urbanísticos, os seguintes aspectos:

> [...] a busca de uma unidade compositiva, a correta apreensão da noção de *continuum* edificado que caracteriza o ambiente urbano e o respeito à tradição secular da rua-corredor, como elemento definidor do espaço urbano. Aqui, o edifício nunca é pensado isolado de seu contexto e das construções vizinhas. Numa mesma quadra, por exemplo, os gabaritos são mantidos constantes e as edificações levantadas na testada do lote, coladas às divisas laterais do terreno. A ventilação e insolação são garantidas coletivamente pela limitação da profundidade das construções, o que permite a formação de grandes áreas abertas no miolo das quadras. Em todos os casos, a arquitetura do edifício é limitada e controlada pelas normas urbanísticas que garantem a unidade do conjunto[104].

A pesquisa, motivada entre outros aspectos pelos "espaços interessantes e significativos" gerados por esta implantação urbana, acaba por fazer a apologia do urbanismo anterior à Carta de Atenas: a defesa da rua-corredor, das fachadas contínuas, da interdependência entre os edifícios em nome de um espaço urbano comum.

O Centap foi implantado em meio a um entorno caótico em termos de gabaritos e recuos. Um texto de Jorge Czajkowski, procurou mostrar como o edifício composto por partes articuladas soube se inserir nesse meio de forma harmoniosa:

> O primeiro ponto desta inserção é o que se manifesta na já aludida "ausência" e "presença" do prédio: a implantação que equaciona as diversas contingências do programa e do sítio e que garante as sucessivas impressões de planaridade e volumetria que o observador tem ao se deslocar ao longo da rua. Essa percepção do volume do Centap faz com que o prédio "converse" com as outras individualidades edilícias que o circundam, a diferença fundamental estando na "qualificação" de seu espaço residual, que neste caso, devido à intencionalidade, deixa de ser "sobra de terreno" e passa a ser um elemento ativo na articulação do conjunto. O segundo ponto é a escala do prédio. A subdivisão em blocos e a repetição de aberturas pequenas nas fachadas uniformemente revestidas com lajotas cerâmicas jogam com a justaposição de diferentes escalas e fazem com que o Centap atue como moderador junto a seus heterogêneos vizinhos, cujas escalas vão da doméstica/modesta à institucional/monumental[105].

Essa análise trai a mudança de valores na forma de encarar o projeto arquitetônico no Brasil, a aceitação do entorno ainda que caó-

102. Paulo Conde, *apud* Haifa Y. Sabbag, "Quando o Espaço É Personagem", art. cit., p. 33.

103. Luiz Paulo Conde, Mauro Nogueira, Mauro Almada e Eleonora Figueiredo de Souza, "Protomodernismo em Copacabana", *AU*, n. 16, fev./mar. 1988, p. 68-75.

104. *Idem*, p. 70.

105. Jorge Czajkowski, "Um Equacionamento Complexo", *AU*, n. 17, abr./maio 1988, p. 34.

tico e desigual, não como algo a ser em breve substituído, mas como um dado que pode ser permanente, devendo ser levado em conta na elaboração do projeto.

O Microcosmo de Cidade

O Centap abriga, além de salas de aula, um pequeno hotel para hospedagem de pessoas de outras cidades, refeitório, escritórios, biblioteca, auditório, ginásio de esportes, restaurante para a diretoria e convidados. O edifício é formado por partes articuladas, no que lembra a forma de composição dos primeiros edifícios modernos no Brasil, em que diferentes funções correspondiam a volumes distintos. O edifício se organiza em torno de um pátio central e por um percurso por seu eixo público, que culmina no amplo refeitório. O projeto organiza a entrada por um pórtico, daí a um saguão, do saguão ao pátio interno, entre o pátio e o refeitório, uma pequena parede curva interrompe o trajeto, preparando a transição para as amplas dimensões do refeitório. Concepção espacial que reflete uma preocupação com a qualificação e hierarquização do espaço, numa reação, mais uma vez, à concepção espacial da cidade moderna. Voltando ao texto de Jorge Czajkowski: "Os espaços estão organizados axialmente, mas o tráfego do usuário sofre deflexões – seja por mudanças de nível, seja por mudanças de direção – a cada passagem de um ambiente para outro. Essa particularização dos espaços lhes confere uma escala gregária que é difícil de ser encontrada na arquitetura brasileira, mais adepta de espaços fluidos e indistintos"[106].

Referências Formais do Projeto

Luiz Paulo Conde, em seus projetos, não prioriza a estrutura como elemento definidor do edifício. Eduardo Comas observou que no Centap, a independência entre pilar e parede não está a serviço da planta livre, mas sim, de uma "compartimentação espacial elaborada"[107]. Nesta arquitetura, o revestimento tem um papel fundamental tanto no sentido de assegurar a durabilidade e baixa manutenção da obra como no sentido da expressão formal, reforçando a diferenciação espacial proposta. O edifício é inteiramente revestido e bastante colorido. Enquanto o uso da cor é um elemento de forte tradição na cultura popular brasileira, os elementos vazados, as paredes curvas e os pilares roliços remetem ao primeiro modernismo brasileiro.

---

106. *Idem, ibidem.*
107. Carlos Eduardo Comas, "Arquitetura Brasileira: Anos 80 – Um fio de esperança", *AU*, n. 28, fev./mar. 1990, p. 95.

MORADIA DOS ESTUDANTES DA UNICAMP (OBRA 19)

Arquiteto:	Joan Villá
Colaboradores:	Paulo Milanez, Ana Lúcia Muller, João Marcos Lopes, Mário Braga, Roberto Pompeia
Local:	Campinas, SP
Data:	1988-1991
Técnica construtiva:	Painéis pré-montados de tijolos cerâmicos e trilhos de concreto.
Materiais de acabamento:	Painéis pré-montados à vista.
Área do terreno:	55 043,20 m²
Área construída:	17 242,42 m²

Vista das unidades agregadas. Arquivo do arquiteto. Foto de Nelson Kon.

Pré-fabricação das peças: painéis. Arquivo do arquiteto. Foto de Nelson Kon.

Implantação - foto da maquete. 1. Praça/ Pátio; 2. Rua de pedestres; 3. Rua de veículos; 4. Habitações; 5. Salas de Estudo; 6. Centro Comunitário/ Comercial/Serviços; 8. Estacionamento; 9. Parque e recreação.Arquivo do arquiteto. Foto de Nelson Kon.

Passeio com vista das unidades agregadas. Arquivo do arquiteto. Foto de Nelson Kon.

Implantação de uma quadra, *apud AU,* n.22, fev./mar. 1989, p. 37.

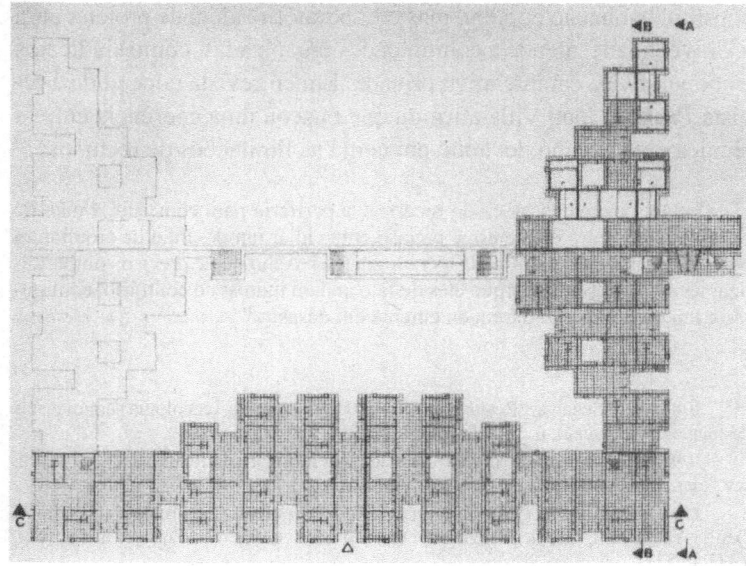

Os comentários críticos sobre as experiências em pré-fabricação de Joan Villá enfatizaram a releitura da periferia, uma das paisagens urbanas mais degradadas, para dali tirar uma técnica construtiva de pré-fabricação, voltada para a construção de moradias populares, e um desenho que absorve em parte o tipo de organização espacial dessa periferia.

Sua casa popular não renega os esforços recentes de trabalhar em comunhão com a periferia. Periferia que não é o estereótipo do aviltamento, da degradação, mas espaço digno, lugar qualificado para o futuro. Periferia respeitável, mas ainda região com limitações materiais e humanas, à margem da cartografia urbana regular. Limites que sugerem um desenho e uma tecnologia, uma simbiose entre o popular e o erudito, entre o desejável e o possível, entre o formal e o informal, como um desafio ao rompimento de dualidades aparentemente indestrutíveis[108].

Esta comunhão com a periferia não se limita ao desenho e à técnica, mas a um tipo de trabalho mais comunitário, nas palavras de Joan Villá, trata-se de um trabalho "nascido da ação solidária dos técnicos com os movimentos sociais, rompendo com os limites da prancheta, integrando a pesquisa e a prática arquitetônica às necessidades e desejo da população"[109].

Joan Villá desenvolveu seu sistema de pré-fabricação no Laboratório de Habitação da Universidade Estadual de Campinas (Unicamp), quando retomou uma experiência que havia sido iniciada na FAU Belas Artes, onde coordenou o Laboratório de Habitação até sua extinção. O conjunto de moradia dos estudantes da Unicamp não constitui habitação popular, mas o Laboratório, além de projetar para a Universidade, atende a comunidades organizadas, como sindicatos e cooperativas, e à iniciativa privada. Em entrevista concedida à revista *Projeto*, Joan Villá afirmou que buscou uma coerência entre a técnica e o desenho, levando em conta as limitações de recursos:

Então existe a escassez de recursos, a periferia para construir, a mão de obra constitui outro elemento; é preciso então aliar um desenho de arquitetura possível dentro de determinada tecnologia [...]. Acho que é preciso compatibilizar técnica e desenho porque eles de fato andam juntos; do contrário, configura-se um descompasso e frequentemente um desastre[110].

---

108. Hugo Segawa, "Resíduo da Utopia. O Desenho e a Tecnologia Minimalistas de Joan Villá", *Projeto*, n. 162, abr. 1993, p. 48.

109. Joan Villá, *apud* Haifa Y. Sabbag, "Na Fronteira da Realidade", *AU*, n. 22, fev./ mar. 1989, p. 27.

110. Joan Villá, "A Periferia Impregnada de Arquitetura", entrevista concedida a Denise Yamashiro, Guilherme Mazza Dourado e Hugo Segawa, *Projeto*, n. 162, abr. 1993, p. 53.

Esta aproximação tecnológica e formal com um repertório conhecido, na opinião do arquiteto, facilita a participação da comunidade na definição dos espaços que irá habitar:

No desenho, sempre procurei tentar entender, apropriar, assimilar de alguma forma tipologias tradicionais. Na área específica da habitação é uma tarefa relativamente fácil. Havendo uma postura desse tipo *a priori* obviamente se estabelecem pontes, um diálogo muito mais fácil com qualquer grupo leigo. As pessoas têm conhecimentos muito concretos dos usos que fazem da moradia e sobretudo dos materiais com que ela é construída. À medida que de alguma forma se utilizam tipologias tradicionais, e sobretudo materiais fartamente conhecidos, aquelas pontes são reforçadas. Isso constitui uma base suficientemente sólida de confiança, de reciprocidade[111].

Na maioria dos casos a mão de obra é arregimentada entre os próprios moradores, em sistema de mutirão. Os projetos são formulados a partir de conversas com as comunidades, para verificar as especificidades necessárias.

Técnica Construtiva

A técnica construtiva foi desenvolvida para possibilitar o emprego de mão de obra não habilitada, aumentar a rapidez, diminuir o desperdício e com isso, possibilitar um ganho em termos de qualidade de moradia. Joan Villá, ao desenvolver seu método, partiu dos próprios materiais e técnicas empregados na periferia, nos sistemas de autoconstrução: tijolos cerâmicos e vigotas de concreto. O resultado formal também é devedor da periferia, na medida em que reproduz uma volumetria recortada, que lembra a forma como a periferia vai crescendo por acréscimos cômodo a cômodo. Uma das preocupações do arquiteto ao desenvolver o sistema de pré-fabricação foi criar peças pequenas, que, portanto, não limitam a criação dos espaços e podem ser transportadas manualmente, dispensando o emprego de maquinário pesado. Todos os painéis são montados no solo, com ajuda de gabaritos para garantir a uniformidade. O painel-parede é formado por duas fileiras verticais de blocos cerâmicos unidas por uma nervura de concreto armado. No caso de painel com instalações, as caixas de eletricidade, os dutos e os registros são instalados antes da concretagem. Além do painel-parede, há o painel-laje, escada e painel-telha. Este, composto por telhas cerâmicas, é formado por um "sanduíche", no qual, de um lado, duas fileiras paralelas de telha são cobertas por uma fileira central, que se une ao conjunto por meio de nervura de concreto armado. Os painéis-parede são fixados com concreto à fundação radier de concreto armado fundido *in loco*, um painel é fixado ao vizinho também com concreto.

---

111. *Idem, ibidem.*

A necessidade de vencer vãos maiores (15 a 25 m), em equipamentos comunitários como creches e escolas, levou o arquiteto a desenvolver painéis curvos, empregando o mesmo sistema. Joan Villá comentou em entrevista[112] a insistência no material único, argumentando que uma escada pré-fabricada em blocos cerâmicos atinge 150 kg, enquanto uma escada equivalente em concreto, 800 kg.

Urbanização dos Conjuntos

A solução urbana dada aos conjuntos projetados dentro do sistema de pré-fabricação varia de caso para caso, até porque as comunidades interessadas opinam sobre a disposição do conjunto. No caso da moradia dos estudantes da Unicamp, onde a posse da terra era da Universidade, o arquiteto pôde explorar as possibilidades de utilização dos espaços internos às quadras, levando à criação de áreas de convívio e lazer:

> Dentro da perspectiva do projeto há a intenção clara de recuperar o traçado tradicional que tem origem na ilha greco-latina, fazendo com que a "quadra" que dela resulta, tenha no seu interior, no "pátio", a configuração de um espaço semipúblico e protegido, mas, ao mesmo tempo, simbolicamente urbano. Assim este local sintetiza dois tipos de espaço urbano tradicional: a rua e a praça entendidos como cenário e não como espaço de tráfego[113].

O sistema prevê habitações unifamiliares, que podem ser geminadas ou não, de um, dois ou três pavimentos, geralmente com possibilidade de ampliação. Busca-se, em geral, a minimização da área destinada à circulação de veículos e percursos de pedestres que não ultrapassam quarenta metros entre o local de estacionamento e a residência. A comunidade decide se prefere morar numa rua só de pedestres, ou junto à praça, se as casas são geminadas, se a cozinha é na frente ou nos fundos, sendo informada pela equipe das vantagens e desvantagens de suas opções.

O sistema de Joan Villá causou muito interesse, não só pelo barateamento e possibilidade de construção por mão de obra não especializada, mas pela solução formal, que agrega qualidade ao sistema construtivo: "Nosso trabalho da elaboração de uma técnica que fosse mais rápida, eliminasse o desperdício etc., estava exclusivamente também a serviço de possibilitar uma resposta de arquitetura que de alguma forma recuperasse a dignidade das pessoas e a própria dignidade da história da arquitetura brasileira no âmbito da habitação"[114].

112. *Idem*, p. 55.
113. Joan Villá, "Singular, Plural", *AU*, n. 22, fev./mar. 1989, p. 35.
114. Joan Villá, "A Periferia Impregnada de Arquitetura", art. cit., p. 57.

Para Joan Villá essa busca da qualidade arquitetônica no desenho dos conjuntos habitacionais não entra em conflito com o processo decisório aberto à comunidade:

> Mas há o desenho, a formalização desse processo decisório, trabalho de muitas mãos. E há momentos nesse processo em que as mãos dos parceiros se recolhem à espera de passos adiante para prosseguir. Afinal há momentos de arquitetura! [...] da sua matéria, da sua especificidade. Recorrer à sua essência, à sua permanência, à sua identidade. E aí as referências. Involuntárias algumas, outras perseguidas[115].

---

115. Joan Villá, "Singular, Plural", art. cit., p. 35.

3. Revisão do Moderno: Liberdade Formal/ Figurativismo

FORMALISMO *VERSUS* FUNCIONALISMO – DISCUSSÃO RECORRENTE

Agora é preciso esclarecer: esta arquitetura que ocorreu desde a época do Ministério se deveu fundamentalmente a Oscar Niemeyer. Sem o Oscar não teria havido esta arquitetura que surpreendeu os países europeus, a América do Norte, Japão, depois de um período de matança, de guerra, de destruição sistemática, bombardeios, bomba atômica. Enquanto isso construiu-se aqui o Ministério da Educação, e o Oscar, convidado pelo Juscelino, fez Pampulha [...]. O movimento da arquitetura dita brasileira contemporânea, no fundo, é Oscar Niemeyer. O resto era arquitetos que faziam mais ou menos o que ele fazia [...]. Oscar contribuiu com seu estilo pessoal, para dizer algo novo em termos da arquitetura que se fazia na época. Esta coisa marcou porque surpreendeu e considerava-se que a arquitetura brasileira, e da Finlândia, eram as duas contribuições mais originais[1].

Com essas palavras, Lúcio Costa deu a dimensão da influência de Oscar Niemeyer na constituição da arquitetura moderna brasileira. Na entrevista à revista *Pampulha*, Lúcio Costa apontou o perigo da especulação formal na arquitetura nacional, associando a busca pela originalidade à influência de Niemeyer:

A ideia é sempre exigir das novas técnicas soluções extremadas, não é? Para conseguir certos efeitos, coisa não sei até que ponto justificável, reforçar, principalmente, essa liberdade [...]. Se é bonito, pronto é arquitetura. Se me agrada, é

---

1. Lúcio Costa, entrevistado pela equipe da revista *Pampulha*, art. cit., p. 16-17.

bonito. Mas isso leva a soluções cenográficas, o mais antiarquitetônicas possível. Na mão de um arquiteto qualificado, naturalmente ele faria bem, mas essas levas e levas de arquitetos, cada um pretendendo "eu acho bonito", estão destruindo completamente o que era honesto: uma arquitetura vinculada a um sistema construtivo, uma coisa assim, sempre com a participação da qualidade, da intenção de harmonia, de equilíbrio, graça e tudo, né? Porque nesta intenção o arquiteto se revela. Mas não coisa gratuita, jogar arco para cá, arco para lá [...]. Porque realmente os arquitetos são estimulados para serem gênios, para inventar. Então, o sujeito fica inventando demais, o próprio Oscar foi culpado disso[2].

As novas teorias arquitetônicas, de revisão do movimento moderno, de certa forma legitimaram uma maior liberdade formal – que se revelou especialmente nos edifícios comerciais – incrementada pelas cores e texturas dos revestimentos que voltaram a ser usados e por um maior figurativismo das formas arquitetônicas. No entanto, a especificidade da arquitetura moderna brasileira fez com que Ruth Verde Zein, ao fazer uma apreciação crítica do edifício Terra Brasilis[3], atribuísse o desejo de expressão do edifício à herança moderna: "O Terra Brasilis não quer ser só um pedaço de cidade. É demasiado voluntarioso para ser uma arquitetura neutra ou contextualista em sentido estrito. Nessa vontade de forma e de originalidade, seus autores demonstram o quanto ainda são herdeiros das concepções da modernidade"[4]. Neste aspecto, o Terra Brasilis, ou os edifícios do arquiteto Carlos Bratke, estão em continuidade com o edifício da Petrobras no Rio de Janeiro (Roberto Gandolfi, José Gandolfi, José Sanshotene, Luiz Forte Neto, Abrão Assis Assad, Vicente de Castro), precursor das torres de expressão diferenciada. Junto ao desejo de forma e originalidade, já presente na arquitetura moderna brasileira, alguns programas como o de *shopping center* ou de torre de escritórios, na sua busca por um desenho marcante e atual, passaram a ostentar soluções formais referenciadas na arquitetura internacional, gerada por diferentes correntes ou teorias de pensamento. Por vezes as referências ostentadas pela arquitetura nacional são meramente formais, refletindo o arrivismo de alguns profissionais. Nas palavras de Paulo Casé:

Nossos arquitetos ficam mais sujeitos às influências formais da cultura dominante, contidas nas "charmosas" fotos exibidas pelos meios de comunicação. Trata-se da redução do conhecimento em nível de um aprendizado obtido através da informação visual, sempre insuficiente. Constrangimento que dificulta a elaboração de um trabalho capaz de dar respostas às condições específicas do seu meio[5].

2. *Idem*, p. 17-19.

3. Edifício comercial, projeto dos arquitetos Jorge Königsberger e Gianfranco Vannuchi, situado no novo centro de negócios em torno da avenida Berrini, em São Paulo.

4. Ruth Verde Zein, "Centro Empresarial Terra Brasilis", *Projeto*, n. 137, dez. 1990/ jan. 1991, p. 64.

5. Paulo Casé, "Interpretação de um Instante Cultural", *AU*, n. 42, jun./jul. 1992, p. 31.

As Propostas Desenvolvidas por Robert Venturi nos Anos de 1960

Venturi lançou sua crítica ao movimento moderno direcionada pela preocupação de recuperar os laços de comunicação entre a cultura arquitetônica e a coletividade. Montaner[6] apontou as características do contexto americano que propiciaram o surgimento da teoria de Venturi: já havia ali uma brecha crítica aberta por textos como "Las Siete Muletas de la Arquitectura", de Philip Johnson, ou o livro *Forms Follows Fiasco*, de Peter Blake. Além disso, os Estados Unidos se mantiveram muito ligados ao neoclassicismo, que era a linguagem vigente na época da constituição do Estado Americano, e, finalmente, havia um conjunto de arquitetos voltados para a criação de uma corrente arquitetônica mais "comunicativa", Montaner cita entre outros: Vincent Scully, Charles Moore, Robert Stern.

Em 1966, Robert Venturi lançou seu livro *Complexity and Contradiction in Architecture*, no qual defendeu uma arquitetura equívoca, inclusivista, ambígua. Seu trabalho, como o de Aldo Rossi, defendeu a superação do funcionalismo estrito e a importância da tradição. Porém, o livro de Venturi, além das fontes históricas, propôs a inspiração na paisagem cotidiana, na arquitetura popular e comercial. Em seu livro, Venturi se referiu ao mecanismo da arte pop, de transformar elementos vulgares do cotidiano em obras de arte, por meio de mudanças de escala ou de novas relações entre os objetos. Da mesma forma, propôs extrair da paisagem cotidiana e de seus elementos vulgares uma nova ordem complexa e contraditória, para o conjunto urbanístico contemporâneo. Nas palavras de Montaner: "Venturi vai contra a intolerância da arquitetura moderna que prefere mudar o ambiente existente e os usuários em vez de tentar interpretá-los e revalorizá-los; que prefere suprimir as complexidades e contradições que são inerentes a toda obra de arte e experiência, Venturi, ao contrário, parte do deleite pela realidade"[7].

A Crítica Tipológica

Uma teoria que pressupõe uma prática mais formalista, foi desenvolvida por Aldo Rossi, em seu livro *A Arquitetura da Cidade*, mencionado anteriormente. No desenvolvimento de seus conceitos, Rossi partiu da crença na capacidade de permanência da forma, assim existiriam valores formais imutáveis ao longo do tempo e lugar, que foram caracterizados como "tipos". O conceito de tipo se con-

---

6. Josep Maria Montaner, *Después del Movimiento Moderno: Arquitectura de la Segunda Mitad del Siglo XX*, Barcelona, GG, 1993, p. 152.

7. *Idem*, p. 153.

verteu não só em instrumento de projeto, como de análise da obra arquitetônica. Segundo Montaner:

Manfredo Tafuri foi quem com maior precisão definiu esta corrente caracterizando-a como "crítica tipológica" que insiste sobre os fenômenos de invariante formal e que se diferencia dos estudos analíticos dos mestres do racionalismo europeu por seu caráter historicista [...]. Recorrer ao conceito de tipologia significa na realidade negar todo regionalismo e defender soluções morfológicas de caráter universal; comporta negar qualquer princípio funcionalista em nome do primado da estrutura, o tipo ou a forma; significa situar-se nas antípodas do empirismo. Com isto, portanto, Aldo Rossi, Giorgio Grassi, Carlo Aymonino, Luciano Semerani, Guido Canella e outros autores superam a influência neoempirista e fenomenológica presente em seu mestre Ernesto Nathan Rogers e tendem para um tipo de cultura mais acadêmica e estática[8].

Ecletismo "Pós-moderno"/Desconstrutivismo

Nos anos de 1980, o ecletismo "pós-moderno" exerceu grande influência formal. Nas palavras de Montaner:

É uma tendência já muito assentada, que se baseia na confiança em conseguir novos resultados formais a partir da mescla de figurações de origem diversa. Existindo inclusive, uma certa ambição de chegar à síntese de fatores contrários: abstração e figuração, história e modernidade, recursos artesanais e alta tecnologia, cultura de elite e cultura popular [...] se baseia geralmente na superposição de diversas peles, em soluções híbridas, em edifícios que perseguem uma grande qualidade em seus acabamentos e que não evitam a ornamentação [...]. Portanto, é uma arquitetura inclusivista e de síntese, baseada na mescla e no contraste. Uma arquitetura que parte de uma atitude contextualista, que toma dados empíricos e se inspira nas características, história e cultura do lugar onde intervém[9].

A apreciação crítica de Ruth Verde Zein sobre o edifício comercial Terra Brasilis, já citado anteriormente, apontou proximidades com as características apontadas por Montaner para caracterizar o ecletismo "pós-moderno":

Todas as operações estilísticas servem para atender estritamente ao programa [...] e para inventar um contexto urbano, à revelia de sua total ausência. Como se o edifício estivesse no centro de São Paulo, com seus prédios discretamente "decô", com pórticos sugerindo galerias de pedestres, com pilares e marquises de um Niemeyer dos anos de 1950 e com o ápice ganhando as alturas com a volúpia de um Martinelli ou um Flash Gordon. Mas o edifício não se parece de fato com nada disso. Apenas extrai dessas referências um suco simbólico, recompondo-as de maneira a dar-lhe um ar *déjà vu* que faz parte do seu show[10].

Por vezes, nas soluções nacionais mais corriqueiras, a influência do ecletismo é meramente formal, não partindo de uma atitude "con-

---

8. Josep Maria Montaner, *La Modernidad Superada: Arquitectura, Arte y Pensamiento del Siglo XX*, Barcelona, GG, 1997, p. 129.

9. *Idem*, p. 204.

10. Ruth Verde Zein, "Centro Empresarial Terra Brasilis", art. cit., p. 63.

Edifício Terra Brasilis, *apud Projeto*, n. 137, dez. 1990/jan. 1991, p. 63. Foto de Renata Castello Branco.

textualista". Com isso, alguns dos recursos formais utilizados para mesclar referências, como a sugestão de superposição de diversas peles, se reduz a uma decoração de fachada, em que um pano de vidro e um paramento se interrompem em linhas inclinadas ou sugerindo o desenho de degraus.

Os resultados formais obtidos pelo trabalho de Peter Eisenman ou Bernard Tschumi, em que pese a pouca influência teórica das ideias que norteiam o trabalho desses arquitetos, também comparecem na exploração formal de alguns edifícios recentes, que ostentam descontinuidades, intersecção de planos e uma movimentação própria. A obra desses arquitetos, ditos deconstrutivistas, busca dar forma ao pensamento pós-estruturalista, notadamente ao pensamento dos filósofos Jacques Derrida e Gilles Deleuze. Nas palavras de Montaner:

Um antidiscurso do método cartesiano que descobre fraturas, pliegues, dispersões e descontinuidades na história gerará uma arquitetura de autores como Peter Eisenman, Bernard Tschumi ou Rem Koolhaas que buscam sua poética na *ensamblaje* de fragmentos, na estética da descontinuidade, na recriação de formas autônomas e estranhas às coordenadas do sujeito, na sugestão de espaços dinâmicos totalmente novos e na deconstrução da realidade convencional. Uma arquitetura que também celebra em suas formas a primazia da estrutura e o sistema sobre o sujeito e a história[11].

11. Josep Maria Montaner, *Después del Movimiento Moderno...*, *op. cit.*, p. 246.

EDIFÍCIO-SEDE DO CITIBANK – CITICORP CENTER (OBRA 20)

Arquitetos:	Croce, Aflalo & Gasperini (autor: Gian Carlo Gasperini – coautora: Léa Vaidergorin Rzezak)
Colaboradores:	Roberto Aflalo Filho, Miriam Andraus, Heloísa Désirée Samaia, Valéria Kochen
Local:	São Paulo, SP
Data:	1983-1986
Construção:	Companhia Brasileira de Projetos e Obras (CBPO)
Técnica construtiva:	Estrutura de grelhas estruturais em concreto armado e lajes de concreto protendido.
Materiais de acabamento:	Revestimento externo com placas de granito rosa, vidro laminado azul.
Área do terreno:	4 313 m²
Área construída:	47 029 m²

Vista do edifício na Paulista. Arquivo Aflalo & Gasperini. Foto de Arnaldo Pappalardo.

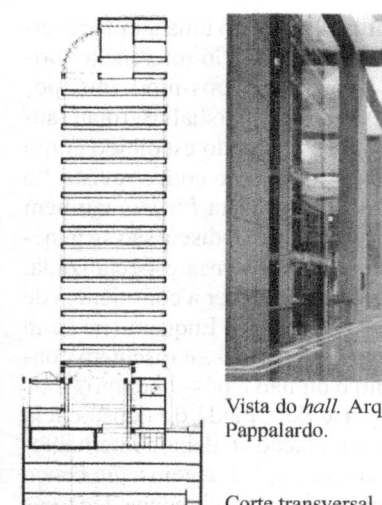

Vista do *hall*. Arquivo Aflalo & Gasperini. Foto de Arnaldo Pappalardo.

Corte transversal. Arquivo Aflalo & Gasperini.

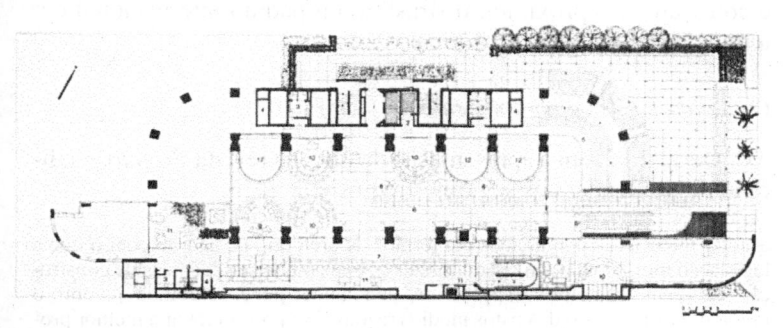

Térreo da avenida Paulista. Arquivo Aflalo & Gasperini.

O edifício do Citibank causou impacto quando passou a ser apresentado em princípios dos anos de 1980. As experiências de revisão da ortodoxia moderna até então, não tinham subvertido a expressão formal a partir do desenho da estrutura, da forma como foi feito no Citibank; no qual a estrutura em grelha vertical recuperou a ideia da janela tradicional, numa relação reforçada pelo revestimento em pedra granítica rosa, emoldurando os vidros azulados. Quando a construção do Citibank foi concluída, a revista *Projeto* apresentou o edifício, de forma bastante extensa, em dezesseis páginas, com uma chamada de capa que dava o tom do debate em torno do projeto: "Arquitetura do Citibank abre polêmica entre forma e estrutura". O Citibank introduziu também um novo conceito de avanço tecnológico na arquitetura brasileira, ao invés do arrojo estrutural, do vão embasbacante, a arquitetura do Citibank apresentou inovações no sentido do baixo consumo de energia, da baixa manutenção do edifício, da execução controlada até os mínimos detalhes.

As inovações propostas pelo Citibank tiveram uma ampla repercussão nas revistas especializadas, sendo o edifício referência obri-
gatória nas entrevistas e discussões sobre o pós-moderno, por
exemplo, a revista *AU* fez uma entrevista com Marshall Berman (autor de *Tudo que É Sólido Desmancha no Ar*), tendo escolhido como
local do encontro o edifício do Citibank, de acordo com a revista, "o
novo *hit* dos pós-modernos da cidade"[12]. A revista *Projeto* também
deu o tom do interesse suscitado pelo edifício: "A discussão se gene-
raliza. Não se limita aos intelectuais ou à imprensa especializada.
Ganha corpo na opinião pública e tende a fortalecer a consciência de
que arquitetura não está distante, inabordável [...]. Enquanto no geral
se debate cor e forma, em grupos mais específicos se discutem con-
ceituações. Afinal de contas, o prédio é ou não é pós-moderno?"[13].

Esta discussão sucedeu a uma fase de tomada de consciência
"do atraso" da arquitetura nacional em relação ao debate internacional. O edifício do Citibank, destinado a servir de imagem a um banco
estrangeiro, devendo responder a uma série de exigências técnicas
e construtivas, aproximou o Brasil a um padrão internacional em
termos de edifício de escritórios.

Os Cuidados Técnico-construtivos

De acordo com a apresentação da obra na revista *Projeto*, o edifício devia atender aos seguintes requisitos:

esgotar todas as possibilidades em termos de área útil, de acordo com o que a
legislação municipal permitisse; utilizar as mais modernas técnicas de construção tendo em vista eliminar problemas de manutenção e, sobretudo, garantir o
maior conforto dentro de custos médios razoáveis e proporcionar a melhor proteção contra o sol. Teria de contar com sistema de ar-condicionado central, caixilharia de primeira ordem, vidro da melhor qualidade, boa acústica e sistema
de telefonia o mais eficiente[14].

A elaboração do projeto e a construção da obra foram cercadas
de uma série de cuidados no sentido de evitar problemas futuros. O
arquiteto Gasperini, além de visitar os edifícios do Citibank em construção no Brasil, foi por duas vezes aos Estados Unidos para observar soluções de circulação, disposição do núcleo de serviços etc.

Uma preocupação fundamental foi quanto à baixa manutenção
do edifício, o que excluiu o uso do concreto aparente[15], material que

---

12. Apresentação da entrevista exclusiva de Marshall Berman a Sérvulo Donizete
Antunes, "Marshall Berman: Para se Viver a Cidade", *AU*, n. 14, out./nov. 1987, p. 78-80.

13. Nildo Carlos Oliveira, "A Cidade se Apropria das Raízes, Espaço e Cor da
Nova Arquitetura", *Projeto*, n. 97, mar. 1987, p. 66.

14. *Idem*, p. 68.

15. O Citibank não quis que fosse utilizado o concreto aparente, por causa da deterioração a curto prazo provocada pelos agentes poluentes, ver texto de Nildo Carlos Oliveira,
"A Cidade se Apropria das Raízes, Espaço e Cor da Nova Arquitetura", art. cit., p. 70.

na década anterior havia caracterizado inúmeras agências bancárias e instituições no Brasil. O granito, escolhido pela durabilidade, foi instalado com cuidados extremos, de acordo com a melhor tecnologia existente. Segundo o arquiteto Gian Carlo Gasperini[16], as placas foram conferidas uma a uma, por um arquiteto instalado no canteiro, descartando as que estavam fora da especificação. Para evitar desprendimentos das placas e manchas em sua textura externa, elas foram fixadas por meio de grapas de aço inoxidável, a sete centímetros da superfície de apoio, proporcionando com isso um colchão térmico entre a pedra e a superfície de apoio. Para que o pano de vidro formasse uma superfície contínua, o vidro foi colado com silicone, perimetralmente a requadros leves de alumínio; estes requadros foram fixados a uma infraestrutura de alumínio presa à estrutura de concreto. A estrutura de alumínio não é visível na fachada, uma vez que permite o contato direto dos panos de vidro, e destes com a pedra. O vidro utilizado, por sua vez, é constituído de duas lâminas com uma folha de vinil butyrol laminada a quente entre elas, de tal forma que se por acaso se romper, não solte nenhum estilhaço.

A concepção estrutural também foi cercada de cuidados. Segundo o engenheiro Mário Franco, a preocupação com a ação dos ventos, por tratar-se de uma estrutura extremamente flexível, levou-o a propor a execução de ensaios em túnel aerodinâmico da estrutura e seu entorno. O ensaio foi feito na Universidade Federal do Rio Grande do Sul, com um modelo em escala 1:300. Por solicitação do Citibank, foram feitos também ensaios com o prédio isolado, sem os vizinhos, com o objetivo de saber o comportamento da estrutura em situações eventualmente mais desfavoráveis, ao longo da vida útil do edifício.

O sistema de ar-condicionado utilizado foi inédito no Brasil, com o emprego de uma reserva térmica pela acumulação de gelo em tanques, com fabricação noturna, para atender a demanda dos horários críticos do dia posterior. O edifício possui ainda microprocessadores encarregados de manter condições ideais no edifício: ar condicionado, demanda de energia, controle do equipamento de combate a incêndio.

A Expressão Formal do Edifício

As grelhas estiveram presentes desde o início na concepção do edifício. Surgiram de uma pesquisa desenvolvida no escritório, numa época de pouca solicitação de serviços, segundo texto na revista *Projeto*: "A curiosidade e a própria necessidade de evolução [...]

---

16. Depoimento do arquiteto Gian Carlo Gasperini em aula na pós-graduação da Faculdade de Arquitetura e Urbanismo da USP, na disciplina Tecnologia e Produção do Ambiente, 1º semestre de 1995.

impunham a análise de publicações e a apropriação de outros méto-
dos de conhecimento do que vinha sendo realizado no exterior, em
termos de inovações na arquitetura"[17]. O escritório conseguiu por
em prática estes estudos com o edifício do Sudameris, também na
avenida Paulista, que estava para ser construído, quando o Citibank
revelou interesse pela pesquisa das grelhas estruturais.

A grelha vinha sendo explorada nos Estados Unidos, mas não
correspondia a uma verdade estrutural. A afirmação de Gasperini,
transcrita no texto de apresentação da obra na revista *Projeto*, mostra o quanto o projeto do Citibank é herdeiro da arquitetura paulista:
"os arquitetos norte-americanos que enveredaram por esse caminho,
seguiram numa direção voltada para a expressão puramente de fachadas: janelas quadradas no envoltório de outro revestimento [...].
E não pretendíamos ficar apenas nessa postura, que era muito formal
e sem consistência"[18].

Este compromisso com a tradição da arquitetura moderna paulista foi apontado por Ruth Verde Zein:

Assumir a liberdade formal mantendo a associação íntima entre estrutura
e concepção arquitetônica parece ter sido o raciocínio no projeto para o Citibank
[...]. Evidentemente, está-se ainda dentro da tradição paulista da expressão pela
estrutura; ao invés do tradicional esquema laje/pilar/viga, as grelhas verticais, a
treliça de transição, os grandes pórticos, temperando inovação estrutural e grandes vãos, duas atitudes marcantes dessa tradição. Ao mesmo tempo, há um nítido
rompimento com o "purismo" intransigente dessa linguagem paulista[19].

A opção estrutural empregada no Citibank, de certa forma, con-
traria o princípio estrutural básico da arquitetura moderna, que é a
liberação das fachadas da sua função estrutural. Entretanto, o próprio
Gasperini apontou a tendência existente na arquitetura paulista da estrutura conformar e conter todo o espaço: "Exemplo disso é toda a
escola de Vilanova Artigas, mostrando as estruturas finalmente como
elemento fundamental para englobar os espaços. Era o envoltório máximo, a sublimação da estrutura em termos de definição de espaço"[20].

Duas apreciações críticas sobre o edifício apontaram uma ambiguidade na expressão formal do edifício. Marshall Berman, cien-
tista político, viu essa ambiguidade no emprego da pedra em
dissonância com as formas curvas do edifício, uma vez que o uso da
pedra tornou-se um procedimento usual nas corporações americanas,
com o intuito de transmitir uma imagem de seriedade e solidez, imagem que é negada pela forma do edifício.

17. Nildo Carlos Oliveira, art. cit., p. 66.
18. Gian Carlo Gasperini, *apud* Nildo Carlos Oliveira, art. cit., p. 66.
19. Ruth Verde Zein, "Da Verdade Estrutural à Expressão Formal", *Projeto*, n. 97,
mar. 1987, p. 63.
20. Gian Carlo Gasperini, *apud* Nildo Carlos Oliveira, art. cit., p. 66.

Parece que o prédio frustra as expectativas de várias maneiras. O que mais agrada são o cristal e as curvas. Mas a pedra maciça, de alguma maneira, não permite visão panorâmica. É um cristal ótimo, de uma bela cor. A curva na qual o prédio parece estar construído poderia ser extremamente elegante e sugerir todo tipo de formas modernas [...]. Mas o peso da pedra não deixa de causar uma sensação de derrota [...]. Com este prédio, não se decide se pretende passar uma imagem moderna ou arcaica[21].

O poeta e teórico da comunicação Décio Pignatari viu uma ambiguidade entre a aparência formal do edifício e sua modernidade interna (emprego de microprocessadores configurando a ideia de "edifício inteligente"):

O Citibank é muito interessante. É mais do que isso, é um oximoro (figura teórica que opera por opostos). Há coisas muito curiosas no projeto do Aflalo e do Gasperini: ele é geometrizado, grelhado, *art-decó* por fora e *soft-machine* por dentro. Ou seja, ele é biônico. Embora externamente seja um pós-moderno via Itália, um *art-decó* dos anos de 1980, possui um organismo vivo composto de sistemas de controle da luz e da temperatura internas. O oximoro é justamente esse contraste entre formas puramente esculturais, simbólicas nas fachadas e formas sofisticadas dentro. É o velho por fora e novo por dentro. Estamos vivendo contradições engraçadas. Você faz um grande edifício com grelhas pesadas, tirando um sarro e, por dentro, faz a coisa verdadeira[22].

Para Décio Pignatari, o pós-moderno é o enterro da indústria mecânica e a entrada na era da automação.

O que é curioso nessa observação de Pignatari, é que ela parece muito distante das preocupações que motivaram o arquiteto Gasperini e sua equipe:

Tudo o que fizemos é de tal maneira coerente com o espírito da funcionalidade na arquitetura, com o espírito da expressão de genuinidade (tudo que se faz tem que ser genuíno), que acho absurdo falar em pós-moderno, nesse caso. O pressuposto do pós-moderno é justamente o contrário do que ali foi feito. O pós-modernismo tira licenças poéticas dos postulados da arquitetura contemporânea e agrega-lhe coisas do passado, de maneira completamente arbitrária e gratuita[23].

A Implantação Urbana

O arquiteto Gasperini comentou[24] que a previsão de uma passagem unindo a alameda Santos à avenida Paulista, espaço concebido inicialmente como público, praça coberta, que deveria abrigar ativi-

21. Marshall Berman, "Marshall Berman: Para se Viver a Cidade", art. cit., p. 78-79.

22. Décio Pignatari, entrevistado por Haifa Y. Sabbag, "Entre o Erudito e o Popular. "*Kitsch* é ser Mies' ", *AU*, n. 8, out./nov. 1986, p. 49.

23. Gian Carlo Gasperini, *apud* Nildo Carlos Oliveira, art. cit., p. 66.

24. Depoimento do arquiteto Gian Carlo Gasperini em aula na pós-graduação da Faculdade de Arquitetura e Urbanismo da USP, na disciplina Tecnologia e Produção do Ambiente, 1º semestre de 1995.

dades culturais, foi o que encantou o *bureau* central do Citibank. No desenvolvimento do projeto, essa passagem foi fechada, em função dos problemas locais de segurança. A praça, interessante em termos urbanos, estaria dentro da preocupação da corporação de "marcar uma presença" na Paulista[25], objetivo que acabou sendo alcançado pela distinção da expressão formal.

O edifício se destaca não só pela cor, como pela curvatura que abre a visual para a sua lateral. A implantação do edifício é elaborada; um corpo lateral baixo, delimitado por uma curva simétrica à da torre principal, avança tanto em direção à avenida Paulista quanto em direção à alameda Santos, criando uma transição volumétrica nos acessos, que indica e convida à entrada. Segundo Ruth Verde Zein, o edifício do Citibank "convive com a Paulista; não lamentando-se ou omitindo-se, numa falsa consciência urbana. Mas aceitando esse aqui e agora com dignidade e boa arquitetura"[26].

PLAZA SHOPPING (OBRA 21)

Arquitetos:	Aníbal Coutinho, Antônio Paulo Cordeiro, Lorenço Diegues
Colaboradores:	Sérgio Gimenez, Joaquim Andrade Neto
Local:	Niterói, RJ
Data:	1983-1986
Construção:	Pinto de Almeida Engenharia
Técnica construtiva:	Estruturas em concreto armado e metálica
Materiais de acabamento:	Argamassa revestindo alvenarias e estrutura
Área do terreno:	12 000 m²
Área construída:	80 000 m² (primeira fase) e 107 000 m² (segunda fase)

Vista externa: sobreposição de "peles", para minimizar o efeito do grande volume no meio urbano, *apud Projeto*, n. 99, maio 1987, p. 44.

25. Nildo Carlos Oliveira, art. cit., p. 68.
26. Ruth Verde Zein, "Da Verdade Estrutural à Expressão Formal", art. cit., p. 63.

Perspectiva, *apud L'Architecture d'aujourd hui*, n. 251, jun. 1987, p. 81

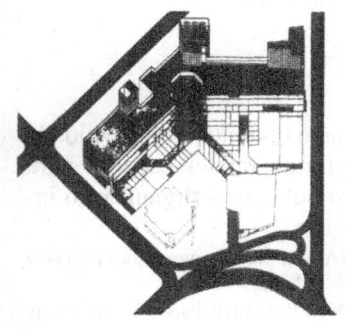

Planta perspectivada, *apud Projeto*, n. 99, maio 1987, p. 45.

Acesso ao *shopping, apud Projeto*, n. 99, maio 1987, p. 44.

A obra recebeu menção honrosa na premiação do IAB-RJ, em 1986. Um texto de Cêça de Guimaraens sobre a premiação destacou, dentre as obras premiadas, o *shopping*, o Conjunto Habitacional de Cafundá e a agência do Citibank em Vitória. Nesse texto, a autora afirmou que o edifício, como os outros destacados, recupera ou se referencia a episódios da arquitetura moderna brasileira, trabalhando os elementos formais, de forma a alcançar determinados objetivos arquitetônicos: "Porque, nesta fase de explosão de escrituras anônimas, buscam as obras-primas da Arquitetura Moderna e com elas 'escrevem' uma frase sem truques de retórica, compondo elementos nas fachadas, usando os materiais, jogando volumes, vazios e cores, desenhando um 'habitat' de qualidade e criando espaços com arte e paixão"[27].

O comentário de Mauro Neves Nogueira, sobre a mesma premiação, apontou a influência internacional sobre a obra: "o edifício insere-se na estrutura urbana procurando recuperar as possibilidades de expressão dos próprios elementos arquitetônicos a partir de imagens da arquitetura internacional"[28]. Finalmente, o parecer do júri: "A incorporação de novas tendências arquitetônicas numa obra deste porte é revelada não só no tratamento das fachadas, como na adequação do programa às dificuldades do terreno, inserindo de forma inteligente o edifício na trama urbana"[29].

O que se nota nessas apreciações críticas, à parte da expressão formal, é a ênfase na inserção urbana do edifício, a qual também é visível no texto de apresentação do projeto: "A ideia que norteou o arquiteto na concepção do projeto foi a de tornar o edifício uma continuação do tecido urbano, um todo complexo e múltiplo, onde áreas públicas e privadas se fundissem, recordando a noção de espaço e cidade"[30]. Os comentários críticos e a apresentação do projeto não mencionam a estrutura ou os aspectos construtivos, a ênfase foi toda voltada à expressão formal do edifício e à forma como este passou a compor a paisagem urbana e se relacionar com ela.

Integração com a Cidade

Para viabilizar a ideia de um percurso continuado entre cidade e centro comercial, os arquitetos abriram grandes espaços para acesso, como uma extensão do passeio público. A organização in-

27. Cêça de Guimaraens, "XXIV Premiação Anual: Breves Comentários para uma Arquitetura sem Retórica", *Módulo*, n. 93, jan./fev. 1987, p. 24.

28. Mauro Neves Nogueira, "Novas Gerações à Procura de Espaços", art. cit., p. 89.

29. Transcrição do parecer do júri, "No Centro Empresarial Rio, a Entrega dos Prêmios", *Projeto*, n. 95, jan. 1987, p. 36.

30. Texto de apresentação "Centro Comercial Adapta-se ao Entorno e Facilita Expansão", *Projeto*, n. 99, maio 1987, p. 44.

terna do *shopping* foi regida por uma grande praça central, coberta por uma claraboia de vidro, que centraliza a circulação do edifício, e é por onde passa o eixo central da circulação vertical, e para onde convergem os "caminhos" horizontais.

O projeto prevê a possibilidade de ampliação do centro comercial. Para evitar que essa ampliação interfira na expressão formal do conjunto, os arquitetos optaram por caracterizar as fachadas por meio de "peles", ou seja, revestimentos diferenciados que se sucedem na composição do conjunto. Essa opção, de acordo com o texto de apresentação[31], permite imaginar o crescimento do edifício "num curso orgânico" em que as camadas continuem a se suceder. As camadas de "pele" são três: a principal, com listas horizontais, responsável pela união formal do conjunto, a segunda, de vidro, que interrompe a massa, e a terceira, de venezianas que oculta serviços e estacionamentos. Elas acabaram tendo uma importância crucial no projeto, pois, além da preocupação com a facilidade de expansão futura, e da busca por uma expressão formal que fosse contemporânea e atraente comercialmente, a solução permitiu a quebra visual do grande volume do *shopping*, multifacetando as grandes empenas, buscando uma maior integração entre o edifício e o conjunto de pequenas construções da cidade.

PALÁCIO ARQUIEPISCOPAL DE MARIANA (OBRA 22)

Arquitetos:	Éolo Maia, Maria Josefina de Vasconcellos, Sylvio Emrich de Podestá
Colaboradores:	André Penido e Luciane Martins
Local:	Mariana, MG
Data:	1983-1988
Construção:	Griner S.A. Engenheiros Construtores
Técnica construtiva:	Marcos estruturais de aço SAC 50 ou corten, alvenaria de vedação, cobertura de vidro do pátio em estrutura metálica.
Materiais de acabamento:	Alvenarias revestidas com argamassa, pilares do pátio interno revestidos em pedra-sabão, cobertura em telhas cerâmicas

31. *Idem, ibidem.*

Fachada para praça do coreto, *apud Projeto*, n. 129, jan./fev. 1990, p. 141. Foto de Jacques Tinoco.

Vista do interior da capela, *apud Projeto*, n. 116, nov. 1988, p. 65. Foto de Jacques Tinoco.

1. Acesso principal; 2. *Hall;* 3. Acesso nível superior; 4. Recepção; 5. Biblioteca de livros raros; 6. Hall/distribuição biblioteca; 7. Refeições; 8. Cozinha; 9. Despensa; 10. Instalações sanitárias; 11. Área de serviço; 12. Banheiro; 13. Quartos; 14. Apartamentos; 15. Circulação; 16. Estar/TV para pátio interno; 17. Circulação pátio interno; 18. Jardim; 19. Cobertura da capela; 20. Auditório

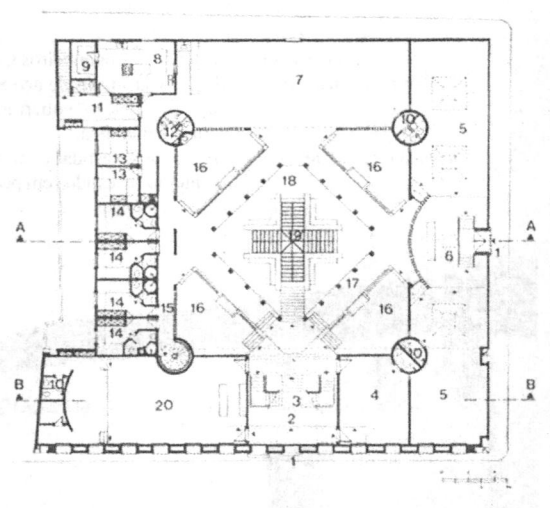

Planta do nível térreo, *apud AU*, n. 13, ago/set. 1987, p. 30.

(página anterior) Entrada lateral, *apud Projeto*, n. 116, nov. 1988, p. 66. Fotos de Jacques Tinoco.

Os três arquitetos mineiros, autores deste projeto, ficaram conhecidos no início dos anos de 1980 como arquitetos pós-modernos. Sua obra mostra a preocupação com o desenvolvimento de uma expressão arquitetônica que seja significativa para a população. Nas palavras de Lívia Alvares Pedreira, sobre Éolo Maia:

> O samba do crioulo doido, miscigenação de culturas e absorver todas as influências numa reelaboração constante são as linhas mestras de seu trabalho. Sem preocupações em esclarecer os rótulos atribuídos aos seus projetos, Éolo não teme sequer ser chamado de *kitsch* [...]. Para o arquiteto, apenas a Arquitetura popular consegue manter uma identidade porque é espontânea[32].

Nesta preocupação em criar vínculos entre a arquitetura e a comunidade, existe uma crítica à arquitetura moderna brasileira, e a defesa do projeto participativo, em que a comunidade opina. Nas palavras de Éolo Maia:

> De que adianta exibir uma belíssima arquitetura moderna se o programa é imposto à população sendo, portanto, autoritário? Por essas e outras, o povo nunca assumiu ou assimilou a linguagem moderna. Uma linguagem estranha à própria cultura do brasileiro, a essa Nação meio Macunaíma [...] o profissional deve sentir o pulsar do povo na rua, nos bares, nas esquinas [...] chega de criar sonhos nos escritórios, distante da realidade, do cotidiano do homem simples[33].

Essa preocupação com a realidade cultural da população o levou a assumir uma expressão arquitetônica que se aproxima do *kitsch*: "temos de fazer uma coisa meio patropi mesmo [...] *kitsch*, um traço muito forte na cultura brasileira"[34].

O projeto da Casa do Arcebispo de Mariana foi encomendado por D. Oscar de Oliveira, da ala conservadora da igreja. A concepção do edifício envolveu não só o problema da inserção do novo em meio tradicional, como o problema da representação da instituição, respondendo a ambos de forma singular.

Implantação Urbana

O projeto foi implantado em dois terrenos vagos da arquidiocese de Mariana, na praça Gomes Freire, em meio ao conjunto arquitetônico e urbanístico preservado. O edifício deveria respeitar a volumetria da praça, ritmos e clima, e, ao mesmo tempo, ser expressão de sua época.

A apresentação da obra na revista *Projeto* incluiu estudos submetidos ao SPHAN que não foram aprovados, mostrando, por parte

---

32. Lívia Alvares Pedreira, "De Olho na Rua", *AU*, n. 8, out./nov. 1986, p. 36.
33. Éolo Maia, *apud* Lívia Alvares Pedreira, art. cit., p. 34.
34. *Idem*, p. 36.

do órgão, um rígido controle sobre o aspecto externo da obra. Esses estudos apresentavam solução quadrada, com um pátio interno e um ritmo irregular de aberturas. A solução final manteve a ideia de um edifício quadrado, porém, a parte visível é um edifício retangular, de dois pavimentos, coberto por telhas de barro, com janelas verticais, retangulares e espaçadas regularmente. O olhar mais atento revela o cunhal metálico limitando os panos de fachada e as duas portas de acesso no centro da composição, solução que causa estranheza e diminui a importância da entrada. O restante do edifício se desenvolve no nível térreo, coberto por laje plana, tendo no seu centro uma pirâmide de vidro que cobre o pátio interno. No centro do pátio interno aflora a cobertura em vidro colorido da capela, que foi construída no subsolo. Todo o bloco do edifício coberto por laje não é visível da rua, sua parede externa se assemelha a um muro delimitando um pátio, simulando assim volumetria e implantação tradicionais.

A postura dos arquitetos, aberta, inclusiva, permissiva em termos arquitetônicos, possibilitou uma forma externa do edifício bastante mimética com o entorno, e, ao mesmo tempo, distinta, evitando o pastiche. Por exemplo, os cunhais metálicos que delimitam os panos de fachada foram apontados, em *Arquiteturas no Brasil: Anos 80*, como reinterpretação dos esteios de madeira da arquitetura colonial[35], no entanto, é exatamente nessa reinterpretação que o edifício se afasta da tradição deixando clara sua contemporaneidade.

Interação do Popular e do Erudito na Cultura Arquitetônica

Enquanto no aspecto externo o edifício mantém certa aparência, se adequando ao meio, seu interior é totalmente não convencional – pelo tipo e excesso de revestimentos, pela capela enterrada no meio do pátio, que é coberto por uma pirâmide de vidro. Sua proposta formal acabou suscitando polêmica, que chegou aos jornais. Ruth Verde Zein[36] lamentou a abordagem jornalística que, ao invés de discutir a inserção de um edifício novo num ambiente tradicional e o papel do SPHAN ao regulamentar essa tarefa, se deteve sobre a suntuosidade do edifício. Um desses artigos[37] mencionou que o novo bispo de Mariana, Dom Luciano Mendes de Almeida, tinha receio de que a suntuosidade do edifício intimidasse os moradores pobres que fossem procurá-lo. No entanto, no entender dos arquitetos, o excesso deco-

---

35. Ver o comentário sobre a obra em Hugo Segawa, Cecília Rodrigues dos Santos e Ruth Verde Zein (orgs.) *et al.*, *Arquiteturas no Brasil: Anos 80, op. cit.*, p. C20.

36. Ruth Verde Zein, "Uma Polêmica que não Interessa", *Projeto*, n. 116, nov. 1988, p. 64.

37. Ver reprodução na revista *Projeto*, n. 116, nov. 1988, p. 64.

rativo do edifício buscou assumidamente satisfazer um gosto popular. Posição corroborada por Carlos Eduardo Comas: "A novidade está [...] na utilização do imaginário popular sincrético, híbrido, exuberante, ingênuo, eclético, festivo da cidade interiorana de hoje como fonte de inspiração arquitetônica"[38]. Carlos Eduardo Comas apontou ainda os pontos em que a decoração exuberante, popular se associou a símbolos tradicionais da Igreja:

colocada a serviço da caracterização arquitetônica de uma Igreja que quer simultaneamente restabelecer laços com o cotidiano da massa de seus fiéis, voltar à pureza de suas origens e reafirmar seu papel de mediadora da redenção. A apropriação de elementos de um folclore urbano brega se associa para tanto à capela enterrada como outrora a catacumba e à pirâmide sob pirâmide que reatualiza o tema da cúpula como representação celestial[39].

É imensa a diferença na forma de encarar o popular entre Éolo Maia e os mestres da arquitetura moderna dos anos de 1960, quando o popular era visto pelo aspecto da essencialidade, singeleza, despojamento. Um popular ainda não "corrompido" pela televisão e que, embora subsídio para um traço erudito, abstrato, era encarado como forma de esforço social quando utilizado nos edifícios públicos. Ao contrário, o *pop* dos arquitetos mineiros busca justamente satisfazer um gosto popular impuro, que aspira ao luxo e ao supérfluo.

CENTRO DE CULTURA E LAZER – SESC NOVA IGUAÇU (OBRA 23)

Arquitetos:	Bruno Padovano, Hector Viglieca
Colaboradores:	Caetano del Pozzo, Célia Regina Bernardi, Cláudia Nucci, Elza H. Tabaca, Flávio Henry, Givaldo Medeiros, Haroldo Jorge Honmori, Marcos Mendes, Marcelo C. Barbosa, Paulo Fujioka, Sérgio Camargo, Valério Pietraroia, Jean Massa, Manuel R. Pedroso de Lima
Local:	Nova Iguaçu, RJ
Data:	1985-1992
Construção:	João Fortes Engenharia
Técnica construtiva:	Concreto armado e alvenaria portante, estrutura da cobertura em madeira, telhas de alumínio com isolamento térmico.
Materiais de acabamento:	Tijolos de revestimento, elementos vazados de concreto, revestimentos cerâmicos, pisos de pedra.
Área do terreno:	45 249 m²
Área construída:	16 236 m²

38. Carlos Eduardo Comas, "Arquitetura Brasileira: Anos 80 – Um fio de esperança", art. cit., p. 96.

39. *Idem, ibidem.*

Foto do conjunto, *apud Projeto*, n. 153, jun. 1992, p. 33. Foto de José Daniel Tardioli.

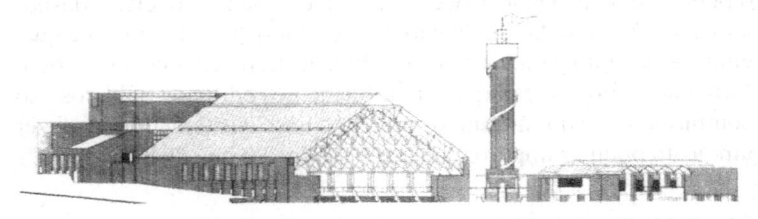

Elevação do conjunto, *apud AU*, n. 42, jun./jul. 1992, p. 24.

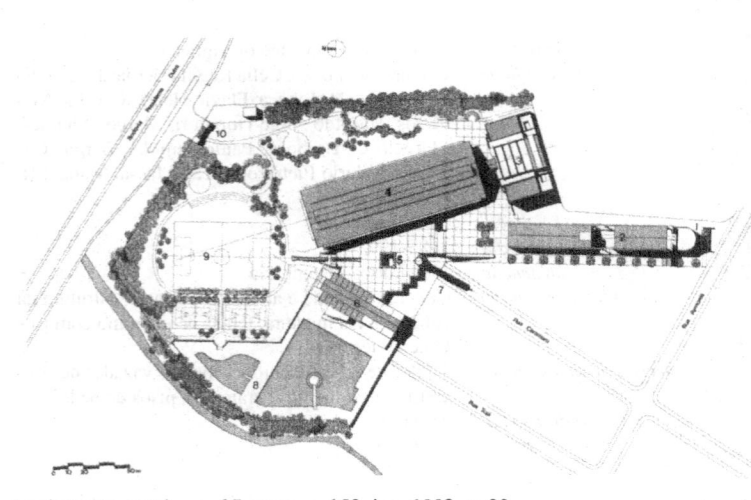

Implantação geral, *apud Projeto*, n. 153, jun. 1992, p. 33.
1. Acesso público; 2. Setor I: administração, creche, serviço médico; 3. Setor II: teatro, salas de aula, exposições, biblioteca; 4. Setor III: quadras esportivas, salas de ginástica (galpão); 5. Setor IV: praça, vestiários, sanitários, serviços; 6. Setor V: restaurante, lanchonete; 7. Acesso de serviço; 8. Setor VI: parque aquático; 9. Setor VII: quadras esportivas, campo de futebol, área verde; 10. Portaria.

Praças do conjunto, *apud Projeto*, n. 153, jun. 1992, p. 42. Fotos: Celso Brando.

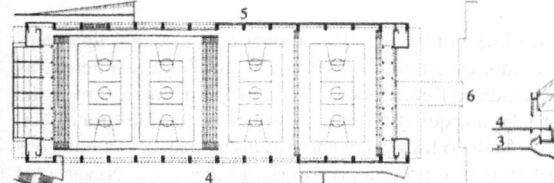
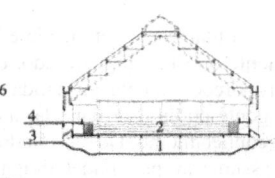

Galpão - planta e corte transversal, *apud Projeto*, n. 153, jun. 1992, p. 35.
1. Salas de ginástica; 2. Quadras esportivas; 3. Vestiários/banheiros; 4. Praça; 5.
Área verde; 6. Teatro

Tipologia

Na maioria dos textos de apreciação do projeto do Sesc Nova Iguaçu, e mesmo no discurso dos autores, foram recorrentes as palavras tipo e tipologia, assim como as referências à arquitetura clássica, revelando a influência das ideias desenvolvidas pelos arquitetos italianos – Aldo Rossi, Giorgio Grassi, Cario Aymonino – em torno da crítica tipológica.

Nas palavras de Jean Massa: "O projeto vencedor sobre os sessenta e dois apresentados, [...] denota-se justamente pela tipologia claramente aparentada às estruturas leves da região: um grande galpão industrial de 105 por 40 m constitui o elemento básico de referência [...] e representa o tema em torno do qual articulam-se os outros edifícios do conjunto, variando segundo as funções"[40].

Ou, segundo Mauro Neves Nogueira: "Padovano criou tipos arquitetônicos interessantes e claramente identificáveis para resolver as funções principais exigidas pelo programa"[41]. Também Bruno Padovano, em entrevista concedida à revista Projeto, deixou transparecer a ideia de tipo, ao identificar os elementos articuladores da composição: "Essa horizontalidade, esses prismas retangulares, os

40. Jean Massa, "Articulando um País Pluralista", *AU*, n. 4, fev. 1986, p. 89.

41. Mauro Neves Nogueira, "Considerações sobre o Concurso Sesc-Nova Iguaçu", *Projeto*, n. 190, out. 1995, p. 61.

arremates arredondados em alguns pontos, com elementos que compõem. Basicamente, se você for analisar, todo o conjunto é baseado nesses três elementos formais básicos: os telhados, os retângulos alongados e o redondo[42].

Esta opção "tipológica" levou à racionalização da volumetria comum na região, gerando um desenho diferenciado, por exemplo, todos os edifícios têm um eixo de simetria longitudinal bastante marcado. Para Padovano, o projeto procurou conciliar as alusões à arquitetura clássica, à tradição funcionalista moderna:

> Então realmente havia esta tentativa de conjugar dois sistemas aparentemente opostos. De um lado, essa tradição ideal da arquitetura: a simetria, as proporções, aquela coisa toda da Renascença, do Classicismo. São recursos que a gente podia usar para dar à arquitetura uma estrutura de fácil leitura e fácil reconhecimento. De outro lado, o funcionalismo e todas as suas desarticulações e assimetrias para poder abrigar os programas contemporâneos que são variados em essência e não são totalmente programáveis [...]. Nós usamos tanto a modulação como os eixos, estendendo o vocabulário, para conseguir uma obra de concepção clássica na composição, mantendo essa desenvoltura que vem de correntes contemporâneas, em que a função tem sua própria identidade, sua própria força expressiva, o arquiteto recua e deixa que a função tome partido, estabeleça formas[43].

Implantação/Relações Urbanas

Na articulação formal do conjunto e sua inserção no meio urbano, os arquitetos apontaram como referência o italiano Vittorio Gregotti, por sua definição do arquiteto como "o indivíduo que constrói a cidade"[44]. Em entrevista concedida à revista *Projeto*, Bruno Padovano falou em "alma do lugar": "uma arquitetura que se encaixa, se agrega à alma do lugar, que abraça o espaço, que se insere muito atenta a uma definição clara de espaço público, semipúblico e privado, com boa articulação dessas três esferas"[45].

A implantação física do conjunto foi associada à da Acrópole grega: "Desde o primeiro croqui a ideia era colocar um grande galpão como elemento principal, a peça de força. E ele é colocado cortando as curvas de nível, já havia a ideia de criar planos [...]. Não sei se trazer isso à tona faz algum sentido ou não, mas nós havíamos pen-

42. Bruno Padovano, "Lição de Coisas: Lugar e Técnica", entrevista, texto de Ruth Verde Zein e Guilherme Mazza Dourado (colaborador), *Projeto*, n. 153, jun. 1992, p. 44.

43. *Idem, ibidem.*

44. Ana Luiza Nobre, "Sesc-Nova Iguaçu: Matriz Popular", *AU*, n. 42, jun./jul. 1992, p. 26.

45. Bruno Padovano, "Lição de Coisas: Lugar e Técnica", art. cit., p. 30.

sado na Acrópole grega, ou na cidade de Agamenon, como referências visuais a essas ideias"[46].

A mesma associação apareceu no comentário de Mauro Neves Nogueira: "numa atitude clássica, posicionou os edifícios de maneira a usufruir o máximo de terreno [...]. O conjunto é bem articulado nos eixos e na 'estrutura'. Criou-se uma espécie de acrópole artificial onde se organizam esses tipos, permitindo, no dizer do júri, uma 'boa sugestão de praças e surpresas espaciais'"[47].

Jean Massa também apontou a ideia de acrópole: "Numa atitude clássica de querer exaltar as particularidades específicas do sítio, assim como os limites cadastrais do terreno, este projeto cria uma espécie de acrópole moderna"[48].

Os pavilhões do Sesc Nova Iguaçu, conforme foi sugerido, articulam-se de acordo com as particularidades do terreno e do programa, criando um conjunto disposto irregularmente, formando praças e percursos: "Os espaços fluidos, diversificados, mas conectados entre si, paulatinamente vão se ampliando e oferecendo um rico percurso, envolvem e conduzem o visitante até uma área aberta onde se descortina uma significativa perspectiva para a cidade"[49].

Técnica Construtiva

No Sesc Nova Iguaçu a opção tecnológica é uma consequência da opção tipológica. A obra empregou técnica construtiva convencional: telhados em duas águas, apoiados em treliças de madeira assentadas sobre paredes portantes e revestidas por tijolos aparentes. Essa tecnologia construtiva, de acordo com texto publicado na revista AU[50], reforça a imagem popular do conjunto, facilitando sua incorporação e aceitação pelo usuário. No galpão das quadras cobertas, a estrutura de madeira vence um vão de quarenta metros, empregando tecnologia desenvolvida no Sul do país, para construção de silos. É interessante que os arquitetos quase se desculpam pelo vão:

No galpão, queríamos usar uma arquitetura inserida no local, uma arquitetura que dialogasse com a situação da periferia. Não queríamos uma arquitetura tecnologicamente avançada. A obra afinal ficou até muito sofisticada em relação às nossas imagens iniciais, pensávamos em fazer um projeto bem

46. Hector Vigliecca, "Lição de Coisas: Lugar e Técnica", entrevista, texto de Ruth Verde Zein e Guilherme Mazza Dourado (colaborador), art. cit., p. 32.

47. Mauro Neves Nogueira, "Considerações sobre o Concurso Sesc-Nova Iguaçu", art. cit., p. 61.

48. Jean Massa, "Articulando um País Pluralista", art. cit., p. 89.

49. Paulo Casé, "Interpretação de um Instante Cultural", AU, n. 42, jun./jul. 1992, p. 31.

50. Ana Luiza Nobre, "Sesc-Nova Iguaçu, Matriz Popular", art. cit., p. 27-8.

simples usando estruturas de madeira [...]. Não pensávamos assim: realmente agora vamos mostrar ao mundo que estamos fazendo uma estrutura para um vão de 40 m[51].

Além dos materiais tradicionais, foram empregados materiais industrializados, como os elementos vazados de concreto, as telhas de alumínio, com isolamento térmico, a estrutura metálica do lanternim, no galpão das quadras.

Interpretação de um Instante Cultural

O projeto para o Sesc Nova Iguaçu recebeu o prêmio Carlos Barjas Millan, IAB-SP (1985). Ruth Verde Zein, ao comentar a premiação do IAB paulista, teceu as seguintes observações sobre o sucesso do projeto:

Premiar Bruno Padovano e Hector Vigliecca seria uma novidade: são arquitetos de qualidade, em ascensão. Apesar disso, [...] infelizmente, o prêmio a Bratke[52] é que foi uma novidade, e o prêmio a Bruno e Tito, uma redundância [...]. Como aceitar sem um meio sorriso uma demonstração de entusiasmo por jovens talentos que já receberam o aval de dois outros júris, em 1985, tomando-se assim a mais correta das ousadias?[53]

O arquiteto Paulo Casé, membro do júri que selecionou o projeto no concurso do Sesc, escreveu um texto, em que considerou o projeto representativo do momento cultural em que foi elaborado. Nesse texto, descreveu as características de outro projeto que havia sido apontado inicialmente:

A primeira proposta apontada desconsiderava o lugar e representava o que, há muito, estava sendo conceitualmente rechaçado. A solução estrutural era de alta sofisticação tecnológica, exigindo enormes custos de manutenção [...]. Por outro lado, o projeto escolhido representava um legítimo inconformismo com os valores institucionalizados embora fosse uma reprodução tardia das indagações teóricas que haviam, há muito, ganho dimensão universal[54].

51. Bruno Padovano, "Lição de Coisas: Lugar e Técnica", entrevista, texto de Ruth Verde Zein e Guilherme Mazza Dourado (colaborador), art. cit., p. 34.

52. Carlos Bratke recebeu o prêmio Rino Levi na mesma premiação, assunto comentado no capítulo II do presente trabalho.

53. Ruth Verde Zein, "Nem Ordem-Unida, Nem Eixo Monumental", *Projeto*, n. 86, abr. 1986, p. 71.

54. Paulo Casé, "Interpretação de um Instante Cultural", art. cit., p. 31.

SENAC SÃO JOSÉ DOS CAMPOS (OBRA 24)

Arquitetos:	Tito Lívio Frascino, Vasco de Mello (Central de Projetos)
Colaboradores:	Sérgio Antonon de Souza
Local:	São José dos Campos, SP
Data:	1988-1992
Construtora:	Civília Engenharia
Técnica construtiva:	Estrutura mista de concreto e aço, alvenaria de vedação, paredes divisórias em gesso, cobertura em telhas cerâmicas esmaltadas.
Materiais de acabamento:	Revestimento do concreto estrutural em fulget, alvenarias revestidas com argamassa, piso de mármore arabescado e granito vermelho.
Área do terreno:	5 701,49 m²
Área construída:	3 693,11 m²

Vista externa. Arquivo do arquiteto. Foto de Carlos Fadon Vicente.

Circulação interna. Arquivo do arquiteto. Foto de Carlos Fadon Vicente.

Permeabilidade entre o espaço interno e o pátio central. Arquivo do arquiteto. Foto de Carlos Fadon Vicente.

Vista do pátio interno.
Arquivo do arquiteto.
Foto de Carlos Fadon
Vicente.

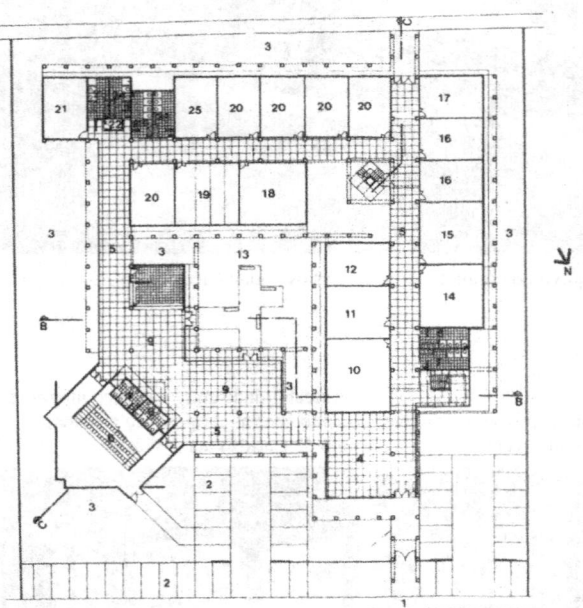

Planta do pavimento térreo, *apud AU*, n. 45, dez. 1992/jan. 1993, p. 44.
1. Acesso; 2. Estacionamento; 3. Jardim; 4. Saguão; 5. Circulação; 6. Auditório; 7. Sanitário M.; 8. Sanitário F; 9. Exposições; 10. Salão de beleza; 11. Treinamento; 12. Propaganda; 13. Pátio; 14. Datilografia; 15. Centro de aplicação; 16. Lab. informática; 17. Telex; 18. Saúde ocupacional; 19. Enfermagem; 20. Sala de aula; 21 e 22. Depósito; 23 e 24. Vestiário; 25. Sala de comunicação.

Tito Lívio e Vasco de Mello se formaram na década de 1960 e, desde o início da vida profissional, sintonizaram-se com uma produção de contestação à escola paulista. No princípio da década de 1980, a revista *Projeto* reuniu para um debate sobre os rumos da arquitetura brasileira, sete arquitetos ditos "não alinhados" com a corrente hegemônica da arquitetura moderna na época; além de Tito Lívio e Vasco de Mello, estiveram presentes: Pitanga do Amparo, Roberto Loeb, Eduardo Longo, Carlos Bratke e Artur Navarrete. O texto de apresentação ao debate dá ideia da dimensão desse não alinhamento: "Grande parte da arquitetura produzida nos últimos anos, por esse grupo de arquitetos, algumas vezes chega a ser considerada 'herética', e portanto não reconhecida e considerada dentro dos padrões de uma chamada 'arquitetura oficial'"[55]. Essa situação de polaridade entre uma arquitetura oficial e as tentativas de subversão, de fugir ao modelo é também bastante evidente nos textos e intervenções dos arquitetos debatedores:

O formalismo escolástico do modernismo, além de preconceituoso, entrava e paralisa no tempo a produção da arquitetura, compromete suas finalidades, não a identificando com os usuários, limita as possibilidades tecnológicas e construtivas pela rigidez das concepções [...]. No urbanismo, a necessidade de renúncia ao ideal da cidade projetada, que nada mais poderia ser que o grande traçado generoso e simplista numa tentativa de regramento espacial e comportamental, saída primária que tenta minimizar a real complexidade das relações humanas, econômicas e sociais. As cidades terão que ser aceitas em sua diversidade, na dimensão das intervenções particularizadas, localizadas quadra a quadra, edifício a edifício, respeitando-se a hierarquia das escolhas e dos meios, a superposição das atividades contra o zoneamento limitativo[56].

Havia uma preocupação muito grande, por parte desses arquitetos, com a expressão arquitetônica, com a linguagem, que havia se tornado uma camisa de força, colocando-se prioritariamente aos usuários e até à própria função da arquitetura:

O que procuramos vem de um desejo de uma linguagem própria, evoluindo no contexto da produção, reconquistando talvez um espaço, na presunção de que a arquitetura é um bem cultural e ao mesmo tempo um bem artístico e utilitário, a ser apropriado e identificado pela população. Considerando suas flutuações e mutações como essência e significado, carregada de simbolismo, mesmo que inserida no sistema de mercado[57].

55. Texto da revista *Projeto*, apresentando os debatedores, "É Preciso Sacudir a Poeira, Criticar, Discutir, se Encontrar", *Projeto*, n. 42, ed. especial, 1982, p. 78.

56. Tito Lívio Frascino, "Reflexões sobre a Arquitetura", *Projeto*, n. 42, ed. especial, 1982.

57. Intervenção de Tito Lívio Frascino no debate "É Preciso Sacudir a Poeira, Criticar, Discutir, se Encontrar", art. cit., p. 87.

Junto à aceitação da inserção no sistema de mercado, outra preocupação daqueles arquitetos era com o aprimoramento técnico, para
responder de forma adequada a cada solicitação:

a arquitetura que contribui para o bem-estar do homem, que é competente em
sua atribuição, é aquela que sabe usar com sabedoria e pertinência a tecnologia
que temos à disposição, tanto no campo das estruturas como no dos materiais
de acabamento, como nas técnicas construtivas e em sua durabilidade e manutenção. Porém, fazer-se uma arquitetura baseada apenas no arrojo estrutural
seria como se um pintor baseasse a qualidade da tela no tipo de tinta empregada.
O puro exibicionismo estrutural não dá mais qualidade à obra, não se justificando
e se satisfazendo por si só[58].

Este debate, no princípio dos anos de 1980, deu-se num contexto
de crise da arquitetura moderna expressa em concreto aparente,
quando parte dos arquitetos passou a externar a convicção de que
esta arquitetura moderna "oficial", na sua insistência num determinado código formal estava distante da população, não suprindo os
anseios de representatividade e significado que a arquitetura como
manifestação cultural deveria atender. Essa situação, aliada aos problemas construtivos intrínsecos ao próprio código formal, como a
dificuldade de manutenção do concreto aparente, a ausência de acabamentos, teriam levado a um alijamento da arquitetura do mercado
de construção, que foi ocupado pelos profissionais que se dispuseram
a aceitar as leis de mercado, abrindo mão de preocupações arquitetônicas. O que alguns desses arquitetos "não alinhados" propõem é
a reintrodução da arquitetura no mercado de construção, por meio
do aprimoramento técnico e abertura do código formal.

De acordo com matéria publicada na revista *AU*, abordando o
trabalho da Central de Projetos, o que direciona nesses arquitetos a
abertura do código formal é:

uma arquitetura comprometida com as condições existentes no momento de
projetar, sem adotar postulados ou padrões, tanto em termos de linguagem quanto
de materiais [...] uma arquitetura voltada para o usuário onde já não cabem alguns dos dogmas modernos [...] os projetos dos arquitetos sempre consideram
a cultura arquitetônica existente [...] arquitetura "liberada" consiste em usar
elementos que a tradição e a técnica já consagraram[59].

Texto da revista *Projeto*, em meados da década de 1990, em
matéria sobre os grandes escritórios brasileiros, apontou a busca de
originalidade na produção da Central de Projetos: "Fruto de inquietação permanente, Tito e Vasco consideram imprescindível o avanço
da arquitetura, na forma e na qualidade. Algo que se manifesta na

---

58. Intervenção de Carlos Bratke no debate "É Preciso Sacudir a Poeira, Criticar,
Discutir, se Encontrar", art. cit., p. 81.
59. Heloisa Medeiros, "Central de Projetos – Traço Livre", *AU*, n. 23, abr./maio
1989, p. 102-103.

evidente busca de originalidade de seus projetos. Essa postura faz contraponto com um profissionalismo que é quase oposto à ideia do ateliê criativo, mas informal"[60].

O Projeto para o Senac

A proposta para o Senac é tributária de boa parte da discussão arquitetônica desenvolvida na década de 1980. Segundo os autores, um projeto "cuja totalidade deve ser construída pelo visitante ou usuário num exercício lúdico de leitura e apreensão dos espaços aos quais tem acesso de maneira progressiva a partir da entrada, realizando diferentes percursos"[61]. O projeto é formado por corpos quase independentes, dispostos em torno de um pátio central. A união de todo o conjunto é dada pela circulação que garante um trajeto contínuo por todo o edifício. Essa circulação em um momento é interna, sendo marcada externamente pela cobertura translúcida em duas águas, e quando se torna externa, circundando áreas abertas de exposição e fazendo a união com o auditório, tem por cobertura uma laje plana. Além da circulação, uma malha estrutural composta de vigas e pilares, modulados na largura e altura, garante uniformidade ao conjunto. Esta malha, inclusive, excede os limites do edifício, marcando o acesso desde o passeio público. A solução estrutural é mista, empregando concreto armado e estrutura metálica. A cobertura é de telhas cerâmicas esmaltadas. O edifício proporciona iluminação natural em todas as salas, algumas abertas para o pátio central, outras para os recuos externos. Nos corredores com iluminação zenital, há venezianas laterais na parte alta, para sugar as correntes de ar quente, visando a um eficiente controle térmico. O edifício é integralmente revestido, a estrutura de concreto em fulget rosa, a estrutura metálica é pintada de verde-claro, a caixilharia de alumínio anodizado é preta, as telhas são azuis. A modulação da malha estrutural se reflete na modulação dos espaços e no desenho do piso, em mármore e granito. Atendendo à necessidade de flexibilização dos espaços internos, as divisórias são em gesso.

É evidente a diferença de concepção entre este projeto e a arquitetura moderna do concreto aparente, em geral, caracterizada por uma grande caixa onde se resolve todo o programa; pela intercomunicação e fluidez dos espaços internos; pela expressão formal dada pela própria estrutura – síntese do espaço do edifício, em geral caracterizada por certo arrojo. Neste projeto, embora a estrutura convencional de vigas e pilares seja o elemento mais marcante visualmente, não faz

60. "Originalidade como Inquietação", *Projeto*, n. 182, jan./fev. 1995, p. J8.
61. Tito Lívio Frascino e Vasco de Mello, *apud* texto de apresentação do projeto na *AU*, n. 45, dez. 1992/jan. 1993, p. 43.

uma síntese, pelo contrário é redundante, a expressão é dada pela insistência no elemento formal. O edifício não resulta num volume de fácil apreensão, mas se organiza de forma livre, apenas regrada pela modulação, é assimétrico e possui contorno irregular.

Segundo matéria na revista *AU*, os contratantes insistiram na simplicidade do conjunto, mudando orientação que aceitou obras mais complexas no passado[62]. Se analisado, o edifício é bastante simples: sua concepção é perfeitamente racional, inclusive com insistência na modulação, que ordena todos os espaços internos e mesmo o desenho de piso e caixilharia. O sistema estrutural é facilmente apreendido, uma vez que a estrutura de concreto está revestida com um agregado rosa, enquanto as alvenarias foram pintadas de branco. A estrutura é convencional, não necessitando cálculos complexos. Formalmente, a insistência na malha estrutural remete às grelhas exploradas em edifícios empresariais (Edifício-sede do Citibank em São Paulo, Sudameris etc.) ao mesmo tempo em que garante a unidade do edifício. A estrutura metálica da cobertura, por sua vez, associada à iluminação zenital do corredor, lembra a cobertura em *shed* de galpões industriais, ao mesmo tempo, o edifício tem um tratamento formal no seu detalhamento que nega esta associação. O edifício está localizado num bairro novo de São José dos Campos, ao lado do ginásio poliesportivo da cidade, numa situação em que talvez se possa transpor o dito de Ruth Verde Zein para São Paulo: "Às obras, principalmente as de caráter público ou semipúblico, não cabe adotar um contexto, mas dotá-lo. Com a certeza de imediatamente passarem a fazer e ser cidade"[63].

---

62. Ver apresentação do projeto da Escola de Formação Profissional Senac-São José dos Campos, *AU*, n. 23, abr./maio 1989, p. 106.

63. Ruth Verde Zein, "Fábrica da Pompeia, para Ver e Aprender", *Projeto*, n. 92, out. 1986, p. 45.

4. Caminhos da Arquitetura Moderna – Abstração

Parte da arquitetura contemporânea brasileira se desenvolveu nos anos de 1980 e início dos anos de 1990, numa linha de maior continuidade em relação à arquitetura moderna brasileira herdeira de Brasília. Essa produção, no entanto, não pode mais ser enquadrada numa postura única e nem comunga o mesmo discurso ideológico que respaldava a arquitetura moderna brasileira até os anos de 1970. Mais que norteada por um pensamento teórico claramente identificável, é fruto do caminho pessoal de alguns arquitetos.

EDIFÍCIO DA HERING DO NORDESTE S.A. MALHAS (OBRA 25)

Arquitetos:	Hans Broos e equipe
Paisagismo:	Roberto Burle Marx
Local:	Paratibe, PE
Data:	1979-1988.
Técnica construtiva:	Corpo do edifício em concreto armado, cobertura em estrutura espacial de aço.
Materiais de acabamento:	Peças de concreto pré-moldadas em canteiro: elementos vazados, placas de fechamento de fachada, pisos. Estruturas aparentes.
Dimensões da cobertura:	216 x 192 m (balanços periféricos de 12 m)

Vista externa, *apud AU*, n. 50, out./nov. 1993, p. 97. Foto de Cristiano Mascaro.

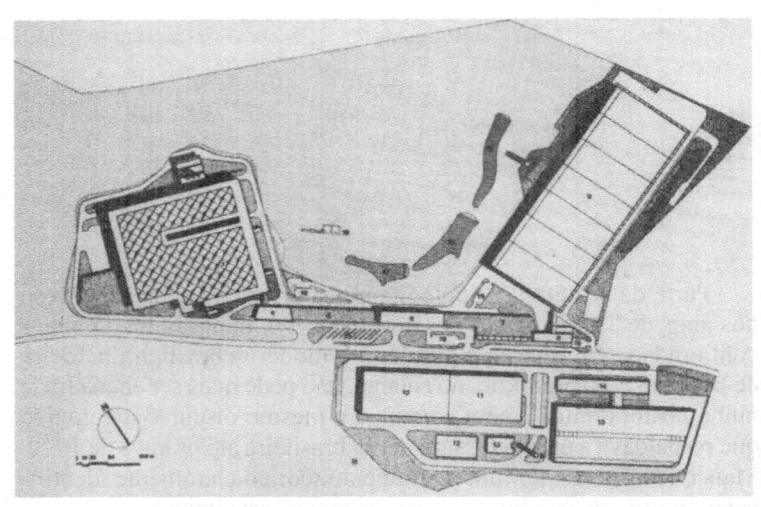

Implantação do complexo industrial, *apud Projeto*, n. 46, dez. 1982, p. 52. 1. Hering
Nordeste/monobloco central; 2. Casa de caldeiras; 3. Caixa-d'água elevada; 4.
Portaria Hering Nordeste; 5. Centro social Hering NE; 6. Centro administrativo; 7.
Centro social Tecanor; 8. Portaria Tecanor; 9. Tecanor III a IX; 10. Depósito de
algodão; 11. Open-end; 12. Oficinas gerais; 13. Central de tratamento de água; 14.
Administração; 15. Tecanor I e II; 16. Central de tratamento de efluentes; 17. Lagos
tratamento de efluentes; 18. Estacionamento ônibus; 19. Estacionamento automóveis.

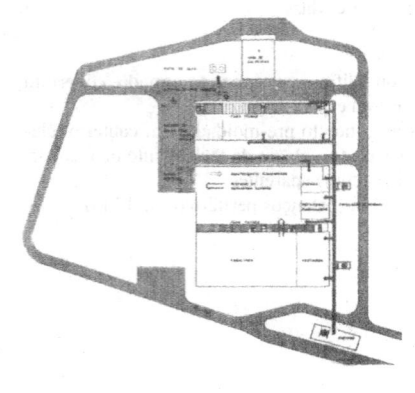

Fluxograma do térreo, *apud Projeto*,
n. 46, dez. 1982, p. 57.

Vista interna, *apud* Hugo Segawa, Cecília Rodrigues dos Santos e Ruth Verde Zein (orgs.), *et al., Arquiteturas no Brasil: Anos 80,* São Paulo, Projeto, p. A-30. Foto de Cristiano Mascaro.

Condicionantes Funcionais

"A forma, na visão de Hans Broos, surge da necessidade do programa e não como simples decoração. A própria composição vai criando condições para destacar os diversos pontos do projeto de acordo com seus espaços e usos, possibilitando uma rede de surpresas que não sejam puramente formais. A própria estética e a beleza são decorrentes disso"[1].

Esta visão funcionalista naturalmente é acirrada no caso de uma indústria do porte da Hering, em que a demanda de pré-requisitos funcionais é muito grande – espaços adequados para a produção, com um contingente de 4 500 operários, maquinaria, fluxo de materiais etc. Na apresentação do projeto, publicada na revista *Projeto*, é possível perceber o imperativo funcional:

Todo projeto é concebido para que a indústria obtenha os melhores resultados possíveis. No caso da Hering, apesar de somente parcialmente concluída a obra, pode-se afirmar que, até o momento, em um ano de funcionamento a solução arquitetônica responde às expectativas da diretoria, às necessidades de

1. José Wolf, "Escritório Hans Broos", *AU*, n. 50, out./nov. 1993, p. 94-96.

produção, como também às dos funcionários, que têm se revelado satisfeitos com o local de trabalho, com as instalações e as áreas de recreação[2].

Mesmo o bem-estar psicológico dos funcionários foi pensado em termos bastante objetivos: "Como a principal tarefa executada nesta unidade exige intensa dedicação e concentração, é essencial oferecer condições adequadas para a recuperação psicológica, ou pelo contato visual com a natureza, ou pela diferenciação dos elementos arquitetônicos"[3]. Todo o setor produtivo da Hering do Nordeste foi abrigado num corpo único, obedecendo a exigências de flexibilidade de *lay-out*: "as principais áreas de produção foram concebidas dentro do Monobloco como grandes espaços livres que possibilitam a adequada organização do *lay-out* e os contínuos remanejamentos dos conjuntos de trabalho"[4].

Condicionantes Climáticos

No edifício para a Companhia Hering, a adaptação ao terreno e a preocupação em criar um microclima interno confortável, influíram na definição formal. Nas palavras de Ruth Verde Zein: "O aproveitamento das chapadas do terreno, na Hering Nordeste, beneficiando-se dos ventos marítimos para a ventilação natural, responde às dificuldades climáticas locais, evitando sabiamente o condicionamento artificial"[5]. A preocupação climática levou a que o edifício não tivesse no seu fechamento nenhuma parede maciça: elementos vazados e quebra-ventos, protegendo da insolação ou da incidência das águas de chuva compõem o fechamento externo. Todo o conjunto é coberto por uma enorme estrutura espacial, a nove metros de altura, que suporta a cobertura. Essa cobertura foi estudada para captar e direcionar os ventos dentro do prédio, é contínua, cobrindo pátios internos, mezaninos, e formando uma galeria coberta em toda a periferia do conjunto. O texto publicado sobre o edifício em *Arquiteturas no Brasil: Anos 80*, afirma que a criação de um microclima interno foi tão bem-sucedida que, no início, os operários solicitaram abrigos para enfrentar o frio interno[6].

2. Texto de apresentação do projeto. "O Complexo Têxtil da Hering do Nordeste S/A Malhas", *Projeto*, n. 46, dez. 1982, p. 51.

3. *Idem*, p. 55.

4. *Idem, ibidem.*

5. Ruth Verde Zein, "Prêmio IAB-SP para a Hering Nordeste". *Projeto*, n. 60, fev. 1984, p. 32.

6. Hugo Segawa, Cecília Rodrigues dos Santos e Ruth Verde Zein (orgs.) *et al.*, *Arquiteturas no Brasil: Anos 80, op. cit.*, p. A30.

A Resolução Formal do Edifício da Hering do Nordeste:
O Compromisso com a Linguagem Moderna

As fábricas foram precursoras da linguagem moderna na arquitetura: pelo despojamento, pela estrutura em geral deixada à vista para permitir os grandes espaços de produção e pela própria função – eram o espaço moderno por natureza. De acordo com matéria sobre o arquiteto Hans Broos publicada na revista *AU*, um dos fundamentos norteadores de sua obra é a ideia de que o arquiteto deve buscar a resposta sempre em direção ao futuro, "a repetição de formas significa empréstimo, acomodação"[7]. Noção que se coloca em perfeita comunhão com os ideais do movimento moderno.

É interessante a comparação do edifício da Hering com o conjunto do *Campus* da Universidade do Amazonas – ambos se inserem num meio climático difícil e utilizam mecanismos para garantir conforto térmico adequado, ambos utilizam materiais industriais, expressam-se em linguagem inequivocamente contemporânea e são tributários da arquitetura moderna. No entanto, o edifício da Hering é formalmente referenciado a uma configuração específica da arquitetura moderna brasileira, que foi hegemônica nos anos de 1960-1970: apresenta a horizontalidade, a continuidade de espaços internos, a definição volumétrica maciça, mas, acima de tudo, a grande escala. "Uma opção de projeto: o imperativo de vencer grandes vãos – criando salões contínuos de trabalho, faixas técnicas, mezaninos e pátios, conformados em concreto armado – e a concepção de uma cobertura desenhada para assegurar ambientes internos adequados para o trabalho"[8].

A opção pelo espaço contínuo e não compartimentado, por exigência funcional ou não, levou ao impressionante espaço de produção da Hering do Nordeste, possível graças à tecnologia empregada. E é na temática da grande escala, desumana na sua impessoalidade, que a arquitetura da Hering se aproxima da arquitetura brasileira dos anos de 1970, embora reelaborada e adequada a seus fins, inclusive no tocante ao clima: o fechamento vazado, a cobertura contínua – não mais uma grelha de concreto protendido, eventualmente com domos translúcidos inadequados ao conforto ambiental –, mas uma estrutura espacial, com planos verticais para iluminação e ventilação logicamente posicionados.

A despeito da grande escala, os comentários sobre a obra enfatizaram além da adequação funcional do prédio, as preocupações

7. José Wolf, "Escritório Hans Broos", art. cit., p. 93.

8. Hugo Segawa, Cecília Rodrigues dos Santos e Ruth Verde Zein (orgs.), *op. cit.*, p. A30.

"humanas" relativas ao bem-estar físico e psicológico dos funcionários. Nas palavras de Ruth Verde Zein:

Mas é principalmente na compreensão do edifício industrial não como mero local de produção, e sim espaço habitável, cujo valor cultural é formador de hábitos, sem prejuízo da funcionalidade, e no sentido da valorização da imagem da empresa, que Hans Broos demonstra sua postura de profissional atuante e responsável. Daí a preocupação com a complementação e a explicitação da obra, seja através do tratamento paisagístico, entregue a personalidades do gabarito de Burle Marx, na ênfase nos espaços de encontro e lazer, integrados com os locais de produção, e na preocupação com o uso de tecnologias adequadas e na sua boa execução, garantida com empenho pessoal e de sua equipe[9].

ESTAÇÃO FEPASA DO LARGO 13 DE MAIO (OBRA 26)

Arquitetos:	João Walter Toscano, Odiléa Setti Toscano e Massayoshi Kamimura
Local:	São Paulo, SP
Data:	1984-1986
Montagem:	Fábrica de Estruturas Metálicas (FEM)
Técnica construtiva:	Fundações, pilares de apoio dos pórticos, plataforma e muros de arrimo em concreto armado. Estação definida por pórticos em aço, com vão de 20 m.
Materiais de acabamento:	Toda a estrutura metálica foi deixada à vista.
Área do terreno:	4 000 m²
Área construída:	5 328 m²

Vista da estação a partir da outra margem do rio Pinheiros. Arquivo do arquiteto. Foto de Cristiano Mascaro.

9. Ruth Verde Zein, "Prêmio IAB-SP para a Hering Nordeste", art. cit., p. 33.

Passarela. Arquivo do arquiteto. Foto de Cristiano Mascaro.

Detalhe. Arquivo do arquiteto. Foto de Cristiano Mascaro.

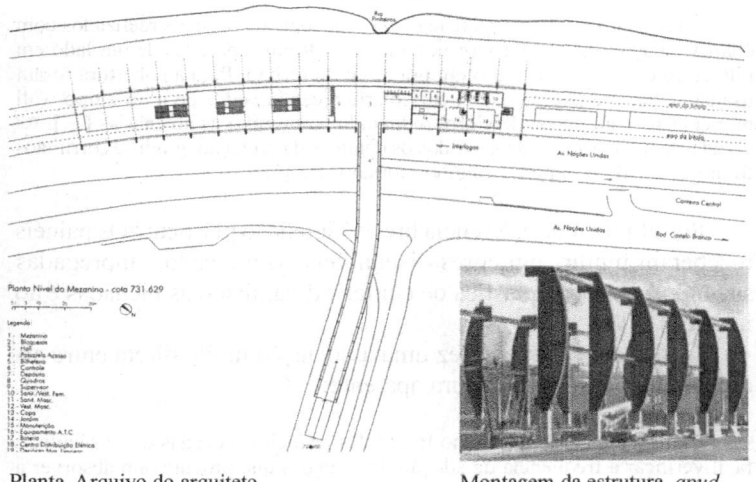

Planta. Arquivo do arquiteto.

Montagem da estrutura, *apud AU*, n. l6, fev./mar., 1988, p. 38.

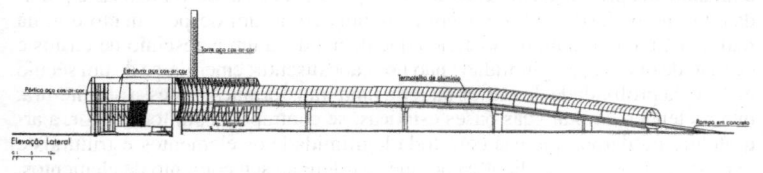

Corte longitudinal. Arquivo do arquiteto.

Parte da produção nacional manteve a preocupação de refletir, por meio da expressão formal, as possibilidades tecnológicas da construção civil. Não mais o arrojo estrutural, permitido pelo cálculo do concreto armado, mas as novas possibilidades fornecidas pelo desenvolvimento da indústria nacional, especialmente, da indústria siderúrgica, que tornou viável a construção em aço no Brasil. Montaner, em seu livro *Después del Movimiento Moderno*, comentou a persistência da inspiração tecnológica na expressão formal arquitetônica:

Desde meados do século XIX, uma parte da arquitetura se desenvolveu sobre a base das possibilidades formais da utilização de novos materiais e o suporte das novas tecnologias [...]. E ao longo dos anos oitenta, apesar das críticas que uma parte do pensamento contemporâneo de raiz ecológica, alternativo ou pós-moderno lançou contra o poder totalitário e destrutivo da tecnologia, voltou a aflorar esta confiança na racionalidade e capacidade de síntese que o mundo da tecnologia pretende possuir intrinsicamente[10].

O crítico de arquitetura Hugo Segawa, em aula no curso de pós-graduação da Faculdade de Arquitetura e Urbanismo da Universidade Mackenzie[11], afirmou que a Estação do Largo 13 constituía-se na quinta-essência da escola paulista, porém, executada em aço. O comentário sobre a obra em *Arquiteturas no Brasil: Anos 80*, enfatiza e praticamente se limita aos aspectos construtivos da obra:

A feição do edifício é marcada pela sequência de pórticos realizados com chapas de aço atravessadas por nervuras estruturais, apoiadas de um lado em pilares de concreto e de outro em um muro de arrimo. Para a cobertura foram usadas telhas metálicas [...]. A caixilharia recebeu vedos de placas tipo wall intercalados com panos de vidro, reduzindo ao mínimo as alvenarias [...]. As escadas também são em aço, e todos os detalhes de proteção, gradis e corrimãos foram resolvidos em perfis ou tubos cortados [...][12].

Por último uma referência breve à intenção plástica: "Os painéis receberam pintura em cores disponíveis no mercado, empregadas segundo a intenção plástica de conferir dinamismo às fachadas e ao interior [...]"[13].

João Walter Toscano fez uma associação muito direta entre arquitetura moderna e estrutura aparente:

Analisando a arquitetura no Brasil das primeiras décadas deste século, é fácil verificar a frequência da adoção de soluções que procuravam absorver a estrutura dos edifícios por meio de paredes, revestimentos, tetos rebaixados, anulando sua presença em favor de uma aparência de caixas rebocadas e pintadas. O que poderia configurar em aparência como um despojamento era, na realidade, um conjunto de artifícios que demandava um acréscimo de custos e de mão de obra cuja legitimidade não nos cabe discutir: emergia-se de um século XIX, cuja prolixidade de estilos sugeria uma transformação. A essa arquitetura, que pretendeu ocultar suas bases estáticas, se contrapõe, com todo vigor, a arquitetura moderna, que usa com toda legitimidade os elementos estruturais e que procura mesmo ser didática no que se refere ao seu conjunto de elementos, permitindo uma simultânea de todas as partes[14].

10. Josep Maria Montaner, *Después del Movimiento Moderno: Arquitectura de la Segunda Mitad del Siglo XX, op. cit.*, p. 247.

11. Disciplina História Crítica da Arquitetura Contemporânea no Brasil, ministrada conjuntamente com o professor Paulo Bruna, segundo semestre 1994.

12. Hugo Segawa, Cecília Rodrigues dos Santos e Ruth Verde Zein (orgs.), *op. cit.*, p. D8.

13. *Idem, ibidem.*

14. João Walter Toscano, "A Arquitetura e o Emprego do Aço", *Projeto*, n. 95, jan. 1987, p. 71-74.

Na Estação, a estrutura define a forma; a verdade estrutural é enfatizada pela ausência de acabamentos; a estrutura é elaborada – pórticos em sequência sustentam o mezanino por meio de tirantes; o edifício é definido por poucos materiais construtivos, com um forte predomínio do aço, da mesma forma como nos edifícios da escola paulista, havia um forte predomínio do concreto; a forma de empregar a cor, para valorizar um corpo construtivo, também se assemelha à da escola paulista.

Ruth Verde Zein apontou a aproximação do projeto a uma vertente da arquitetura brasileira, mais forte entre os formados nas década de 1950 e 1960, que vê a arquitetura como avanço tecnológico.

vê no papel do arquiteto o de um inovador, e nos objetos arquitetônicos metáforas das possibilidades tecnológicas da arquitetura/engenharia nacional. As demais condicionantes básicas do projeto – como programa, sítio, verba – sofrem uma singular inversão de posição [...] a única lógica admitida é a proposta formal/estrutural, argumentando-se que, se esta for plástica e estaticamente correta, o demais virá naturalmente e por acréscimo[15].

Em que pese a ressalva estabelecida pela autora, "a teorização tende a conformar casos típicos para a facilidade do pensamento crítico, e não para simplificar a criatividade de cada projeto"[16] é interessante acompanhar a coincidência com a posição do arquiteto João Walter Toscano, explicitada em texto de apresentação do projeto publicado na revista *AU*: "os avanços da engenharia no país aconteceram a partir dos impulsos da arquitetura: quando esta ousou, despontaram soluções estruturais interessantes, abrindo um novo campo ao desenvolvimento tecnológico"[17]. Em outro texto, Toscano falou do incremento da utilização do aço na construção civil:

Este fenômeno não se reveste exatamente de um caráter de *revival* em relação a tantas obras espalhadas pelo Brasil construídas em ferro – nos fins do século XIX, e que constituem belos exemplos de arquitetura, como a Estação da Luz, em São Paulo, ou o viaduto Santa Ifigênia –, mas, surge em função do próprio desenvolvimento da indústria siderúrgica no Brasil, que abre um caminho no seu mercado interno (capacidade de produção), incentivando possibilidades de novos usos para o aço na construção. Novamente o papel da arquitetura aqui é da maior importância, uma vez que, como no caso do concreto armado, através dela se renova e cria uma tecnologia. Na construção civil em aço, as novas conquistas terão também como chefe a arquitetura[18].

15. Ruth Verde Zein, "Terminais Urbanos: Locais de Destaque na Paisagem", *Projeto*, n. 94, dez. 1986, p. 72.

16. *Idem, ibidem*.

17. João Walter Toscano, *apud* Haifa Y. Sabbag, "Aço Rompe Linguagem Tradicional", *AU*, n. 16, fev./mar. 1988, p. 42.

18. João Walter Toscano, "A Arquitetura e o Emprego do Aço", art. cit., p. 73.

A Relação com a Cidade e os Aspectos Simbólicos

Ruth Verde Zein, no mesmo texto citado acima, apontou a tendência à introspecção desta arquitetura de avanço tecnológico: "Sendo uma arquitetura eminentemente voltada para si própria, sua relação com a paisagem urbana tende a ser de indiferença, ou de choque"[19]. Entretanto, na relação com a paisagem, é difícil enquadrar a Estação dentro dessa descrição. Seguindo no texto, Ruth Verde Zein afirmou que o resultado formal da Estação do Largo 13 lembra as construções inglesas do início do século XX, incluindo até a torre do relógio. Esta associação, que naturalmente se refere às construções ferroviárias feitas pelos ingleses no Brasil, gera um vínculo simbólico entre a obra e sua função. Também João Rodolfo Stroeter estabeleceu a relação:

> Toscano é um "construtivista". Projeta a construção e o resultado é arquitetura [...]. Nenhuma concessão ao concreto. Nada a ver com o estilo IAB paulista. Resolveu a função utilitária, logo se concentrou na simbólica. Fez referências às antigas estações. Algumas evidentes (torre do relógio e sinaleiro), outras, nem tanto (uso do aço, instalações aparentes, gradis)[20].

Além deste vínculo que marca a identidade do edifício na cidade, ele é aberto, permeável ao meio urbano, proporcionando a fruição da paisagem do entorno: "Subo a pé pela passarela receptiva e chego ao mezanino arejado, aberto, colorido, pé-direito alto. Bonita vista para o rio"[21]. Essa relação aberta com a cidade, tanto na transparência da Estação quanto na busca de uma identificação do edifício por parte da população, foram atitudes intencionais, como se percebe no texto de apresentação publicado na revista *Projeto*:

> Este edifício é marcado por um elemento vertical, a torre, que constitui importante referência visual e cuja presença resgata alguns aspectos tradicionais das estações [...]. A gare abre suas visuais tanto para a cidade como para o rio Pinheiros, pois, enquanto espaço de percurso e transição que é, deve permitir a visão mais ampla possível da paisagem que a cerca, da mesma forma que marca o espaço urbano e nele estabelece referências importantes[22].

O emprego de um material associado às antigas construções ferroviárias, embora tratado de forma nova, numa solução estrutural tributária da arquitetura do concreto aparente (o Museu de Arte Moderna do Rio de Janeiro, projeto de Afonso E. Reidy, também tem seus mezaninos pendurados por tirantes aos pórticos), criou referên-

---

19. Ruth Verde Zein, "Terminais Urbanos: Locais de Destaque na Paisagem", art. cit., p. 72.

20. João Rodolfo Stroeter, "Nenhuma Concessão", *AU*, n. 16, fev./mar. 1988, p. 41.

21. *Idem, ibidem.*

22. Texto de apresentação, "Estação Largo 13 de Maio", *Projeto*, n. 76, jun. 1985, p. 66.

cias e associou intimamente o edifício à sua função, a ponto de motivar relações eventualmente não intencionais:

"De longe, vistos da Marginal, os pórticos ferrugem se juntam e a gare lembra imenso vagão ferroviário estacionado ao longo do rio. A passarela sobre a Marginal, delgada, cobertura brilhando no sol, parece entrar nesse vagão [...]"[23]. Ao se utilizar da identificação simbólica permitida pelo material construtivo, a Estação do Largo 13 se afastou do simbolismo abstrato da escola paulista, apoiado em formas que se tornaram representativas da carga ideológica e política com que suas obras estavam impregnadas. Já o discurso que acompanhou a apresentação do projeto, por um lado, no que diz respeito aos aspectos construtivos, assemelhou-se ao ideário da escola paulista, no seu compromisso com o desenvolvimento tecnológico nacional, por outro lado, apresentou-se pontuado de preocupações como "identidade visual", "resgate de aspectos tradicionais das estações", "relação aberta com a cidade", que refletem as discussões que permearam a produção nacional nos anos de 1980.

SEDE PROVISÓRIA PARA A PREFEITURA DE SALVADOR (OBRA 27)

Arquitetos:	João Filgueiras Lima
Colaboradores:	Mariano Delgado Casarias, Lucimar Vitorino, José Fernando Minho, Emília Emiko
Local:	Salvador, BA
Data:	1986
Período de construção:	Montagem em 14 dias/1986
Técnica construtiva:	Construção em pré-fabricado metálico
Materiais de acabamento:	Estrutura metálica aparente, perfis autoprotegidos pela própria oxidação, brises metálicos, divisórias em painéis de aglomerado revestidos em fórmica.
Área construída:	2 000 m²

Sede provisória da prefeitura e estacionamento, *apud L'Architecture d'aujourd'hui*, n. 251, jun. 1987, p. 16.

---

23. João Rodolfo Stroeter, "Nenhuma Concessão", art. cit., p. 41.

Vista mostrando local de inserção do projeto, *apud L'Architecture d'aujourd hui*, n. 251, jun. 1987, p. 15.

Vista da praça e edifício da prefeitura, *apud Projeto*, n. 92, out. 1986, p. 75.

Fachada para o mar, *apud Projeto*, n. 114, set. 1988, p. A18. Foto de Hugo Segawa.

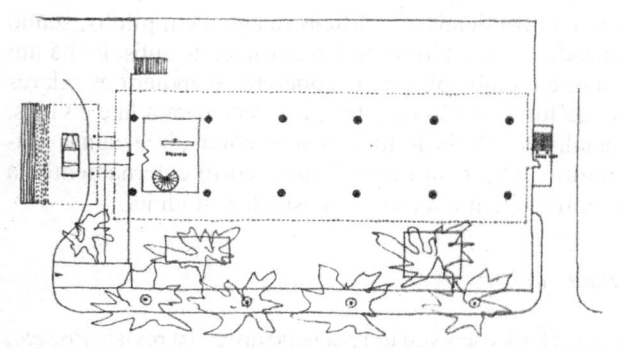

Plantas: nível da praça e superior, *apud Projeto*, n. 92, out. 1986, p. 76.

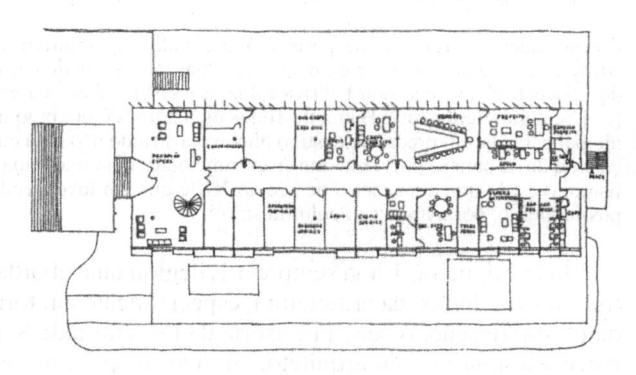

O edifício da Nova Prefeitura de Salvador foi projetado como uma sede provisória, construção passível de ser desmontada e transferida para outro local. O prefeito de Salvador na época, Mário Kertész, havia estabelecido a meta de revitalizar o centro histórico da cidade, transferindo para lá os poderes administrativos da prefeitura. A impossibilidade de ocupar o Palácio Rio Branco, antiga sede da prefeitura, levou à concepção desta sede "provisória".

Especificidades do Edifício

O prédio foi construído em estrutura metálica, em aço do tipo Sac'50 autoprotegido pela própria oxidação (aço Corten), portanto, as peças externas não recebem pintura. A estrutura foi executada em 35 dias, em Brasília, e transportada para o local, onde a montagem levou apenas duas semanas, incluindo acabamentos e decoração. O edifício conta com protetores solares nas duas faces maiores. A entrada principal fica na face menor, que faz frente para a praça, o acesso é feito por uma escadaria, cujo patamar intermediário pode servir de palco em *shows* ou eventos cívicos, além de oferecer cobertura para veículos oficiais. O edifício se apoia em pilotis, sendo totalmente vazado no piso térreo. Sob o edifício, no subsolo, há um estacionamento, em cujos pilares de concreto se apoiam os pilares da prefeitura, de forma a não transferir esforços para a laje e vigas. Os pilares metálicos têm seção tubular para conduzir as águas pluviais. Um enorme duto de ar-condicionado corre externamente na cobertura do edifício, em toda sua extensão longitudinal.

O Enfoque Racionalista

Pietro Maria Bardi escreveu um pequeno artigo na revista *Projeto*, em que elogiou o racionalismo da nova sede da prefeitura de Salvador.

necessidades de urgência, despesas e praticidade contribuíram para criar um edifício de singular caráter. Fez-me lembrar um famoso dístico de um arquiteto do Seiscentos: "Deve-se unir Fábrica e Razão, e seja resultado a Representação." [...] Se algum leitor for à Bahia de Todos os Santos, dê um pulo na praça Municipal para ver um prédio de destino oficial construído não para chamar a atenção, ou diria, para se pavonear, mas para funcionar: uma retomada do Racionalismo, o estilo que devia ser o do século XX e que, ao invés, cede o passo ao pós-moderno, porta aberta ao culturalismo[24].

João Filgueiras Lima sempre privilegiou uma abordagem construtiva-tecnológica da arquitetura, especialmente em torno do tema da pré-fabricação. A sede provisória da Prefeitura de Salvador pertence à última fase do arquiteto, em que sua pesquisa evoluiu dos grandes pré-moldados de concreto para peças leves em argamassa armada ou estruturas metálicas. Essa mudança tecnológica acompanhou uma modificação significativa na expressão arquitetônica de suas obras. Nas palavras de Hugo Segawa:

Da robusta pré-fabricação em canteiros brasilienses às delgadas peças de argamassa armada, à transparência das estruturas de aço [...] Lelé transfigurou os pesados processos construtivos inspirados em tecnologia do Leste europeu na delicada fabricação de elementos pré-moldados carregados nos ombros morro acima, nas favelas e periferias do Rio de Janeiro e Bahia, desenvolvendo uma tecnologia própria. Construindo arquiteturas bonitas[25].

Se Bardi falou em edifício de "singular caráter" e em "representação", como consequência direta do racionalismo que alimentou a concepção do edifício, Hugo Segawa, em contrapartida, apontou a qualidade estética da obra de Filgueiras Lima, como uma característica do desenho do arquiteto, paralela e não consequência do *approach* tecnológico ou racionalista de sua obra. Em depoimento publicado na revista *AU*, João Filgueiras Lima teceu considerações

24. Pietro Maria Bardi, "O Jogo dos Estilos", *Projeto*, n. 92, out. 1986, p. 78.

25. Hugo Segawa, "Tecnologia com Sentido Social – João Filgueiras Lima", *Projeto*, n. 187, jul. 1995, p. 60.

acerca da relação entre tecnologia e criatividade. Na sua opinião, a tecnologia é um instrumento para viabilizar e expandir a criatividade. Nas suas palavras: "O que pode ocasionar falta de criatividade é o não domínio da tecnologia [...]. Uma das funções básicas do arquiteto é preservar sua arte usando a tecnologia e não acusá-la de estar impedindo que ele seja um artista"[26].

A Relação com o Entorno

O edifício tornou-se polêmico pela radicalidade com que se inseriu no meio histórico de Salvador, com uma abordagem predominantemente tecnológica e não urbanística do problema, estabelecendo um contraste com os edifícios vizinhos. João Filgueiras Lima defendeu seu ponto de vista básico:

O prédio não pode se vestir como se estivesse no século passado [...]. Temos que projetar algo novo e não imitar o que se fez trinta, cinquenta anos atrás. Ele tem que exprimir a tecnologia atual. Pelo fato de ser moderno não quer dizer que não possa dialogar com o antigo, essa integração é fundamental. Se eu não estivesse propondo isso, nem faria o prédio. Na França, eles concordaram com um lugar absolutamente histórico para implantar o Museu Pompidou, bem no centro, e a população aderiu, incorporou o que chamo de tendência moderna de atuar na cidade [...]. Agora, é claro que quando projetei aquele prédio levei em conta todo o espaço urbano, ou seja, integra-se a ele, estabelecendo um diálogo com os outros prédios existentes, uma relação volumétrica[27].

Um texto em *Arquiteturas no Brasil: Anos 80* dá um tom quase poético à inserção do edifício:

No alto da escarpa que separa a cidade alta da baixa, no espaço que tem como vizinhos a Santa Casa de Misericórdia, a antiga Casa de Câmara e Cadeia e o Palácio Rio Branco; num canto a boca do elevador Lacerda e uma lateral de onde se descortina a bela vista da baía de Todos os Santos, contrasta este volume horizontal prismático metálico coroado com o amarelo tubo de ar-condicionado[28].

Este tom "poético", na inversão dos adjetivos – o prisma é coroado de amarelo e não pelo duto de ar-condicionado – parece indicar uma harmonia na implantação do edifício, assegurada pelo "hábil domínio das proporções tão próprio do desenho do arquiteto"[29].

Em junho de 1986, Assis Reis escreveu um artigo na revista *AU*, em que fala justamente da praça Tomé de Souza[30]:

26. João Filgueiras Lima, "Depoimento", *AU*, n. 11, abr./maio 1987, p. 24.

27. João Filgueiras Lima, entrevistado por Bené Simões, "A Serviço do Bem e do Mal", *AU*, n. 11, abr./maio 1987, p. 18-23.

28. Hugo Segawa, Cecília Rodrigues dos Santos, Ruth Verde Zein (orgs.) *et al.*, *Arquiteturas no Brasil: Anos 80, op. cit.*, p. A18.

29. *Idem, ibidem.*

30. Assis Reis, "Manifesto de um Baiano", *AU*, n. 6, jun. 1986, p. 35.

Atualmente em minha cidade, uma das maiores preocupações é dirigida ao Centro Histórico, que se encontra em avançado estado de deterioração e arruinamento, a exigir uma ação concentrada nos diversos níveis de governo, iniciativa privada e popular, para que em um esforço comum, efetue-se a sua recuperação e revitalização com a introdução de novas funções, capacitando-o ao uso contemporâneo de seus espaços e edificações. É nesse núcleo que se situa a praça Tomé de Souza, cuja origem remonta ao primeiro traçado urbano da cidade. Considerada como o mais importante centro administrativo e político da cidade, a praça Tomé de Souza guarda até hoje sua principal função. [...] O espaço da praça, no entanto, foi descaracterizado por recente ação demolidora que, a um só golpe, ceifou três edificações, uma voltada para a rua da Misericórdia, o Fórum, e duas voltadas para a praça, a Biblioteca Pública e a Imprensa Oficial, ambas responsáveis por sua delimitação espacial. Hoje o que importa é a reconstituição do seu espaço[31].

O novo edifício para a prefeitura, sobre pilotis, liberou o solo, que foi anexado à praça, sua escadaria oferece um palco para manifestações artísticas ou políticas, mas, embora programaticamente destinado à revitalização daquele trecho urbano, não foi apreciado ou apresentado em termos da reconstituição do espaço da praça; não há menção ao papel do edifício na configuração do desenho urbano da praça histórica, eventualmente por sua característica intrínseca de equipamento "provisório", tornada possível pela técnica construtiva empregada.

MEMORIAL DA AMÉRICA LATINA (OBRA 28)

Arquiteto:	Oscar Niemeyer
Local:	São Paulo, SP
Data:	1987-1989
Técnica construtiva:	Concreto armado
Materiais de acabamento:	Pintura branca sobre concreto
Área do terreno:	150 000 m²
Área construída:	78 000 m²

31. As demolições a que Assis Reis se referiu foram levadas a cabo por administrações anteriores, o edifício da Nova Prefeitura deve ser compreendido dentro do contexto de reconstituição da praça.

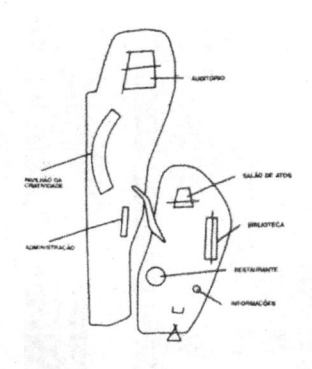

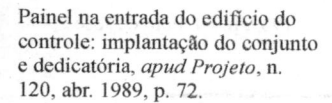

De Oscar Ntemeyer ao mais humilde e anônimo trabalhador, que ergueram este Memorial, a gratidão dos brasileiros de São Paulo.

Painel na entrada do edifício do controle: implantação do conjunto e dedicatória, *apud Projeto*, n. 120, abr. 1989, p. 72.

Salão dos Atos. Foto: Maria Alice Junqueira Bastos.

Vista da praça com a Galeria de Arte (antigo restaurante) ao fundo. Foto: Maria Alice Junqueira Bastos.

Pavilhão da Criatividade. Foto: Maria Alice Junqueira Bastos.

(Página anterior) Conjunto do Memorial antes da construção do Parlamento Latino-americano, *apud AU*, n. 24, jun./jul. 1989, p. 43. Foto de Abril Imagens/Ivson.

Edifício da Administração, *apud Projeto*, n. 120, abr. 1989, p. 80. Foto de José Moscardi.

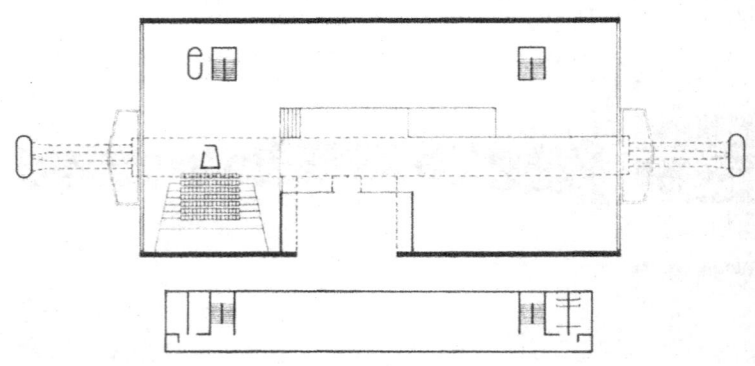

Biblioteca: plantas; vão livre de 90 m, *apud Projeto*, n. 120, abr. 1989, p. 74. Foto de Keiju Kobayashi.

Biblioteca: vista externa. Foto de Maria Alice Junqueira Bastos.

A partir da abertura política, Niemeyer foi convidado a fazer diversos projetos institucionais pelo Brasil afora, para governos de diferentes matizes ideológicos, numa espécie de continuidade arquitetônica com a época anterior aos governos militares. Só em São Paulo: Cesp, anexo do Ibirapuera, Memorial da América Latina, Projeto Tietê. No Rio de Janeiro: Sambódromo, Cieps. Em Recife: Centro Administrativo. Em Brasília: Memorial JK, Museu do índio, Museu de Brasília.

Segundo Darcy Ribeiro, a ideia do Memorial da América Latina partiu do então governador do Estado, Orestes Quércia, em fins de 1987[32]. Este falou com Niemeyer sobre a intenção de fazer um centro de convivência, com o desejo de que São Paulo se assumisse como parte da América Latina. Darcy Ribeiro foi o mentor do programa, Niemeyer, do projeto. É interessante notar que de centro de vivência com a ideia de São Paulo inserido na América Latina, nas mãos de seus idealizadores, a temática do projeto se transformou num relato monumental: a emancipação dos povos, a unidade latino-americana e daí à ideia de passado. Um Memorial não para recordar São Paulo de que faz parte da América Latina, mas para recordar os mártires da emancipação do continente. Segundo Darcy Ribeiro, a ideia norteadora foi a construção de uma grande praça cívica, uma área em que muita gente pudesse percorrer, constituída por "um conjunto de edifícios para glorificar a América Latina, que fossem belos e pudessem exercer certas funções úteis e indispensáveis"[33].

O terreno original a ser ocupado pelo projeto, parte do antigo canteiro de obras do metrô Barra Funda, correspondia à metade da área atual; por insistência de Niemeyer, foi ampliado, incluindo também a área do outro lado da avenida de acesso ao metrô. Numa primeira proposta de Niemeyer, existia uma ligação direta entre a estação de metrô e o conjunto: uma grande escadaria nascia num patamar intermediário da rampa do metrô e chegava até a primeira praça, oferecendo uma visão geral do Memorial. Essa ideia não se concretizou, havendo hoje, entre o final da rampa do metrô e o Memorial, uma rua. O acesso ao conjunto é feito por uma passagem subterrânea que transpõe esta rua. Ainda, segundo Darcy Ribeiro, a ideia foi a mesma da Catedral de Brasília: depois do túnel, a pessoa vê "amanhecer todo o conjunto"[34]. A primeira praça, no programa original, continha a Biblioteca, Salão de Atos, restaurante e pequeno centro de informações circular. Nesta primeira praça, os edifícios estão dispostos sobre uma plataforma bidimensional, que é um contra-

32. Darcy Ribeiro em entrevista concedida a José Wolf, *AU*, n. 24, jun./jul. 1989, p. 56.

33. *Idem, ibidem.*

34. *Idem, ibidem.*

piso de concreto. Segundo Darcy Ribeiro, o Salão de Atos foi inventado por Oscar Niemeyer para fazer o papel de representação dos heróis, cumprindo a função usualmente entregue às "estátuas", Niemeyer, porém, preferiu fazer uma "catedral cívica". O restaurante, de acordo com a concepção original, deveria oferecer pratos típicos latino-americanos e ser sede de festivais gastronômicos, mas acabou sendo fechado, e o espaço reaberto como galeria de arte. Houve uma polêmica sobre a colocação ou não de árvores no Memorial. Niemeyer foi contra, na medida em que tratava-se de um espaço cívico, para reunião de grande número de pessoas.

Após cruzar a avenida por uma passarela, chega-se à segunda praça, que é formada por quatro edifícios: Centro de Estudos Latino-americanos e administração do conjunto, Pavilhão da Criatividade, Parlamento Latino-Americano e Auditório. Novamente, os edifícios são dispostos sobre plataforma bidimensional com o mesmo tratamento da primeira praça. O edifício de uso burocrático é resolvido de uma forma simples, retangular, enquanto o museu, o parlamento e o auditório possuem formas curvas. Esta segunda praça, que na inauguração do Memorial era inteiramente calçada, hoje possui palmeiras e é praticamente dividida ao meio pelo edifício do Parlamento, também construído posteriormente à inauguração do conjunto. O lado maior da praça é ocupado pelo edifício horizontal em curva, que é o museu, e fornece a única sombra externa do conjunto, graças a um pórtico em toda sua extensão. Frontalmente a este, inserindo-se no espaço gerado pela concavidade do museu, fica o edifício circular do Parlamento, e, finalmente, a praça leva ao auditório, que, como os outros dois edifícios em casca de concreto, tem as cascas paralelas a um dos lados da praça.

De Pampulha ao Memorial

Num número dedicado a Niemeyer da revista *AU*[35] Kenneth Frampton fez um elogio ao arquiteto de Pampulha e descreveu o impacto que a obra de Niemeyer lhe causou, na década de 1950 na Inglaterra, através do livro de Stamo Papadaki. Segundo Frampton, estes edifícios arquitetonicamente unidos pela água que confere a todos o mesmo movimento ondulante, edifícios permeados pelo corpo humano, enquanto "ser total" e mais ainda, edifícios projetados como o espaço do desejo liberado pareciam modelo para um modo de vida inteiramente outro, o que fez com que imaginasse o Brasil de Juscelino Kubitschek como uma utopia hedonística. Segundo o autor, os edifícios de Pampulha corporificavam e representavam o tipo de as-

35. Kenneth Frampton, "Homenagem a Niemeyer", *AU*, n. 15, dez. 1987/jan. 1988, p. 58-59.

pirações cívicas e sociais que Niemeyer conjecturava para um Brasil emergente. Frampton, entretanto, termina o artigo lamentando que Niemeyer nunca mais tenha atingido o mesmo frescor e exuberância novamente. Nas suas palavras: "Foi o espírito particular de uma época, um momento cheio de otimismo, clareza e esperança; um tempo que, uma vez rompido pelas brutais realidades do assim chamado desenvolvimento, não se poderia retornar facilmente"[36]. Desta obra cheia de vida, que procurava o prazer dos sentidos nas visuais, nos detalhes "dentro das rampas forradas em verde-ônix e amarelo, a noção corbusiana da *promenade architecturale* levava Niemeyer de volta da arena hipnótica de música e dança ao local de sedução e satisfação"[37] à proposta do espaço fúnebre do Memorial da América Latina, existe uma distância que, entretanto, não é apontada por parte da crítica brasileira de arquitetura.

Grande parte da crítica nacional sobre a obra de Niemeyer caracterizou-se, ao longo dos anos, pela utilização de conceitos vagos, conceitos que pontuam também o discurso verbal de Niemeyer[38] e que se associaram à sua obra de forma a constituir quase uma barreira que impede a visão da obra real. Esses conceitos vagos falam da criatividade, "da simplicidade do gesto", "do grandioso que fundamenta-se na participação consciente das massas", da liberdade, da generosidade, da leveza, do espírito barroco.

Oscar [...] justifica, defende e explica cada criação. Não é tarefa fácil porque, fazendo sempre coisas novas, diferentes de tudo que se fez antes, mesmo porque seu forte é a inventiva, ele se dá a um esforço enorme para nos ajudar a compreender o que faz de tão inesperado. Até impensável, até que ele o tenha feito[39].

A proposição enunciada com firmeza de determinação, em cada projeto, de apresentar algo novo, longe de significar um abandonar-se ao hedonismo caprichoso e irresponsável de um prazer pela novidade a qualquer preço, pode ser interpretado como a recusa da aceitação de formas deterministas, e a garantia de uma margem de liberdade da imaginação que se deve obrigatoriamente manifestar, para que se reconheça a vida humana em sua máxima dignidade[40].

Sua obra é muito luminosa, muito clara, tem a simplicidade do gesto, é absolutamente tranquila, uma leitura prazenteira, generosa do mundo. E diz dos valores básicos que aqui passaram a ser elaborados e transmitidos[41].

36. *Idem*, p. 59.

37. *Idem, ibidem*

38. Miguel Alves Pereira, *Architecture, Text and Context: The Discourse of Oscar Niemeyer*, The University of Sheffield, 1993.

39. Darcy Ribeiro, "Oscar", introdução ao livro Oscar Niemeyer, *Meu Sósia e Eu*, Rio de Janeiro, Revan, 1992.

40. Júlio Roberto Katinsky, *Brasília em Três Tempos*, Rio de Janeiro, Revan. 1991, p. 15.

41. Sylvio Sawaya, "Com a Simplicidade do Gesto", *AU*, n. 15, dez. 1987/jan. 1988, p. 51.

Lembro-me a defender minha arquitetura preferida: bela, leve, variada, criativa, criando surpresa. Palavras que, para alegria minha, encontrei depois num livro de Baudelaire: *L'inattendu, l'irrégularité, la surprise et l'étonnement sont une partie essentielle et une caractéristique de la beauté*[42].

Oscar nos ensina
que a beleza é leve[43]

Outra característica de parte da crítica nacional favorável a Niemeyer é a idolatria que o eleva aos píncaros, muito acima de qualquer crítica: "Oscar é a realização até o limite da capacidade humana de criar beleza. Que seria de nós, que seria do mundo, sem Oscar Niemeyer?"[44] ou nas palavras de Ferreira Gullar: "ele é um artista, alguém com a paixão de beleza e de justiça. Paixão que se reflete em sua Arquitetura [...]. Ele fascina, faz as pessoas entrarem nesse barato, nessa alegria, tanto é que nunca vi gente do povo criticá-lo. Apenas os medíocres, por este ou aquele motivo, conseguem criticar sua Arquitetura"[45].

Segundo Miguel Alves Pereira[46], desde o plano de Lúcio Costa para Brasília, as palavras simplicidade e simples impregnaram o discurso dos arquitetos brasileiros. Miguel Alves Pereira apontou, também, que Niemeyer vai tão longe na ideia de simplicidade, a ponto de pretender nenhum comprometimento com o discurso teórico, negando qualquer pretensão teórica, elaborando seu sistema de pensamento com base nos conceitos a seu alcance, e para confirmar esta ideia, cita justamente um trecho de um texto teórico do arquiteto: "o depoimento de um arquiteto, sem qualquer pretensão teórica ou erudita, baseado apenas em seu trabalho e em sua experiência profissional"[47]. A ideia da "simplicidade do gesto" carrega consigo a ideia de facilidade, do repente do gênio. Segundo Darcy Ribeiro, no Memorial, Niemeyer concebeu tudo em três dias. A leveza, que inicialmente podia estar associada às colunas esbeltas, às sinuosidades e transparências – Pampulha, Pavilhão Brasileiro na exposição de Nova York – continuou sendo associada à obra de Niemeyer, mesmo com o emprego cada vez maior do concreto em superfícies e com a monumentalidade que sua obra passou a ostentar. A própria associação de Niemeyer com o barroco mineiro também é imprecisa, em geral associada ao uso das curvas. O uso da forma oval no Cas-

---

42. Oscar Niemeyer, *Meu Sósia e Eu*, Rio de Janeiro, Revan, 1992, p. 33.

43. Trecho do poema de Ferreira Gullar, *Lições de Arquitetura*, reproduzido na revista *AU*, n. 15, dez. 1987/jan. 1988, p. 39.

44. Darcy Ribeiro, "Oscar", *op. cit.*

45. Ferreira Gullar, "Amanhã Será Pleno", *AU*, n. 15, dez. 1987/jan. 1988, p. 39.

46. Miguel Alves Pereira, *Architecture, Text and Context: The Discourse of Oscar Niemeyer, op. cit.*, p. 191.

47. Oscar Niemeyer, "Forma e Função em Arquitetura", *Módulo*, n. 21, dez. 1960, p. 3.

sino da Pampulha, dos azulejos no revestimento do Iate Clube e da Casa do Baile, num momento (década de 1940) de preocupação com a criação de um desenho nacional, com a própria criação da identidade nacional, levou a essa associação com a história, exatamente com um período arquitetônico em que se reconhece a criação nacional, em que a influência estrangeira foi digerida dando margem à criação original[48].

A Autonomia da Forma

Parte da crítica nacional sobre o trabalho de Niemeyer desenvolvido após o exílio, divergiu do lugar-comum, lançando novas questões ao entendimento de sua obra. Contrariando a visão amplamente aceita e difundida do criador de formas, Edson Mahfuz escreveu um artigo na revista *AU*[49], no qual defendeu que Niemeyer trabalha com um repertório de formas (elementos de composição) e de estratégias compositivas finito, que é aplicado a todos os projetos. Nesse artigo, ele identificou oito elementos formais e três estratégias compositivas, ao longo de toda a carreira de Niemeyer. Este repertório, que não se constitui de elementos de composição de um edifício – pilares, laje plana, pano de vidro, empena de concreto –, mas sim, de formas fechadas – o edifício circular de baixa altura, as calotas, as cascas de concreto, a caixa de vidro suspensa na grande viga superior, as torres – é basicamente autorreferente. Ele retrabalha as formas já apresentadas anteriormente e, segundo Edson Mahfuz, a tradição do novo não predomina na obra de Niemeyer, pois, assim que um novo elemento é inventado ou recuperado, passa a fazer parte de seu repertório, convencionaliza-se. Nesta análise, Edson Mahfuz concluiu que Niemeyer é um arquiteto clássico, pois trabalha dentro de um sistema. "A exemplo dos arquitetos do Renascimento ele emprega um número finito de estratégias compositivas e de elementos de composição – componentes de um repertório desenvolvido lenta e seguramente – para todos os problemas para os quais lhe é pedida uma solução arquitetônica"[50].

Dentro desse raciocínio, Edson Mahfuz chegou à conclusão de que para Niemeyer, as mesmas formas podem ser aplicadas a diferentes funções, gozando, portanto, de certa autonomia, e chegou a estabelecer um paralelo entre Niemeyer e Aldo Rossi.

---

48. Ver Carlos Lemos, *Arquitetura Brasileira*, São Paulo, Melhoramentos/Edusp, 1979.

49. Edson Mahfuz, "O Clássico, o Poético e o Erótico", *AU*, n. 15, dez. 1987/jan. 1988, p. 60-68.

50. *Idem*, p. 67.

Acreditando que uma forma pode ser o palco para muitas ações diferentes através do tempo – e por isso mesmo não deve ser feito sob medida para servir apenas uma função específica – Rossi propõe uma teoria de projeto em que os elementos de composição são estabelecidos *a priori*, adquirindo significado cada vez que são recombinados, pois o significado da Arquitetura reside, para Rossi, na operação, no uso, e no caráter de um artefato arquitetônico, não em suas partes. Isso é exatamente o que acontece na obra de ON, embora o seu repertório derive de formas diferentes das de Rossi[51].

Também David Underwood afirmou que Niemeyer passou a adotar elementos do classicismo europeu após sua viagem à Europa (1954): "A procura por forma e estrutura puras e concisas, o interesse na hierarquia e caráter arquitetônico, o desejo por uma monumentalidade harmoniosa e una e clareza estilística – adota elementos do classicismo europeu que veio a apreciar como resultado de suas viagens"[52].

O Urbanismo de Niemeyer

Eduardo Comas, sobre o Projeto Tietê:

Nada mais banal que essa proposta para o Tietê, com sua setorização exclusiva, suas torres empresariais, seus blocos de apartamentos e os "jogos de volumes" de seu centro cultural e cívico. Não nos preocupa que a proposta seja inviável, golpe publicitário de governo, nem que seja leviana, como disse Jorge Wilheim. O fato grave é que venha rançosa. Não há nela surpresa ou emoção. Sinal inequívoco que o sonho acabou, tem gosto de ressaca, quarta-feira de cinzas de uma modernidade que já era[53].

Ruth Verde Zein, sobre o Memorial:

Os edifícios estão postados ortogonalmente entre si, encostados nas divisas, de costas para elas e de frente para espaços livres centrais que não passam de cimentados sem graça. E é só o que se pode dizer da implantação, em suma bastante primária. Não há preocupação com visuais, os eixos criados mal são perceptíveis, os acessos são difíceis, o excesso de grades prejudica a possível fluidez dos espaços, o metrô parece que chegou atrasado à festa em vez de ser o dono da casa, o entorno foi solenemente esnobado[54].

Enquanto, na definição do edifício, Niemeyer nunca se enquadrou na arquitetura racionalista, sua posição urbanística, ao contrário, é a do urbanismo racionalista: edifícios soltos num espaço indefinido, certa repetitividade para os edifícios que abrigam funções mais cor-

51. *Idem*, p. 65.

52. David Underwood, *Oscar Niemeyer and the Architecture of Brazil*, Nova York, Rizzoli, 1994, p. 95.

53. Carlos Eduardo Dias Comas, "Nemours-sur-Tietê, ou A Modernidade de Ontem", *Projeto*, n. 89, jul. 1986, p. 93.

54. Ruth Verde Zein, "Descubra os Sete Erros", *Projeto*, n. 120, abr. 1989, p. 73.

riqueiras como habitação ou escritórios, e formas mais elaboradas para os edifícios de destaque. A cidade funcional, dividida por zonas, tendo sua monotonia quebrada pelos edifícios excepcionais. É essa visão urbanística que foi alvo das críticas desfavoráveis à obra de Niemeyer nesta última fase no Brasil; por seus projetos serem concebidos para o vazio, em geral, abstraindo ou desprezando o entorno; e, em relação aos grandes projetos (Memorial, Projeto Tietê, Centro Administrativo do Recife), a falta de definição tridimensional dos espaços externos, a modernidade ultrapassada. Niemeyer é criticado pela insensibilidade frente às críticas que sofreu a Carta de Atenas, pela obra que segue incólume. Além da falta de definição dos espaços externos, foi criticada a falta de tratamento e qualificação desses espaços, no caso do Memorial, nada menos que a "praça cívica". Nas palavras de Edson Mahfuz:

> Duas impressões são muito fortes já na entrada: o impacto visual causado pelas formas inusitadas da Biblioteca e do Salão de Atos, e a sensação de desolação causada pela aridez, pobreza de detalhes e falta de definição tridimensional da Praça Cívica. Esse "espaço" confirma a noção heideggeriana de que a desolação constitui de alguma forma a raiz da condição metropolitana[55].

Para Eduardo Comas, esses espaços externos nos últimos trabalhos de Niemeyer têm a característica de espaço aberto de maquete: "perceptivamente desolador, conceitualmente passivo, experiencial-mente inóspito"[56].

Além da indiferença ao entorno, que transparece na pouca relação com o metrô, no posicionamento dos edifícios, alheio às ruas que chegam ao Memorial, a própria concepção dos edifícios recebeu críticas. Nas palavras de Joaquim Guedes: "O restaurante ou lanchonete, excessivamente formal, é pretensioso demais [...] estaria pedindo portas, terraços agradáveis, sombras, brisas, transparência, em perfeita comunicação com os jardins"[57]. Foi apontado também o equívoco da ideia de "praça cívica", colocada independente das regras da cidade no tocante aos locais de concentração popular: "Segundo o autor, essa praça teria como modelo a Plaza de Armas da tradição urbanística hispânica. O que não se menciona é que a plaza era o principal espaço público da cidade [...] e por isso acolhia tanta gente [...] pois era

55. Edson da Cunha Mahfuz, "Do Minimalismo e da Dispersão como Método Projetual", *AU*, n. 24, jun./jul. 1989, p. 44.

56. Carlos Eduardo Dias Comas, "Nemours-sur-Tietê, ou a Modernidade de Ontem", art. cit., p. 92.

57. Transcrição de crítica de Joaquim Guedes publicada na *Revista USP*, 1990, *apud* Gilberto de Mello Kujawski, "Niemeyer Flutua na Luz", *O Estado de S. Paulo*, 27 ago. 1998.

circundada pelos principais edifícios institucionais, que a definiam volumetricamente"[58].

O conjunto de trabalhos de Niemeyer, que engloba Brasília, as obras no exílio e as de sua última fase brasileira, teve seu início a partir da autocrítica do arquiteto, publicada em artigos na *Módulo*, nos anos 50. Esta autocrítica, de certa forma, relaciona-se com a censura lançada por alguns críticos estrangeiros, notadamente o artista concreto Max Bill. A partir daí, Niemeyer não abriu mão da forma original, mas passou a perseguir a forma mais concisa, despojada de elementos, a expressão plástica por meio da própria estrutura e não de elementos secundários, passando a projetar estruturas em balanço, cascas, grandes vãos livres, procurando dar expressão plástica à cultura nacional, pelo caminho da tecnologia. Na sua autocrítica (1958), Niemeyer se desculpou por ter aceito muitos projetos, tendo, consequentemente, pouco tempo de dedicação a cada um, o que em parte teria ocorrido por considerar a arquitetura pouco importante, devido à sua posição conflituosa quanto à contribuição da arquitetura numa sociedade capitalista.

No texto, "De Pampulha ao Memorial da América Latina"[59], Niemeyer deixou claro que não resolveu o conflito de trabalhar para atender os objetivos da classe dominante. E externou também o sentimento de conivência com os objetivos demagógicos e paternalísticos da elite, mesmo em projetos que propõem um modelo de integração social, como é o caso do Memorial da América Latina. Miguel Alves Pereira[60] procurou apontar os mecanismos utilizados por Niemeyer para conviver com esse conflito, justificando a exuberância plástica de suas obras. Segundo ele, no início, Niemeyer defendeu a liberdade plástica como qualidade de protesto frente à miséria, porém, como defendia a opinião marxista ortodoxa de que a arquitetura reflete a realidade a que serve, a qualidade de protesto deixava de possuir atributos de transformação social. Assim, a partir dos anos de 1970, Niemeyer procurou justificar a exuberância plástica fora do contexto intelectual da esquerda, apelando ao subconsciente ou a teorias genéticas (*Meu Sósia e Eu*). A relação ambivalente que Niemeyer manteve com relação ao papel social do seu trabalho, como foi apontado no caso do Memorial da América Latina, leva à conclusão de que o próprio Niemeyer não conseguiu se imbuir de que a beleza plástica fosse fator de elevação da qualidade de vida, ou acreditar no papel da arte como fator de transformação por si.

58. Edson da Cunha Mahfuz, "Do Minimalismo e da Dispersão como Método Projetual", art. cit., p. 44.

59. Oscar Niemeyer, "De Pampulha ao Memorial da América Latina", *Módulo*, n. 100, mar. 1989, p. 23.

60. Miguel Alves Pereira, *Architecture, Text and Context: The Discourse of Oscar Niemeyer, op. cit.*, p. 247.

Eduardo Subirais[61] fez uma leitura elogiosa do Memorial, em que considerou o contraste entre obra e cidade como parte do significado da obra:

Essa confrontação, a força, inclusive a provocação, faz parte desse projeto, pois o conjunto serve a um ideal, hoje talvez polêmico, que remonta aos dias da independência americana: a integração da América Latina, aqui antecipada e invocada através de uma série de espaços arquitetônicos com as funções de comunicação e conhecimento, de informação e desenvolvimento no terreno artístico, científico e social[62].

Para Subirats, a separação visual entre o Memorial e a realidade que o circunda, atua no sentido da ressacralização daquele espaço.

Sem dúvida: a ação de devastação da natureza, ou urbana, para conseguir o território puro de uma tabula rasa destinada à nova arquitetura, constitui um ritual arquitetônico [...]. Mas o significado profundo desse princípio destrutivo é ressacralizador. Assim se constituiu o espaço simbólico de Brasília: como uma nova terra da promissão. O mesmo teor revolucionário ou messiânico infunde a esse novo conjunto arquitetônico de São Paulo uma dimensão espiritual dotada de transcendência política[63].

Dentro desta análise, a desconexão com a realidade seria intencional. Ferreira Gullar também apontou esta feição da obra de Niemeyer, não especificamente em relação ao Memorial, quando associou o barroco em Niemeyer, com a criação de cenário: "o caráter barroco do Oscar está na curva, um elemento tipicamente barroco, nesse caráter de cenário que ele cria em sua arquitetura. Essa busca de um cenário magnífico, de um lugar imaginário, onde a vida se passa"[64].

O "cenário" criado na Barra Funda e o discurso de Niemeyer remetem mais à morte do que à vida. Nas palavras de Niemeyer sobre o projeto: "Logo após vocês vão chegar no Memorial. E aí, entre os *negros* vidros das fachadas, lembrar os velhos tempos dessa América Latina tão ofendida, suas origens, seus libertadores, seus colonizadores, sonhos e esperanças"[65]. A parede principal do Salão de Atos é ocupada pelo painel *Tiradentes*, de Portinari (1948), que retrata a morte e esquartejamento do mártir da liberdade. A escultura de Niemeyer, uma mão espalmada com as veias abertas, é mais uma alusão à morte. Mais que celebrar um ideal vivo de integração, o conjunto parece lamentar as perdas, os sonhos de liberdade e eman-

61. Eduardo Subirais, "Arquitetura e Poesia: Dois Exemplos Latino-americanos", trad. Anita Regina Di Marco, *Projeto*, n. 143, jul. 1991, p. 75-79.

62. *Idem*, p. 19.

63. *Idem, ibidem*.

64. Ferreira Gullar, "Amanhã Será Pleno", art. cit., p. 41.

65. Oscar Niemeyer, "Ato de Fé e Solidariedade", *Projeto*, n. 120, abr. 1989, p. 66. O grifo é nosso.

cipação que não vingaram. A melancolia do ambiente é reforçada pela falta de tratamento do espaço externo, aliado aos edifícios definidos por poucos elementos, também despidos, quase uma continuação volumétrica do piso, dando uma sensação de irrealidade, como se fosse um projeto suspenso, inacabado, impossível de se concretizar fora do mundo utópico da modernidade.

MUSEU BRASILEIRO DA ESCULTURA – MUBE (OBRA 29)

Arquiteto:	Paulo Mendes da Rocha
Colaboradores:	Alexandre Delijaicov, Carlos José Dantas Dias, Geni Takeuchi Sugai, José Armênio de Brito Cruz, Pedro Mendes da Rocha, Rogério Marcondes Machado, Vera Lúcia Domschke
Local:	São Paulo, SP
Data:	1986-1992
Construtora:	JHS Construção e Planejamento Ltda.
Técnica construtiva:	Concreto armado e protendido
Materiais de acabamento:	Concreto aparente
Área do terreno:	6 935,91 m²
Área construída:	3 478,80 m²

Vista do museu e jardim, *apud Projeto*, n. 183, mar. 1995, p. 36. Foto de Andrés Otero e Nelson Kon.

Entrada, *apud Projeto*, n. 183, mar. 1995, p. 33. Foto de Andrés Otero e Nelson Kon.

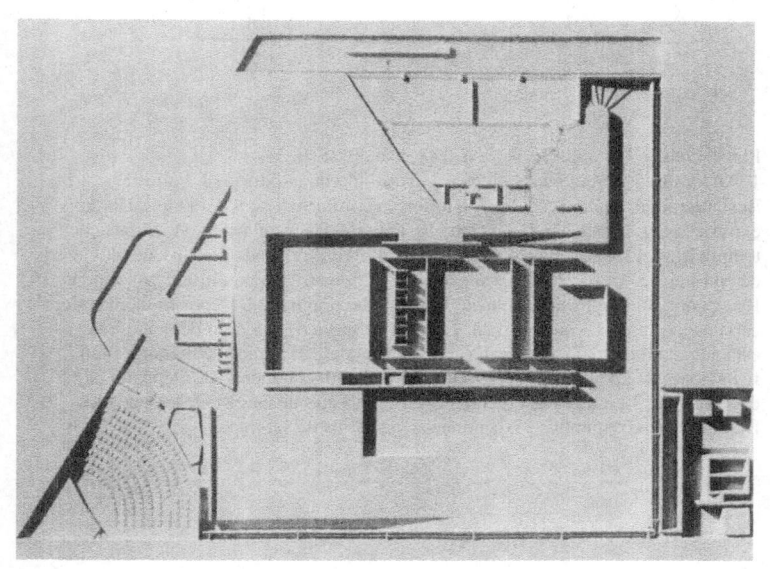

Maquete, *apud Projeto*, n. 109, abr. 1988, p. 38. Foto de Jorge Hirata.

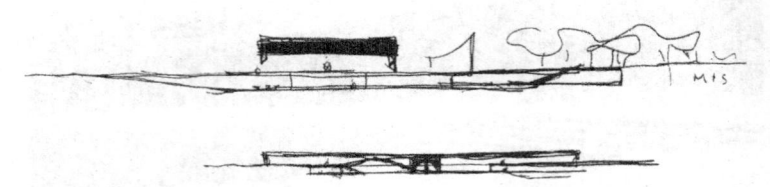

Croqui do arquiteto: estrutura à maneira do pilar do Pavilhão de Osaka, *apud Projeto*, n. 183, mar. 1995, p. 43.

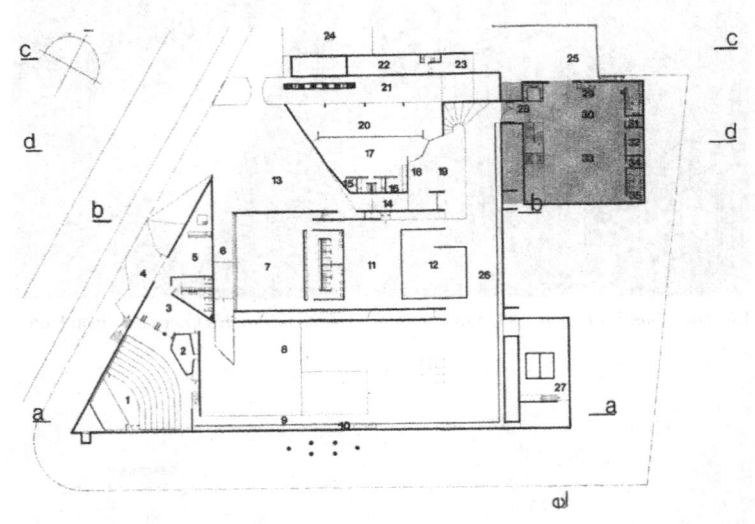

Planta cota 96,00, *apud Projeto*, n. 183, mar. 1995, p. 34.
1. Auditório; 2. Cabine de projeção; 3. Vestíbulo do auditório; 4. Pátio; 5. Restaurante; 6. Viela da saída; 7. Biblioteca e informática; 8. Grande salão de exposições; 9. Passagem de serviço; 10. Galeria das instalações; 11. Exposições temporárias; 12. Pequenas exposições; 13. Largo de entrada do Museu; 14. Galeria de entrada; 15. Copa; 16. Informação; 17. Administração do museu; 18. Vendas; 19. Recepção; 20. Diretoria do museu; 21. Espelho d'água; 22. Depósito da manutenção dos jardins; 23. Garagem; 24. Entrada de serviço; 25. Pátio de manobras/estacionamento; 26. Grande galeria de exposições; 27. Praça de máquinas; 28. Instalações de apoio; 29. Recepção/segurança; 30. Garagem; 31. Depósito de descartáveis; 32. Depósito de embalagens; 33. Pátio de carga e descarga; 34. Depósito de ferramentas; 35. Sanitários/vestiários de serviço.

O Museu da Escultura nasceu de um esforço da comunidade, representada pela Sociedade de Amigos dos Jardins Europa e Paulistano e Sociedade de Amigos dos Museus[66], visando impedir a eventual construção de um *shopping center* no local. A iniciativa recebeu o apoio da Prefeitura de São Paulo, que considerou o terreno de utilidade pública, viabilizando sua incorporação ao Museu da Imagem e do Som, para a construção de um Museu da Escultura. A verba para o projeto e construção do museu teve origem na iniciativa privada, com base nos incentivos governamentais, especialmente os concedidos pela Lei Sarney.

Segundo texto de Paulo Mendes da Rocha[67], a concepção do Museu contemplou duas ideias: por um lado a questão da escultura, sendo o programa básico do Museu inventariar, documentar e zelar pelo acervo público, espalhado em praças, vestíbulos, estações, jardins, divulgar a história das obras e seus criadores, propor roteiros de visita, expor novos escultores e, por outro lado, a questão da ecologia, abordada pelo estudo do jardim no Brasil, por meio de documentação, cursos, exposições, desde a paisagem inaugural até o jardim atual, o "jardim do Museu", concebido como amostragem exemplar. Esta concepção de Museu primordialmente como local de documentação e não como local de abrigo e exposição de um acervo, associada à ideia do "jardim atual", dá a chave para o partido formal do Museu:

A edificação não é aparente a céu aberto, a não ser por um alpendre, lugar de abrigo simbólico sobre o jardim, ponto de referência, proteção contra a chuva imprevista e parâmetro de escala entre as esculturas e o observador. Esse simples abrigo, como uma pérgula ou portal, está projetado com 12 m de largura e 60 m de vão livre. Desse modo, não há construção alguma a céu aberto: um jardim nos 7000 m², com uma sombra de 700 m², ou seja, 10% da área do terreno, como única construção visível[68].

O projeto de Paulo Mendes da Rocha foi aprovado num concurso fechado, organizado às pressas, pois a prefeitura, ao assinar o decreto considerando o terreno de utilidade pública, vinculou sua cessão à apresentação de um projeto em dez dias. Nota no *Jornal Projeto* esclareceu que as normas do concurso levavam necessariamente a um projeto simples, pois os organizadores não queriam uma obra que concorresse com as esculturas, além disso, o museu não deveria ocupar mais que 30% do lote, obrigando, portanto, a ocupação do subsolo.

66. Ver Projeto, "Museu da Escultura Enterra a Ideia de um Shopping nos Jardins", *Jornal Projeto*, n. 97, mar. 1997, p. 118-119.

67. Paulo Mendes da Rocha, "Um Museu no Subsolo, para Reunir as Esculturas da Cidade", *Projeto*, n. 109, abr. 1988, p. 38-40.

68. *Idem*, p. 39.

Paulo Mendes da Rocha preservou, à sua maneira, suas afinidades com a arquitetura brasileira dos anos de 1950/60. Daí sua polêmica posição no atual quadro arquitetônico: avesso ao oportunismo das grandes "revisões de pensamento" geradas pela polêmica do pós-moderno, criticado pelos racionalistas ortodoxos e funcionalistas pragmáticos, e desalinhado com as correntes mais nítidas da arquitetura internacional[69].

Com essas palavras, Hugo Segawa procurou retratar a posição controvertida de Paulo Mendes da Rocha no atual cenário arquitetônico. O concreto aparente e o grande vão do Mube, para alguns, representam uma estagnação em princípios há muito superados. O crítico espanhol Josep Maria Montaner, por sua vez, considerou a obra mais recente de Paulo Mendes da Rocha "minimalista"[70], ao lado da de Estadão Ando, Eduardo Souto de Moura, Francesco Venezia e Herzog/De Meuron.

De acordo com Josep Maria Montaner, sobre o minimalismo: "Em certa medida, muitas destas experiências arquitetônicas surgiram como uma reação tanto aos excessos decorativos, simbólicos e de linguagem do ecletismo pós-moderno como ao intelectualismo, elitismo e formalismo da denominada 'deconstrução'"[71]. Montaner, no seu texto, "Más allá del Minimalismo"[72], apontou a recorrência, ao longo do século XX, de uma tendência a criar a máxima tensão formal com o mínimo de elementos, tendência que também está presente na arquitetura minimalista. Assim, na sua opinião, a conceituação do movimento abarca tanto o *less is more*, como atitude intemporal na arquitetura, como o movimento de escultura contemporânea, de raiz norte-americana, denominado *Minimal Art*. Nas palavras de Montaner, sobre o *Minimal Art*:

Em todas as obras destes artistas predomina uma atitude anti-ilusionista, inexpressiva, que busca a essencialidade mediante a ausência de elementos decorativos e a recorrência a estruturas geométricas primárias. Se tenta eliminar toda a alusão, liberando a arte de toda função referencial, representativa ou metafórica. A obra é autorreferencial, não apela nem evoca nada que não seja ela mesma. Para isto, se exprimem por formas que podem ser percebidas de maneira global e instantânea, formas gestálticas que se dirigem diretamente à mente do observador. É uma arte que fala ao intelecto, que se refere ao paradigma da razão, que elude toda contaminação sensualista que vá além da pura percepção de formas, que tenta estar limpa de toda aura subjetiva. Sem dúvida, se pretende alcançar da maneira mais pura a primazia da percepção corporal vivida pelo espectador percorrendo o espaço configurado pelos objetos minimalistas. Para isto, se renuncia à história em nome da intensidade da experiência formal do presente[73].

69. Hugo Segawa, "Arquitetura Modelando a Paisagem", *Projeto*, n. 183, mar. 1995, p. 32-34.

70. Montaner, "Minimalismo: O Essencial como Norma", *Projeto*, n. 175, jun. 1994, p. 36-44.

71. *Idem*, p. 36.

72. Josep Maria Montaner, *La Modernidad Superada. Arquitectura, Arte y Pensamiento del Siglo XX, op. cit.*, p. 181.

73. *Idem*, p. 185.

Ainda, segundo Montaner, enquanto a *Minimal Art* apresentou uma atitude crítica diante das concepções estabelecidas de arte, numa recusa à genialidade, à estética do original, a arquitetura minimalista não nega o valor criativo, irrepetível, individual e artístico da obra arquitetônica[74]. Montaner procurou descrever a "tendência", como um movimento contraditório, que pode assumir distintas configurações:

> O minimalismo, em suma, se manifesta tanto na redução dos elementos de linguagem como na simplificação das formas, tanto na busca da transparência e imaterialidade como na criação de corpos sólidos, opacos, contundentes, estáveis e gestálticos. Porque, de fato, a mesma essência do minimalismo, esta categoria intemporal e interdisciplinar, é contraditória. A vontade de conseguir o máximo com o mínimo de meios, que de fato é uma posição maximalista, se pode dirigir em direções opostas[75].

Otília Arantes, em entrevista concedida à revista *Projeto* apontou a característica auto referencial da *Minimal Art*:

> São obras sem modelos, uso ou lugar [...]. Se a escala as põe fora do museu, também não alimentam qualquer pretensão de ser uma arte urbana, um complemento que tornaria a cidade mais aprazível ou a arte mais democrática. Cortadas de tudo, mesmo quando se aproximam da arquitetura não se prestam ao uso, não abrigam nada, e para reforçar a autorreferencialidade surgem por vezes como uma composição de múltiplos, objetos produzidos em série, formas redundantes em sua materialidade silenciosa[76].

A partir daí, argumentou que o nome "minimalismo", para caracterizar certa arquitetura atual, é um emprego muito livre do termo, pois a *Minimal Art*, por sua característica auto referencial e em guerra com as convenções artísticas instituídas, se afasta da "tendência difusa" minimalista apontada por Montaner na arquitetura dos anos de 1990: "a arquitetura citada por Montaner, que retomaria o racionalismo, despojada, por vezes elegante, não deixa de trabalhar com referências históricas e contextuais"[77]. De fato, para Montaner, as obras arquitetônicas minimalistas apresentam um contextualismo não literal, por meio de uma ligação abstrata com o lugar: "Nas obras destes autores existe uma relação entre objeto e ambiente. E qualquer destas obras perde todo seu sentido se é colocada fora do lugar a que pertence"[78]. A crítica nacional sobre o Mube se pautou justamente nas relações estabelecidas pelo projeto com seu lugar de inserção. Cabe reproduzir aqui a caracterização da noção de "lugar", feita por Otília Arantes, a partir dos desenvolvimentos de Aldo Rossi em seu livro,

---

74. Josep Maria Montaner, "Minimalismo: O Essencial como Norma", art. cit.

75. Josep Maria Montaner, *La Modernidad Superada...*, *op. cit.*, p. 191.

76. Otília Beatriz Fiori Arantes, "Minimalismo? Talvez um Anacronismo", *Projeto*, n. 175, jun. 1994, p. 81.

77. *Idem*, p. 82.

78. Josep Maria Montaner, *La Modernidad Superada...*, *op. cit.*, p. 199-200.

A Arquitetura da Cidade: "O lugar, nessa acepção em que foi redescoberto, está longe de se confundir com o espaço físico de implante da construção [...], embora dependa deste suporte material; de fato ele se cristaliza por assim dizer impregnando, circunscrevendo, um espaço determinado – qualificando-o ao convertê-lo num fato único, sobrecarregado de sentido [...]"[79].

Esta caracterização encontra eco, por exemplo, na análise crítica feita por Sophia Telles sobre o projeto do Mube. Sua apreciação apontou a simbiose entre terreno físico e construção empreendida pelo projeto:

> De início, parece claro que a inteligência do projeto é ter tomado o lote por inteiro, como seu campo de intervenção. Em vez de implantar um objeto dentro de um perímetro como se fora uma relação fundo/figura ou, talvez, dissolver o museu sob uma praça, o partido como que condensa, por sobreposição, a construção e o terreno, a implantação e o lote [...] o espaço interno aflora, surpreendentemente visível, no piso superior, sob a forma de uma praça recortada, um anfiteatro e um espelho d'água[80].

Sophia Telles desenvolveu sua leitura em torno desta ideia básica: como o projeto revela a geometria do lote, torna evidente seu relevo, dá ao lote corpo e fisicalidade.

> Só então compreendemos que a extensa viga que atravessa, solta, todo o projeto, rigorosamente sem função estrutural, sustenta na verdade o que está embaixo – a superfície construída – e a mantém, se pudermos dizer assim, numa calma tensão, entre a memória plana do antigo terreno (cujo declive acentuado era imperceptível antes do museu) e a sua reconstituição como um novo lugar [...]. O que impressiona no museu é o controle do partido e, especialmente, a determinação do projeto em implantar-se sobre si mesmo. É essa situação que o faz criar um "lugar", uma marca na cidade[81].

A relação com o lugar, a requalificação do lugar transpareceu também na apreciação de Otília Arantes sobre o Mube:

> Paulo Mendes da Rocha sugere muito mais a experiência física do lugar do que a arte ensimesmada dos minimalistas [...]. Como nas placas e volumes de Richard Serra, que, ao contrário dos artistas minimalistas, pretende interferir no espaço urbano esperando revelar e redefinir um lugar [...] aquela viga atravessada no coração dos Jardins, entre lojas sofisticadas e casas em estilo eclético, não deixa de ser uma interferência no contexto. Sem procurar sobressair, propositalmente na escala do entorno, trata-se contudo de uma nota dissonante [...][82].

Hugo Segawa entendeu a inserção da obra em função do desenho da paisagem:

79. Otília Arantes, *O Lugar da Arquitetura depois dos Modernos*, São Paulo, Edusp/ Studio Nobel, 1993, p. 124.

80. Sophia Telles, "Museu da Escultura", *AU*, n. 32, out./nov. 1990, p. 45.

81. *Idem*, p. 45, 48.

82. Otília Beatriz Fiori Arantes, "Minimalismo?...", art. cit., p. 83.

A avenida Europa tem um significado peculiar: ela atravessa a cidade do seu centro até o rio Pinheiros, um dos vales importantes na geomorfologia de São Paulo. Uma grande viga protendida de 60 m de vão livre situa-se exatamente perpendicular a essa via, assinalando a presença do museu e fazendo-se referência na paisagem [...]. O museu é em si uma paisagem modelada, estabelecendo referências urbanas, visuais e de escala em contraste com seu entorno, e que não se atem à noção convencional de um volume elevado sobre um terreno[83].

É interessante o contraponto entre o edifício do Mube e o Pavilhão brasileiro para a Expo'70 em Osaka, projetado quase vinte anos antes. Enquanto em Osaka se pôde compreender que o projeto fez uma representação da paisagem construída, sugerindo uma paisagem natural, sobre a qual a arquitetura apenas pousa, mantendo a integridade do relevo "natural", com suas leves ondulações[84], neste projeto, a arquitetura não se furta a desenhar a paisagem, fazendo uma sucessão de planos horizontais em diferentes cotas de nível, "construindo" a paisagem. Nas palavras de Sophia Telles: "O projeto destrói, assim, a primeira impressão, a de uma superfície estática sobre a qual um objeto vem pousar. Essa é a imagem ligada, evidentemente, a Niemeyer e também a Artigas, se pensarmos na sua atenção aos pontos de apoio"[85]. Junto a esta mudança de concepção estrutural-arquitetônica, Sophia Telles apontou a especificidade no emprego do concreto aparente, na forma como foi tratado:

Diferentemente de Niemeyer ou Artigas, que dão ênfase às possibilidades estruturais do material, Paulo Mendes recupera o concreto em um sentido próximo à "pedra bruta" de Corbusier, como índice da matéria anterior à transformação operada pelo trabalho e pela sociabilidade, ou seja, pela história [...] a completude do concreto, essa disponibilidade entre a "pedra bruta" e a técnica é o que permite ao arquiteto colocar de maneira sutil, às vezes indecidível a passagem da natureza à cultura, da superfície à construção[86].

Sophia Telles apontou ainda a forma arcaica, arquetípica da viga sobre dois pilares.

Otília Arantes apontou o esvaziamento ideológico[87] como um traço comum entre o movimento *Minimal Art* e os arquitetos minimalistas da década de 1990, descritos por Montaner. Hugo Segawa, em artigo publicado na revista *Projeto*, ainda falou de utopias que permeiam a obra de Paulo Mendes: "Um ideal de emancipação cultural requerendo uma contemporaneidade própria. O domínio tecnológico como processo emancipador, a elaboração de estéticas que

83. Hugo Segawa, "Arquitetura Modelando a Paisagem", art. cit., p. 36.

84. Lembrando, porém, que não era terreno natural, mas construído, parte integrante do edifício e da concepção formal, funcionando de fato, como uma paisagem trabalhada, mas representativamente como solo intocado.

85. Sophia Telles, "Museu da Escultura", art. cit., p. 46.

86. *Idem*, p. 49.

87. Otília Beatriz Fiori Arantes, "Minimalismo?...", art. cit., p. 82.

contenham níveis de racionalidade, dando expressão de beleza às necessidades, o olhar e o pensar cotidiano e a vida em suas dimensões essenciais"[88].

Para Montaner, a obra de Paulo Mendes aproximando-se de formas arquetípicas, procura regenerar o caos metropolitano[89]. Essa ideia leva ao entendimento de uma arquitetura que pretende com sua presença requalificar o espaço, reordenar a paisagem, mas só faz sentido em contraposição ao existente. Não é mais a arquitetura moderna que vai ocupar as terras virgens do Brasil, é uma arquitetura que se volta para a essência com o objetivo de regeneração.

PAVILHÃO OFICIAL DO BRASIL NA EXPO"92 – SEVILHA (OBRA 30)

Arquitetos:	Ângelo Bucci, Álvaro Puntoni, José Osvaldo A. Vilela
Colaboradores:	Geraldo Vespasiano Puntoni, Edgar Gonçalves Dente, Fernanda Barbosa, Clóvis Cunha, Pedro Puntoni
Local:	Sevilha, Espanha
Data:	1990 – projeto não foi construído
Técnica construtiva:	Concreto armado e pretendido
Materiais de acabamento:	Concreto aparente
Área a ser construída:	4 300,58 m²

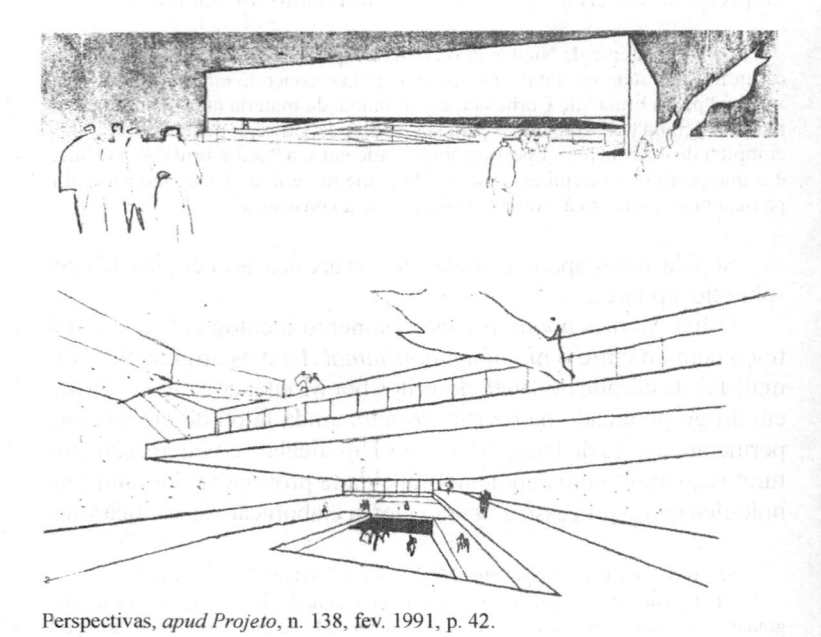

Perspectivas, *apud Projeto*, n. 138, fev. 1991, p. 42.

88. Hugo Segawa, "Arquitetura Modelando a Paisagem", art. cit., p. 34.
89. Josep Maria Montaner, *La Modernidad Superada...*, *op. cit.*, p. 189.

Foto da maquete, *apud AU*, n. 35, abr./maio 1991, p. 67.

Plantas cotas (-3,57-4,0) e (7,0), *apud AU*, n. 35, abr./maio 1991, p. 66-67.

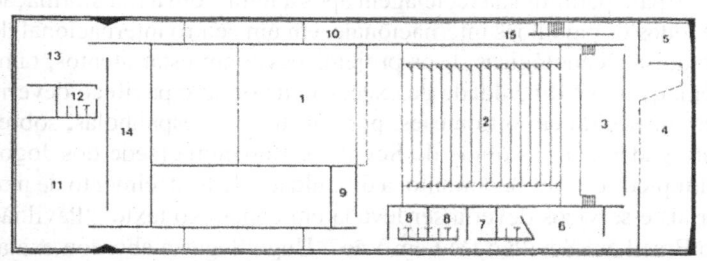

1. Plano inclinado; 2. Auditório (352 lugares); 3. Palco; 4. Terraço; 5. Poço máquinas elevador; 6. Camarins; 7. Máquinas ar-condicionado; 8. Sanitários; 9. Projeção; 10. Corredor serviço; 11. Depósito; 12. Vestiários; 13. Oficina; 14. Resfriadores ar-condicionado; 15. Escada de serviço.

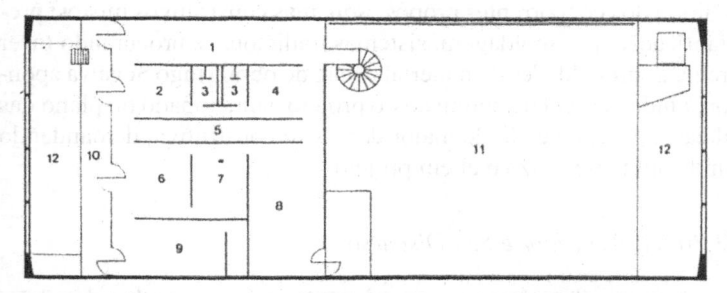

1. Galeria do Itamaraty; 2. Secretaria; 3. Sanitários; 4. Imprensa; 5. Depósitos; 6. Administração; 7. Reunião; 8. Assessores; 9. Estar; 10. Terraço; 11. Vazio exposições; 12. Vazio.

O concurso público que resultou na escolha do projeto para o Pavilhão Brasileiro em Sevilha, foi objeto de grande polêmica, tanto em torno do projeto vencedor como na posterior desistência do Itamarati em construir o pavilhão. Um pavilhão nacional numa feira internacional tem um papel de representação. Hugo Segawa citou texto do Ministério das Relações Exteriores estabelecendo as bases para o concurso do projeto para o Pavilhão Brasileiro em Sevilha: "a construção de um pavilhão [...] que possa expressar – enquanto monumento – a excelência da arquitetura nacional, representando-a como referência exemplar"[90]. O Itamaraty estabeleceu também uma temática, em torno da qual seriam centradas as exposições – a saber, as questões relativas à natureza, ecossistemas, meio ambiente – e esperava que a própria concepção do edifício, de certa forma, estivesse em uníssono com a temática. Um outro ponto importante a ser levado em consideração, era a necessidade de flexibilidade do edifício, para permitir sua reciclagem após a feira, com a transformação de todos os pavilhões internacionais, em um centro internacional de pesquisas tecnológicas. E os projetos deveriam estar atentos, também, quanto à dificuldade de execução da obra; o pavilhão deveria ser construído em oito meses, por construtoras espanholas, sobrecarregadas com as obras de Sevilha e Barcelona (sede dos Jogos Olímpicos de 1992), portanto, a dificuldade de fornecimento de materiais e serviços deveria ser levada em conta. No texto, "Pavilhão do Brasil em Sevilha: Deu em Vão", Hugo Segawa abordou exatamente a impropriedade do edifício em atender às exigências práticas do concurso: a pouca área de estacionamento no subsolo, a pouca estanqueidade do edifício (o arquiteto consultor recomendou sistema de calefação) e por fim a própria dificuldade construtiva do edifício, proposto como uma estrutura integral de concreto, enquanto a grande maioria dos concorrentes propôs esquemas construtivos mistos: pré-fabricação, pré-moldagem, sistemas tradicionais, procurando fazer frente às dificuldades de material e mão de obra. Hugo Segawa apontou, ainda, o nível de definição do projeto, solucionado no plano das ideias, mas carecendo de maior definição construtiva, demandando ainda um tempo razoável em projeto.

O Projeto Vencedor e Seu Discurso

Nosso pavilhão deve ter como orientação necessária a cultura brasileira. As formas plásticas, as soluções técnicas, as alternativas construtivas devem expressar aquilo que há de original na arquitetura nacional. A opção deve ser por uma arquitetura que se desenvolveu baseada em uma visão brasileira, em um projeto para o país. A procura das formas claras, dos traços firmes e resolu-

90. Hugo Segawa, "Pavilhão do Brasil em Sevilha: Deu em Vão", *Projeto*, n. 138, fev. 1991, p. 34-38.

tos, da construção dos espaços de amplo uso coletivo é sua característica [...].
O pavilhão deve ser aberto – um convite ao descobrimento, ao uso coletivo – e
ao mesmo tempo fechado. O térreo do edifício se confunde com o piso de Sevilha, que entra livremente e se transforma nas rampas, dando acesso ao plano
inclinado que leva ao auditório e, acima, à sala de exposição e ao anexo do Itamaraty [...]. A luz entra pelas paredes laterais, dando-lhes uma aparente leveza,
e também pelo livre acesso do térreo. O pavilhão parece "flutuar" sobre o solo,
apoiado em apenas quatro pontos[91].

Esses trechos do memorial descritivo remetem diretamente à
arquitetura brasileira do concreto aparente, desenvolvida nos anos
de 1960 e 1970, quando uma retórica acabou se associando a determinado receituário formal. Hugo Segawa apontou a possível associação com o Pavilhão de Osaka, pela simetria das frases, contidas
nos respectivos memoriais: "O térreo do edifício se confunde com
o piso de Sevilha"; "O chão será o mesmo de Osaka", refutando,
porém, a associação:

As analogias se encerram aqui. Alguns poderão insinuar, maledicentemente,
uma cumplicidade entre Osaka'70 e Sevilha'92, ou um servilhismo às ideias do
notável arquiteto paulista. O edifício no Japão era "um pavilhão cuja cobertura
apenas pousa sobre a terra, e cuja terra se eleva levemente, em ondulações que
balanceiam entre o 'natural' de uma paisagem dada e o 'mental' dos perfis milimetricamente controlados pelo rigor da apropriação construtiva e tecnológica".
Não foi "pensado como um envoltório ou uma embalagem para proteger um
conjunto de amostras ou de mercadorias [...]", escreveu Flávio Motta. A tran-
sitoriedade de Osaka se contrapõe a permanência definitiva do pavilhão na Es-
panha; ao espaço inundado da luz zenital do Oriente se contrapõe a introspecção
cúbica ibérica. Não há, no projeto vencedor, a fineza dos jogos de luzes, os
"achados" que caracterizam o passo à frente da obra de Paulo Mendes da Rocha
sobre as imediatas referências a Artigas e Niemeyer[92].

A ata de encerramento dos trabalhos do júri, deu o seguinte parecer sobre o projeto vencedor:

O trabalho vencedor afirma-se na simplicidade de recursos formais e concisão na resolução de programas complexos com que se tem caracterizado a
arquitetura brasileira. Reflete a preocupação com a formação da nossa consciência sobre as relações do homem com a natureza e na ocupação do espaço, afas-
tando-se decididamente do imediatismo simbólico, do uso de tecnologias ina-
dequadas e das soluções rebuscadas[93].

O júri foi composto por onze membros, quatro designados pelo
Itamaraty, entre eles o arquiteto Paulo Mendes da Rocha, quatro pelo
IAB, um pela Secretaria da Cultura, um pela Secretaria de Ciência
e Tecnologia e um pela Secretaria do Meio Ambiente.

91. "Memorial do Anteprojeto Vencedor: Pavilhão do Brasil na Expo 92 Sevilha",
Projeto, n. 138, fev. 1991, p. 40.
92. Hugo Segawa, "Pavilhão do Brasil em Sevilha: Deu em Vão", art. cit., p. 35.
93. Transcrição da ata de encerramento, *Projeto*, n. 138, fev. 1991, p. 39.

A revista *Projeto*, n. 140, na seção Opinião do Leitor, comentou as inúmeras manifestações sobre o concurso e o projeto vencedor: "Somente em duas ocasiões em quase dezenove anos da *Projeto* houve respostas escritas em volume e rapidez equivalentes: em 1981 (edição 26), com o artigo 'Arquitetura Bancária e outras Artes', de Carlos Lemos, e em 1987 (edição 103), com a polêmica sobre o 'arquiteto' José Zanine Caldas[94]"[95]. O conteúdo dessas manifestações do público-leitor, publicadas na *Projeto*, trata da perplexidade diante de um projeto "dos anos 60", que não demonstra percepção de uma realidade que se transformou, e diante do próprio corpo de jurados ao não reconhecer discrepância entre o programa e o projeto vencedor.

Confesso que, desde que vi o resultado do concurso de Sevilha ando meio atônito [...] duvido que arquitetos do porte de Lina Bo Bardi ou Paulo Mendes da Rocha, alguns dos mais dignos representantes vivos da chamada "arquitetura paulista" dos anos de 1970, propusessem hoje, sem uma reformulação crítica que levasse em conta o tempo e o espaço, um projeto como o escolhido pela comissão de jurados[96].

Gostaríamos de saber onde o júri descobriu que o projeto "reflete a preocupação com a formação de nossa consciência sobre as relações do homem com a natureza" [...]. Artigas nos legou mais que um léxico, como podemos, hoje, verificar tanto na arquitetura praticada em São Paulo como em todo o país. Ao não enxergarmos nossa própria evolução, nos enfraquecemos e abrimos caminho à importação de modelos externos e de segunda mão. Não será se olhando no espelho, menos ainda no álbum de recordações, que a arquitetura brasileira se desenvolverá, nem através de concursos cujos resultados demonstram atitude conservadora, medo de descobrir novas soluções que contêm as raízes e a história de nossa arquitetura, mas que descobrem novas emoções, numa expressão mais autêntica e atual do próprio legado[97].

Com relação ao imediatismo simbólico, não sei se o júri, numa infeliz interpretação de valores simbólicos, quis se referir às arcadas, frontões, portais, numa alusão à superficialidade de alguma arquitetura "pós-moderna". Vejo esse projeto carregado de símbolos (de uma mesma escola, ok, mas são símbolos), tentando legitimar uma ambição que não se materializa [...] tudo simbolicamente decalcado igualzinho das casas do Artigas e de tantos outros arquitetos (Décio Tozzi, Toscano, Ruy Ohtake, Abrahão Sanovicz etc.), da FAU, das escolas do FECE desta mesma época no ABCD [...]. Fica claro que o problema desse pavilhão não está no seu tardo-modernismo, mas no seu *fake* escola paulista. Na minha opinião, não é um bom projeto hoje e não o seria há 25 anos, no auge desse movimento. É um espaço que não acrescenta nada, absolutamente nada à arquitetura brasileira [...] esse concurso esqueceu os exercícios e descobertas

94. Vários arquitetos se manifestaram sobre a propriedade de conceder a Zanine Caldas o título de arquiteto *honoris causa*, por sugestão de Lúcio Costa.

95. Texto na revista *Projeto*, n. 140, abr. 1991, p. 10.

96. Flávio Kiefer, "O Que Há Contigo, Arquitetura Brasileira?", *Projeto*, n. 140, abr. 1991, p. 10.

97. Luiz Américo Gaudenzi, "Alguém Foi Desrespeitado?", *Projeto*, n. 140, abr. 1991, p. 10-12.

recentes da arquitetura brasileira pela reconstrução do lugar, pelo contexto, pela tecnologia, por um desígnio que se situe[98].

A equipe vencedora, em entrevista concedida a Suzana Barelli[99] procurou se defender das críticas: "Criticar uma arquitetura da década de 1960 é um erro, é traçar um caminho completamente a-histórico, ao não entender o que são arquitetura e conhecimento" (Pedro Puntoni). "As pessoas reclamam que o projeto não abre caminhos, mas qual foi o caminho que Osaka abriu para a arquitetura?" (Álvaro Puntoni). "São os elementos presentes no trabalho que provam que nós, arquitetos contemporâneos, sabemos construir esses espaços, solucionar projetos, sem sermos pirotécnicos ou copiarmos colunas gregas para dizer que projetamos de maneira moderna" (Edgar Gonçalves Dente). "A arquitetura brasileira sempre projetou e ousou com as estruturas de concreto, com seus vãos de 60 e 70 m" (E.G. Dente). "Fomos radicais na questão do paisagismo. Acreditamos que o paisagismo não é apenas a jardinagem, mas é também toda a paisagem construída" (Álvaro Puntoni).

Tanto a apreciação do júri quanto as frases dos arquitetos da equipe vencedora denotam ainda uma polarização entre arquitetura moderna e manifestações pós-modernas; polarização na qual a arquitetura moderna é tomada de forma bastante restrita, expressa numa tecnologia específica por meio de determinados elementos formais. Em contrapartida, se opõe a "colunas gregas" e "soluções pirotécnicas". Os autores e o próprio júri apostaram na forte representatividade que teria esta arquitetura de concreto, por possuir características que se associaram à ideia de arquitetura moderna brasileira: simplicidade e concisão ao resolver programas complexos. Concisão que em grande parte é associada a uma estrutura de poucos, porém grandes elementos: "A estrutura se resume em duas grandes vigas protendidas que buscam apoio em duas paredes – uma, junto ao pavilhão de Portugal, vem do subsolo, e outra, sobre o plano inclinado, é apoiada em dois grandes blocos em suas extremidades"[100]. Assim, a "representatividade" do projeto supriria a flora tropical, como testemunho de Brasil: "paisagismo é toda a paisagem construída". Por fim, na construção da paisagem, o pavilhão de Sevilha estabeleceu uma relação introspectiva com seu entorno. Também na arquitetura paulista de modelo, fruto de condições específicas do Brasil e do desenvolvimento da arquitetura na época, a utopia era construída no interior de

98. Márcio Mazza, "Vertiginosa Ascensão ao Anonimato ou Lânguida Preguiça", *Projeto*, n. 140, abr. 1991, p. 14.

99. Suzana Barelli, "A Polêmica de Sevilha e os Premiados no Concurso do Pavilhão do Brasil", *Projeto*, n. 139, mar. 1991, p. 62-63.

100. "Memorial do Anteprojeto Vencedor: Pavilhão do Brasil na Expo'92 Sevilha", art. cit., p. 40.

cada obra, pontuando e não desenhando a paisagem. Porém, que "utopia" alimentou o projeto do Pavilhão de Sevilha não fica claro, uma vez que seus autores apenas reproduziram uma retórica que já havia se esvaziado nos anos de 1970: "A opção deve ser por uma arquitetura que se desenvolveu baseada em uma visão brasileira, em um projeto para o país. A [...] construção dos espaços de amplo uso coletivo é sua característica [...]. O pavilhão deve ser aberto – um convite ao descobrimento, ao uso coletivo [...]"[101].

101. *Idem, ibidem.*

Parte IV
Caminhos do Pensamento
Crítico-Teórico Nacional

1. Teoria e Ideologia na Discussão

Este percurso, a partir de Brasília, procurou ilustrar como vem se encaminhando o "ideário" arquitetônico nacional. Uma primeira ideia desponta deste caminho: na história da arquitetura contemporânea nacional, quando uma dada produção arquitetônica foi alinhada dentro de um discurso crítico-ideológico consistente, a arquitetura passou por uma valorização, em que discurso e prática se autoalimentaram. Na implantação da arquitetura moderna no Brasil, o discurso de Lúcio Costa, que ligou a arquitetura moderna à criação da identidade nacional e à missão modernizadora e civilizatória do país[1], foi fundamental como respaldo teórico e justificativa da arquitetura moderna brasileira, notadamente a chamada Escola Carioca. Mais tarde, foi a vez da produção paulista, unida em torno da questão da soberania nacional, o projeto (desenho), como instrumento da soberania, ideário desenvolvido por Artigas e Flávio Motta: "No fim da década de 1950 já podíamos definir o projeto, os projetos em geral, como manifestações de soberania. A compreensão deste princípio muito custou e ainda custará aos arquitetos brasileiros. Ele contém em si a ideia de emancipação de nossa cultura técnica e artística, de defesa da nacionalidade"[2]. Nas palavras de Hugo Segawa sobre Artigas: "O

1. Ver Carlos Alberto Martins, *Arquitetura e Estado no Brasil: O Discurso de Lúcio Costa*, São Paulo, FFLCH-USP, 1987.
2. Vilanova Artigas, "Contribuição para o Relatório sobre Ensino de Arquitetura UIA – Unesco", 1974, *apud* Hugo Segawa, *Arquiteturas no Brasil 1900-1990*, São Paulo, Edusp, 1997, p. 144.

arquiteto de São Paulo pretendia demonstrar uma tese: que a responsabilidade social do arquiteto se sustentava no conceito do projeto como um instrumento de emancipação política e ideológica"[3].

No início do período pós-Brasília, o "ideário" dominante ainda era esse formulado por Artigas, fruto de uma atitude crítica perante a atuação do arquiteto[4]. Para atingir a emancipação da "cultura técnica e artística", Artigas passou a defender uma completa liberdade para a arquitetura no âmbito formal[5], aproximando-se do pensamento de Niemeyer, na sua defesa da superação do funcionalismo pela exploração plástica. Como o ideário se mantinha, também as concepções espaciais dessa arquitetura se mantinham válidas, e, mais do que isso, tinham o papel de modelos. Portanto, predominava a ideia de que as concepções espaciais já estavam prontas para abrigar um mundo mais humano, formuladas pelo trabalho dos mestres: Artigas, Niemeyer. Nas palavras de Joaquim Guedes, sobre o papel de modelo adquirido pelas ideias de Niemeyer: "era como se todos os problemas da arquitetura tivessem sido resolvidos para o Brasil, para o mundo e para sempre e sua prodigiosa beleza jamais pudesse ser atingida"[6]. Para Cêça de Guimaraens: "Os projetos eram os mesmos de sempre; *a arquitetura encontrava a forma definitiva*. Finalmente podíamos descansar. Um deus morava no Brasil. E o Brasil politeísta estava adormecido [...]"[7]. Dentro desta ideia, os fatores que cerceavam a arquitetura eram externos, socioeconômicos e políticos. Nas palavras de Hugo Segawa:

> A prática arquitetônica paulista dos anos de 1960 – apesar do golpe militar de 1964 – não abandonou o positivista ideário utópico de um país novo, econômica e socialmente resolvido. Mesmo distante de qualquer transformação redentora da sociedade brasileira [...], a arquitetura deveria ensaiar modelos de espaços para uma sociedade democrática, atendendo aos anseios da maioria da população. Para esses arquitetos, a cidade era concebida como um espaço democrático, espaço de convivência, de encontro. O solo urbano deveria ser de todos e assim manejado, com a minimização da propriedade privada. Brasília, em suas características fundamentais [...], era um paradigma de cidade, que poderia ser trabalhado como um modelo urbano aplicável no raciocínio de um edifício[8].

3. Hugo Segawa, *Arquiteturas no Brasil 1900-1990*, *op. cit.*, p. 144.

4. Ver Parte I do presente livro.

5. Ver o texto "Uma Falsa Crise", em João Batista Vilanova Artigas, *Caminhos da Arquitetura*, São Paulo, Lech, 1981, p. 98-99. Texto inicialmente publicado na revista *Acrópole*, n. 319, jul. de 1965.

6. Joaquim Guedes, em Eliane Faerstein, Jorge Castro e Sandra Monarcha (coords.), *II Inquérito Nacional de Arquitetura/Depoimento*, São Paulo/Rio de Janeiro, Projeto/ IAB-RJ, 1982, p. 86 e 87.

7. Cêça Guimaraens, "O Conde do Rio e Sua Arquitetura. Um Discurso de Crítica", em *Luiz Paulo Conde: Un Arquitecto Carioca*, Santa Fé de Bogotá, Universidad de Los Andes/Escala, 1994, p. 27. O grifo é nosso.

8. Hugo Segawa, *Arquiteturas no Brasil 1900-1990*, *op. cit.*, p. 150-151.

Esse ideário acabou levando a um distanciamento entre a prática arquitetônica e a realidade, entre o cotidiano no qual a arquitetura deveria atuar e os paradigmas que ela se recusava a abandonar. A exploração plástica das estruturas de concreto armado se difundiu na década de 1960 e, com isso, mesmo a produção de arquitetos que não comungavam do ideário da esquerda passou a exibir estas características. Durante a década seguinte, a arquitetura moderna em concreto aparente constituiu-se numa expressão arquitetônica hegemônica na arquitetura nacional, que detinha os direitos da modernidade, embora cada vez mais encerrada em questões estilísticas. Neste período, quando o debate arquitetônico praticamente inexistiu, o ideário se manteve, subjacentemente associado à noção de uma continuidade na arquitetura moderna nacional herdeira de Brasília.

A partir de meados da década de 1970, começou a se formar um novo ideário na arquitetura nacional, voltado a um maior comprometimento entre a obra arquitetônica e a realidade. Essa passagem, no entanto, se caracterizou pela concomitância entre posições díspares. O debate em torno do artigo do professor Carlos Lemos, reportado na Parte II deste livro, procurou ilustrar como, mesmo no começo da década de 1980, era difícil entender uma crítica à arquitetura moderna brasileira, as posições eram maniqueizadas, a superestrutura político-econômica invocada, retratando uma incapacidade em imaginar uma arquitetura contemporânea que não aquela expressa em concreto. No seu depoimento no IAB-SP, sob o título "Arquitetura e Desenvolvimento Nacional", Lina Bo Bardi apontou o desligamento entre a arquitetura nacional e a realidade:

> A grande esperança da arquitetura contemporânea moderna foi o planejamento, a planificação urbanística, o plano nacional, regional, urbano. A teoria dos modelos, que é ligada ao sistema econômico, à tecnocracia a la McNamara, transformou também a arquitetura e o planejamento num planejamento tecnocrático, utópico, de mesa, desligado dos verdadeiros problemas[9].

Sobre esse desligamento dos problemas reais, Lina mencionou uma espécie de volta ao idealismo acadêmico, baseado numa falsa tecnologia: "O idealismo de que estava falando é o idealismo tecnocrático. 'Idealismo', porque é uma filosofia nova, perigosíssima, que permite ao arquiteto ficar feliz dentro de certos limites, se desligando completamente da semiótica da realidade"[10].

No início da década de 1980, ecos do debate internacional em torno do pós-moderno permearam a discussão arquitetônica nacional. Configurou-se um antagonismo, que foi caracterizado por posições

---

9. Lina Bo Bardi em Jorge Caron, José de Almeida Pinto, Roberto Saruê e Taísa de Barros Nasser (coords.), *Arquitetura e Desenvolvimento Nacional – Depoimentos de Arquitetos Paulistas*, São Paulo, Pini/IAB-SP, 1979, p. 21.

10. *Idem*, p. 21-22.

ideológicas, os aspectos progressistas da arquitetura moderna *versus* o conservadorismo da arquitetura "pós-moderna", perfeitamente inserida no consumismo da sociedade capitalista. Portanto, uma arquitetura que não estaria a serviço da população, mas sim, do capital. No Brasil, a revisão do movimento moderno ocorreu concomitantemente a uma sensível diminuição do patrocínio estatal como estimulador do desenvolvimento da arquitetura brasileira. Para os defensores ideológicos do progressismo social que seria inerente aos postulados modernos, o Estado deve ser o parceiro do arquiteto, conforme Rosa Artigas e Dalva Silva:

numa sociedade democrática, se o parceiro do arquiteto é o Estado (como seu legítimo representante), o compromisso do arquiteto será com toda a sociedade que, em última instância, está pagando, e, portanto, pode exigir seus direitos. Se, no entanto, o parceiro for predominantemente a iniciativa privada, o que acontece? Nesse caso o compromisso do arquiteto estará individualizado numa relação que exclui toda a parcela da população que não tem acesso ao mercado consumidor de Arquitetura. Com isso, o arquiteto e, consequentemente, a Arquitetura como conjunto, tendem a ficar subjugados aos valores e padrões determinados pelo mercado[11].

Este antagonismo "moderno" *versus* "pós-moderno", embora superficial em termos arquitetônicos, acabou por tornar geral uma revisão da arquitetura moderna brasileira que alguns arquitetos, na sua prática, já vinham ensaiando ao longo dos anos de 1970[12]. Nessa revisão, cristalizou-se a ideia de um atraso conceitual da arquitetura moderna brasileira em relação ao cenário internacional de arquitetura. Atraso este devido não só ao regime político de exceção, mas a características intrínsecas à própria arquitetura brasileira.

É a educação escassa da arquitetura moderna brasileira que incomoda, educação viciada pela supervalorização da intuição e pela recusa ao escrutínio do projeto, proclamando que quem sabe faz, quem não sabe critica. Que o fazer artístico se enraíze na intuição, ninguém discute; que possa alimentar-se apenas de intuição, é ingenuidade equivocada. A intuição ontem fecunda ou promissora pode converter-se na convenção gasta ou falsa do presente[13].

Para Edson Mahfuz: "os arquitetos brasileiros, deitando-se sobre a fama alcançada durante os anos 40 e 50, por mais de duas décadas desconheceram por completo as discussões e questionamentos que, desde o fim da segunda guerra, já aconteciam dentro do próprio movimento moderno internacional"[14].

11. Dalva Thomas Silva e Rosa Camargo Artigas, "O Produto e a Embalagem", *AU*, n. 28, fev./mar. 1990, p. 103-105.

12. Na retomada do debate arquitetônico em meados da década de 1970, foi mencionada uma arquitetura "marginal" – ver Parte II.

13. Carlos Eduardo Dias Comas, "Nemours-sur-Tietê, ou A Modernidade de Ontem", *Projeto*, n. 89, jul. 1986, p. 90-93.

14. Edson Mahfuz, "Muita Construção, Pouca Arquitetura", *AU*, n. 32, out./nov. 1990, p. 62-63.

Para Ruth Verde Zein, nos anos de regime autoritário, houve uma maniqueização da discussão arquitetônica: "incapacidade de distinguir o que é devido a condições próprias do fazer arquitetônico e o que deriva de imposições políticas, tendendo a confundir posições arquitetônicas com posturas partidárias [...]"[15]. Ainda Ruth Verde Zein:

em nossas escolas, a tendência para a exclusividade do engajamento político ou para a insistência apenas nas grandes discussões genéricas e grandiloquentes gera distorções profundas na atuação do arquiteto em contato com a sua realidade. Despreparado para raciocinar a fundo a arquitetura que faz, corre o risco bastante presente da atitude imitativa irrefletida, da transposição de analogias de maneira indevida, e da apreciação meramente mecânica ou pseudo"artística" de sua produção[16].

Fica patente nessas observações, a ideia de um despreparo teórico para superar a crise da arquitetura moderna brasileira. Nos anos de 1980 e 1990, persiste a ideia de que a arquitetura carece de um corpo teórico consistente, que substitua a falência dos princípios da arquitetura moderna. Ideia que, até certo ponto, pode estar associada à ausência de um discurso ideológico que se alie a um dos caminhos da arquitetura atual.

15. Ruth Verde Zein, "O Futuro do Passado, ou As Tendências Atuais", *Projeto*, n. 104, out. 1987, p. 97.

16. Ruth Verde Zein, "No Século XXI: Fim das Utopias, ou Sua Realização?", *Projeto*, n. 129, jan./fev. 1990, p. 68-72.

2. Um Pensamento Crítico-Teórico Nacional

A despeito da sensação de um esvaziamento teórico na arquitetura brasileira, ao longo da década de 1980 e mais claramente nos anos de 1990, é possível perceber um corpo de ideias dominante, nas apreciações de projeto e no discurso teórico, constituindo um pensamento crítico-teórico nacional, cujas características principais são:

- *O entendimento de uma arquitetura contemporânea brasileira que se coloca em continuidade e não como ruptura com a arquitetura moderna, valorizando coerência construtiva, adequação climática, adequada relação entre custo e benefício.*

Nas palavras de Hugo Segawa:

No Brasil, uma reavaliação segundo uma óptica da condição pós-moderna, todavia, não significou a implantação de uma arquitetura pós-moderna. O mal-estar da modernidade é um sintoma não necessariamente compartilhado pelos países não desenvolvidos, como o Brasil. A atual contestação à arquitetura moderna brasileira atinge seus mitos, não seus princípios. Essa crítica tem fundamentos e é precisa em vários aspectos, mas por enquanto caracteriza-se mais como uma atitude de reação a uma precisa modernidade, sem apresentar uma alternativa concreta com espessura conceituai consistente[1].

- *O entendimento de que existe uma história oficial da arquitetura moderna brasileira, que se prestou ao propósito de afirma-*

1. Hugo Segawa, *Arquiteturas no Brasil 1900-1990, op. cit.*, p. 198.

ção da arquitetura moderna no país, mas que criou mitos e cometeu injustiças. Daí a revalorização de episódios da arquitetura moderna brasileira, que haviam sido menosprezados pela história oficial por terem sido marginais aos discursos crítico--ideológicos dominantes, levando a uma tendência de revisão histórica. Ligada a esta noção, há uma valorização da diversidade de caminhos.

Nas palavras de Cêça de Guimaraens, sobre os depoimentos de arquitetos brasileiros, no IAB-RJ, em 1976-1977: "Se verificou, assim, que em lugar de um indivíduo, foram indivíduos arquitetônicos que fizeram a complexa revolução cultural do Modernismo. A dicotomia reducionista e a genialidade meteórica permaneceriam, mas o céu não era só do condor: era de todos [...]"[2].

Ruth Verde Zein, sobre a diversidade:

Havia dito que passamos por uma fase de experimentação, necessária para desmontar o monolitismo ideológico que foi se armando com a geração dos discípulos dos grandes mestres da modernidade. A essa fase de variação se seguirá uma reunificação? Penso que não, talvez por motivos que transcendem o fato arquitetônico e se enraízam nas alterações culturais que hoje ocorrem em todas as sociedades do planeta [...]. Quanto à arquitetura [...], mantém-se o mesmo princípio: apesar das eventuais tentativas de voltarmos ao triunfo inequívoco e único, será sem dúvida muito mais profícuo procurar aprender a conviver com a variedade[3].

• *A afirmação da importância da especificidade da disciplina, em substituição à análise político-ideológica da arquitetura.*

Eduardo Comas, sobre a importância do debate dos anos de 1980: "A autonomia da disciplina foi afirmada, precedente e memória revalorizados"[4].

Ainda Eduardo Comas:

Existe um conhecimento arquitetônico específico que pode ser definido como conhecimento de problemas arquitetônicos característicos de um contexto dado e o conhecimento da estrutura formal e o contexto da aplicabilidade das soluções típicas da produção arquitetônica passada e presente. Por analogia, a forma deriva de si mesma tanto quanto do programa, do sítio ou da técnica[5].

2. Cêça Guimaraens, "O Conde do Rio e Sua Arquitetura. Um Discurso de Crítica", *op. cit.*, p. 31.

3. Ruth Verde Zein, "No Século XXI, Fim das Utopias, ou Sua Realização?", art. cit., p. 70.

4. Carlos Eduardo Comas, "II Bienal Internacional de Arquitetura: Década e Meia de Arquitetura Brasileira", *AU*, n. 49, ago./set. 1993, p. 73-76.

5. Carlos Eduardo Comas, "Ideologia Modernista y Ensenanza del Proyecto Arquitectónico: Dos Proposiciones en Conflicto", *Ideas en Arte y Tecnologia 5*, Buenos Aires, Universidade de Belgrano, p. 70, *apud* Ruth V. Zein, "No Século XXI: Fim das Utopias, ou Sua Realização?", art. cit.

Para Ruth Verde Zein:

A afirmação da arquitetura como área sistematizável do conhecimento é básica para qualquer avaliação que se possa fazer acerca do futuro dessa mesma arquitetura. Embora a pura criatividade não seja explicável, nem toda arquitetura necessita permanecer inexplicável, ainda mais sendo a mais técnica de todas as artes [...]. Melhorar a qualidade da arquitetura para um futuro desejado é também, necessariamente, aceitar e pôr em prática a *sistematização de seu conhecimento*[6].

Ainda para Ruth Verde Zein, a aceitação da existência deste conhecimento específico, evitaria as duas atitudes de projeto que se tornaram mais comuns nas últimas décadas; de um lado o criador absoluto, intuitivo, e, de outro, uma metodologia de projeto entendida de maneira mecânica e externa ao fazer arquitetônico.

Hugo Segawa, sobre o XII Congresso Brasileiro de Arquitetos em Belo Horizonte (1985): "Nesse encontro, a realidade política [...] e econômica [...] conviveram civilizadamente com a discussão da arquitetura como disciplina, abordagem até então bloqueada nas escolas e na categoria profissional diante do quadro de acirramento político e ideológico"[7].

De acordo com Ricardo Marques de Azevedo, o movimento moderno, ao entender a arquitetura como resultante do progresso da técnica, aboliu o fundamento da disciplina:

A arquitetura, para o movimento moderno, deveria abdicar dos fundamentos que a constituíram no renascimento como disciplina específica, romper com a tradição que a sistematizara e normalizara e devir em bases renovadas como urbanismo[8].

• *A valorização da realidade e do cotidiano em que se vai intervir, com consequente valorização da história, em substituição à criação de um mundo novo. Dentro desta ideia aparece a valorização de uma coerência no fazer, em substituição à coerência formal.*

A preeminência da realidade em que se vai intervir, a defesa da arquitetura como uma atividade que se coloca a serviço de determinada realidade. Dentro desse conceito, deixa de ter importância o inusitado da forma, ou a elocubração espacial, passando a importar o papel desempenhado por determinada intervenção arquitetônica num contexto mais amplo.

6. Ruth Verde Zein, "No Século XXI, Fim das Utopias, ou sua Realização?", *op. cit.*

7. Hugo Segawa, *Arquiteturas no Brasil 1900-1990, op. cit.*, p. 194.

8. Ricardo Marques de Azevedo, "Acerca da Modernidade", *AU*, n. 4, fev. 1986, p. 76.

Eduardo Comas:

O interesse manifesto numa expressão não dogmática do "espírito do lugar" é razão suficiente para que, no período, o grosso da produção de qualidade e suas manifestações mais substantivas se possam enquadrar no polo neorrealista (o Sesc Pompeia de Lina Bardi e o projeto de Joaquim Guedes para a cidade nova de Caraíba) e nas suas zonas limítrofes [...][9].

Ruth Verde Zein:

Se tomarmos assim a paisagem urbana como um dado de realidade, procurando compreender seus elementos componentes, a maneira como se combinam, seus usos e funções, seus acontecimentos de destaque, sua apropriação e transformação pelos usuários, analisando a contraposição e a integração de suas partes, poderemos extrair daí conceitos e diretrizes para possíveis intervenções futuras visando determinados objetivos[10].

Hugo Segawa:

No Brasil, a estagnação da modernização econômica com a falência do "milagre" evidenciou a falácia do discurso planejador desenvolvido nos anos de 1960-1970 [...]. O desenho urbano sai em busca de uma relação entre as implicações do espaço concreto (a forma urbana) sobre as práticas e referências sociais. Essa postura conduz a outras formulações para o espaço urbano, ao nível do cotidiano do habitar a cidade e o respeito aos valores dos cidadãos e dos grupos sociais [...]. Não mais a renovação urbana à base do *bulldozer*, mas a preservação e a reciclagem dos espaços existentes sem a fragmentação do tecido social[11].

Ruth Verde Zein:

Assim, pode-se considerar imprescindível entre as tendências do futuro que as arquiteturas se preocupem em trabalhar a favor da realidade em que se inserem; o compromisso maior delas deverá ser a coerência com seu contexto, sempre tendo em vista que a realidade está em permanente transformação, integrando as contribuições que a ela são apostas, e portanto variando continuamente de parâmetros [...]. Poder-se-ia postular assim coerência no fazer e não no feito: a variedade dos resultados formais seria então menos relevante que a procura contínua de adequação às nossas potencialidades, buscando soluções nas possibilidades naturais e culturais de nossa terra e nosso povo, construindo com persistência e simplicidade uma arquitetura voltada para a realidade que vivemos [...][12].

• *A revalorização do espaço urbano tradicional, com consequente valorização do meio urbano na inserção da obra arquitetônica.*

    9. Carlos Eduardo Comas, "II Bienal Internacional de Arquitetura: Década e Meia de Arquitetura Brasileira", art. cit.

    10. Ruth Verde Zein, "Terminais Urbanos: Locais de Destaque na Paisagem", *Projeto*, n. 94, dez. 1986, p. 68.

    11. Hugo Segawa, Cecília Rodrigues dos Santos, Ruth Verde Zein (orgs.) *et al.*, *Arquiteturas no Brasil: Anos 80*, São Paulo, Projeto, 1988, p. 47.

    12. Ruth Verde Zein, "No Século XXI:...", art. cit., p. 71.

Banespa/Praça da República, *apud Projeto*, n. 158, nov. 1992, p. 52. Foto de J. Moscardi Jr.

Para Carlos Eduardo Comas:

o urbanismo de rua, praça, quadra, fachada, alinhamento, esquina, pátio e quintal revaloriza-se. Suas virtudes salientam-se: a clara caracterização de domínios públicos e privados urbanos mediante a adoção normativa da edificação contínua alinhada ao longo da rua e da praça; a versatilidade do plano de fachadas que, ao mesmo tempo que ordena e estabiliza a paisagem pública, admite a coexistência de ritmos diversos de evolução funcional e estilística no domínio privado; a disciplina geométrica de um sistema razoável de regras morfológicas simples[13].

A apreciação crítica do Arquiteto Edgard Tadeu Dias do Couto, sobre o edifício do Banespa na praça da República, projeto do arquiteto Carlos Bratke, analisou o edifício em função de seu entorno urbano:

O que interessa é a contribuição deste edifício à paisagem local, e para isso tentamos compreender um pouco do diálogo que ele estabelece com seu entorno, e como este se realiza [...]. Sua composição volumétrica, resultante de recuos e avanços, desvincula-o dramaticamente do enquadramento sugerido pelas demais construções do conjunto da quadra, permitindo, consequentemente, o descortínio negativo das empenas cegas pertencentes às edificações vizinhas. A impressão gerada pelas contradições expostas parece estabelecer-se devido a uma necessidade excessiva de individualização do edifício relativamente ao entorno próximo. E, paradoxalmente, em sua necessidade de afirmação formal, parece querer negar uma efetiva intenção de aceitar o terreno dado. Transparece daí uma sensação de autossuficiência da forma, que poderia adequar-se a qualquer outro lote, lugar ou cidade[14].

13. Carlos Eduardo Dias Comas, "O Espaço da Arbitrariedade", *Projeto*, n. 91, set. 1986, p. 130.

14. Edgard Tadeu Dias do Couto, "O Novo em Espaços Urbanos Significativos", *Projeto*, n. 158, nov. 1992, p. 53-54.

A apresentação do Ática Shopping Cultural, hoje Fnac (Paulo Bruna Arquitetos Associados), na revista *Projeto*, mostrou a importância dada à inserção urbana no projeto do edifício, retratando claramente uma nova postura projetual:

O partido adotado, antes de ser arquitetônico é urbanístico. Trata a arquitetura como um evento na cidade, e não um fato em si [...]. O primeiro alvo do projeto foi a praça, não o edifício [...]. O edifício foi pensado como uma extensão do espaço da praça e, por consequência da cidade. Seu tema é o resgate da urbanidade, da interação, do convívio, do intercâmbio[15].

Ática Shopping (atual Fnac), *apud Projeto*, n. 210, jul. 1997, p. 41. Foto de C. Mascaro.

• *A valorização de espaços qualificados e hierarquizados.*

Também em função da revalorização do espaço urbano tradicional, a apreciação da concepção espacial de edifícios ou conjuntos edificados, passou a valorizar espaços internos ou externos pensados em função de percursos e paradas, qualificados de acordo com certa hierarquização.

Nas palavras de Carlos Eduardo Comas, sobre a obra do Centap, de Luiz Paulo Conde e equipe:

A independência entre parede e coluna se coloca a serviço de uma compartimentação espacial elaborada e não de uma planta livre. A compartimentação define uma sequência de encaminhamento ao longo do prédio em que ora o eixo de movimento coincide com o eixo de concepção do espaço, ora o observador é obrigado a deslocar-se ao longo da divisa lateral do mesmo. Os recursos são

15. Texto de apresentação, "Transparência da Fachada e Vazio do Átrio Valorizam Edifício Pensado como Extensão da Praça e da Cidade", *Projeto*, n. 210, jul. 1997, p. 44.

simples, a "promenade architecturale" conformada através dele é rica e variada: de pórtico a saguão, saguão a pátio, pátio a restaurante ou ginásio, cada um deles uma sala particularizada de caráter distinto[16].

Paulo Casé apontou a importância dos espaços externos na concepção do conjunto do Sesc Nova Iguaçu: "O ato de entrar tem significado de um ritual. Os espaços fluidos, diversificados, mas conectados entre si, paulatinamente vão se ampliando e oferecendo um rico percurso, envolvem e conduzem o visitante até uma área aberta onde se descortina uma significativa perspectiva para a cidade"[17].

As críticas dirigidas ao conjunto do Memorial da América Latina, do arquiteto Oscar Niemeyer, foram justamente em direção à falta de qualificação do espaço externo. Niemeyer foi criticado por ter relegado a articulação entre os edifícios, mantendo-se genericamente obediente ao urbanismo moderno.

• *A persistência da senda "popular".*

Como constante no pensamento arquitetônico nacional, mantém-se a valorização de uma arquitetura erudita que se nutre do popular. A inspiração no popular acompanha o ideário da arquitetura contemporânea brasileira, desde a implantação da arquitetura moderna no Brasil. Lúcio Costa, no texto "Documentação Necessária" (1937), enfatizou a importância de pesquisar a casa brasileira, e incluiu também:

> [...] as casas térreas de pouca frente, muito fundo e duas águas apenas, alinhadas ao longo das ruas; sem esquecer, por fim, a casa mínima, como dizem agora, a dos colonos e – detalhe importante este – de todas elas a única que continua *viva* em todo o país, apesar de seu aspecto tão frágil. Feitas de pau do mato próximo e da terra do chão, como casa de bicho, servem de abrigo para toda a família – crianças de colo, garotos, meninas maiores, os velhos – tudo se mistura e com aquele ar doente e parado, esperando [...], faz mesmo parte da terra como formigueiro, figueira brava e pé de milho – é o chão que continua[18].

Nos anos de 1950-1960, na experiência paulista, o popular persistiu, apareceu nas formulações de Artigas em torno da casa paranaense, na preocupação de Sérgio Ferro com a alienação do operário na construção civil, mas, primordialmente, foi encarado como busca da essencialidade.

Lina Bo Bardi sobre o projeto do Masp:

16. Carlos Eduardo Comas, "Arquitetura Brasileira: Anos 80 – Um fio de esperança" *AU*, n. 28, fev./mar. 1990, p. 95.

17. Paulo Casé, "Interpretação de um Instante Cultural", *AU*, n. 42, jun./jul. 1992, p. 31.

18. Lúcio Costa, *Lúcio Costa: Registro de uma Vivência*, São Paulo, Empresa das Artes, 1995.

Aproveitei ao máximo a experiência de cinco anos passados no Nordeste, a lição de experiência popular, não como romantismo folclórico mas como experiência de simplificação. Através de uma experiência popular cheguei àquilo que poderia chamar de Arquitetura Pobre. Insisto, não do ponto de vista ético. Acho que no Museu de Arte de São Paulo eliminei o esnobismo cultural tão querido pelos intelectuais (e os arquitetos de hoje), optando pelas soluções diretas, despidas. O concreto como sai das formas, o não acabamento [...][19].

Paulo Mendes da Rocha sobre um projeto de Carlos Millan:

No início dos anos de 1960, Carlos Millan projetou, para o engenheiro Mário Mazetti, uma casa na praia da Lagoinha, em Ubatuba, que, construída em 1967, revelou-se de extraordinária beleza. O sítio, na desembocadura do rio Lagoinha, junto ao costão e à largueza da praia, [...] e a implantação da casa constituem um harmonioso e agradável conjunto de paisagem e construção, que é simples, de desenho popular interpretado com refinamento e mesmo erudição. É uma construção cabocla com programa de veraneio, uma coisa que parece sempre esteve lá, de tão singela, suave e transparente. Essa casa marca de forma nítida o que pensam os arquitetos a respeito da modernidade, do popular e erudito [...][20].

Estas palavras foram publicadas em 1989 junto à apresentação de uma residência de praia (1974), projeto de Paulo Mendes da Rocha que, como aquela de Millan, também buscou a referência popular. Nas palavras do arquiteto:

A realização desse projeto passou por momentos de verdadeiro encantamento, quando surgiu uma dupla, marido e mulher, dona Ana e José Mineiro, exímios construtores de telhado, com todo o madeiramento tirado diretamente por eles, da mata, lavrado e montado com requintes de sabedoria que só meus desenhos não conseguiriam. [...] Sempre como dois maestros caboclos que sabem das coisas que jamais saberemos. Distâncias que teremos que sempre aproximar [...][21].

Nos anos de 1980 e 1990, o popular é encarado como forma de aproximação à realidade, contextualização, criação de identidade entre arquitetura e usuário, mais uma consequência, qualidade inerente de uma arquitetura bem-sucedida, do que uma meta em si. O discurso sobre o popular comportou caminhos diversos na década de 1980 e início dos anos de 1990, quer com a valorização da contribuição do operário, como foi visto na residência dos padres claretianos; no "pop" de Éolo Maia das fontes luminosas, vidros coloridos, abundância de cores e formatos nos revestimentos; na apropriação de soluções construtivas autóctones, quer na obra de Severiano Porto; no emprego de uma gama de materiais considerados feios, *kitsch* ou pobres, na

19. Lina Bo Bardi em Marcelo Carvalho Ferraz (org.), Instituto Lina Bo e P.M. Bardi, *Lina Bo Bardi*, São Paulo, Empresa das Artes, 1993, p. 100.

20. Paulo Mendes da Rocha, "Recordações Singelas de uma Singela Casa", *Projeto*, n. 125, set. 1989, p. 89.

21. *Idem, ibidem.*

obra de James Lawrence Vianna; no trabalho direto com as comunidades, no caso da experiência de pré-fabricação de Joan Villá; ou na definição da cidade de Nova Itá, o popular aparece ainda na pesquisa sobre a arquitetura anônima civil, familiar e cotidiana, onde se nutre a obra de Luiz Paulo Conde.

Este corpo de ideias que valoriza coerência construtiva/adequação física e climática/preeminência da realidade existente, do contexto/inserção cuidadosa do edifício no meio urbano ou natural/qualificação dos espaços internos e externos/referências à arquitetura popular e tradicional, vem norteando as análises críticas da maioria das obras nos anos de 1980 e 1990. Com isso, a crítica de arquitetura, na medida em que não se caracteriza mais como uma crítica político-ideológica, contempla, eventualmente, pelo mesmo corpo teórico de ideias, arquiteturas diversas.

As primeiras classificações destinadas ao entendimento da produção arquitetônica nacional posterior a Brasília utilizaram uma classificação regional que comparece tanto em *Arquiteturas no Brasil: Anos 80*, como no livro de Sylvia Ficher e Marlene Acayaba, *Arquitetura Moderna Brasileira*.

Hugo Segawa, em seu livro, *Arquiteturas no Brasil 1900-1990*, no capítulo dedicado aos anos de 1980-1990, falou da "emergência de regionalismos", tanto na obra de Severiano Porto e Mário Emílio Ribeiro, arquitetos modernos pragmaticamente voltados à grande peculiaridade ambiental da Amazônia, como na obra de arquitetos menos comprometidos com a tradição moderna, como o grupo mineiro (Éolo Maia, Jô de Vasconcelos, Joel Campolina, Gustavo Penna, entre outros), cuja obra guarda elementos da cultura mineira, ou na obra de arquitetos do sul do país, sensibilizados com a arquitetura popular tradicional da região, de origem italiana ou alemã. Paralelamente a esta arquitetura, motivada por referências físicas ou culturais à sua região de inserção, Hugo Segawa colocou a arquitetura da metrópole, especificamente os edifícios destinados a empresas ou corporações, uma arquitetura animada por outras preocupações, como a eficiência tecnológica e a imagem empresarial. Portanto, manteve, de certa forma, uma classificação regional, reconhecendo o caráter mais cosmopolita e universal da metrópole. A partir daí, Hugo Segawa fez uma classificação dos arquitetos entre seguidores da arquitetura moderna brasileira (linhas carioca ou paulista) e arquitetos que baseiam seu trabalho numa visão crítica a esta herança.

O presente trabalho ensaiou uma classificação da arquitetura desenvolvida a partir dos anos de 1980, dividindo-a em três grupos: revisão do moderno a partir da realidade e inspiração no popular; revisão do moderno pela liberdade formal e figurativismo; e caminhos da arquitetura moderna. No entanto, se foi possível alinhar algumas ideias que têm sido dominantes no pensamento crítico-teórico nacional, é mais difícil estabelecer um corpo teórico para cada um dos grupos apontados no trabalho. O primeiro grupo, em linhas gerais, seria constituído por arquitetos comprometidos com a herança moderna, no sentido de busca de coerência construtiva, adequação climática, funcionalidade e mesmo racionalidade, porém com um trabalho liberto de receitas formais e pragmaticamente vinculado a uma realidade dada. O segundo grupo, mais permeável às influências formais externas, nos casos mais felizes, procurou adequar as teorias externas à situação local e à própria tradição moderna, por fim, o terceiro grupo, mais vinculado a uma configuração tardia da arquitetura moderna brasileira, no presente trabalho englobou desde a arquitetura escultural de Niemeyer até a racionalidade e funcionalidade da obra de Hans Broos, duas atitudes que já conviviam sob o ideário da arquitetura moderna brasileira, mas que refletem concepções arquitetônicas distintas. As formulações em estrutura metálica, também compartilham do ideário moderno, no seu compromisso com o desenvolvimento tecnológico. Já a arquitetura recente desenvolvida por Paulo Mendes da Rocha, parece mais afinada com as formulações de Montaner em torno do Minimalismo, do que com o ideário moderno paulista, ao qual a obra do arquiteto esteve associada.

A classificação ensaiada neste trabalho permitiu observar que, embora sujeitas ao mesmo corpo de ideias que compõe o pensamento crítico nacional, a apreciação das obras de cada um dos grupos contemplou aspectos um pouco distintos. Por exemplo, na obras do primeiro grupo, a preeminência da realidade física e cultural na concepção do projeto adquiriu por vezes a aura da busca de uma "arquitetura brasileira", o contexto tomado como nação. Apreciações das obras de Severiano Porto e de James Lawrence Vianna, embora tenham apontado referências à Amazônia ou a Nova Friburgo, comportaram a ideia de uma arquitetura coerente com o Brasil. Já nos segundo e terceiro grupos, a contextualização, quando apontada, foi mais localizada e circunstanciada.

Bibliografia

ACAYABA, Marlene Milan. *Residências em São Paulo (1947-1975)*. São Paulo, Projeto, 1986.

ARANTES, Otília. *O Lugar da Arquitetura depois dos Modernos*. São Paulo, Edusp/ Studio Nobel, 1993.

_____. *Urbanismo em Fim de Linha*. São Paulo, Edusp, 1998.

ARGAN, Giulio Cario. *História da Arte como História da Cidade*. Trad. Pier Luigi Cabra. São Paulo, Martins Fontes, 1993.

ARTIGAS, Vilanova. *Caminhos da Arquitetura*. São Paulo, Lech, 1981.

BRUAND, Yves. *Arquitetura Contemporânea no Brasil*. Trad. Ana M. Goldberger. 2. ed. São Paulo, Perspectiva, 1991.

CARON, Jorge; PINTO, José de Almeida; SARUÊ, Roberto & NASSER, Taísa de Barros (coords.). *Arquitetura e Desenvolvimento Nacional – Depoimentos de Arquitetos Paulistas*. São Paulo, Pini/IAB-SP, 1979.

CATÁLOGO *Mostra de Arquitetura Brasileira Atual*. Hugo Segawa & Ruth Verde Zein (textos de apresentação). São Paulo, Projeto, 1981.

CHOAY, Françoise. *O Urbanismo*. Trad. Dafne Nascimento Rodrigues. São Paulo, Perspectiva, 1979.

COSTA, Lúcio. *Lúcio Costa: Registro de uma Vivência*. São Paulo, Empresa das Artes, 1995.

DE FUSCO, Renato. *A Ideia de Arquitetura*. Trad. José Eduardo Rodil. Lisboa, Edições 70, 1984.

FAERSTEIN, Eliane; CASTRO, Jorge & MONARCHA, Sandra (coords.). *II Inquérito Nacional de Arquitetura/Depoimentos*. São Paulo/Rio de Janeiro, Projeto/IAB-RJ, 1982.

FATHY, Hassan. *Construindo com o Povo*. Trad. Maria Clotilde Santoro. Rio de Janeiro/São Paulo, Salamandra/São Paulo, Edusp, 1980.

FERRAZ, Marcelo Carvalho (org.); Instituto Lina Bo e P.M. Bardi. *Lina Bo Bardi*. São Paulo, Empresa das Artes, 1993.

FERRO, Sérgio. *A Casa Popular: Arquitetura Nova*. São Paulo, Grêmio da Fac. Arquitetura e Urbanismo-USP, 1979.

FICHER, Sylvia & ACAYABA, Marlene Milan. *Arquitetura Moderna Brasileira*. São Paulo, Projeto, 1982.

FRAMPTON, Kenneth. *Modern Architecture – A Critical History*. 3. ed. Londres, Thames and Hudson, 1992.

GUIMARAENS, Cêça de (coord.), *Luiz Paulo Conde: Un Arquitecto Carioca*. Santafé de Bogotá, Universidad de Los Andes/Escala, 1994 (Colección somoSur).

GUIMARAENS Ceça de; TAULOIS, Cláudio; FERREIRA, Flávio & MAGALHÃES, Sérgio Ferraz (coords.). *Arquitetura Brasileira após Brasília/Depoimentos*. Rio de Janeiro, IAB-RJ, 1978, 3 vols.

GULLAR, Ferreira. *Cultura Posta em Questão*. Rio de Janeiro, Civilização Brasileira, 1965.

HARVEY, David. *Condição Pós-moderna*. Trad. Adail Ubirajara Sobral e Maria Stela Gonçalves. São Paulo, Edições Loyola, 1993.

JENCKS, Charles. *El Lenguaje de la Arquitectura Posmoderna*. Barcelona, GG, 1981.

_____. *Movimentos Modernos em Arquitetura*. Lisboa, Edições 70, 1992.

KATINSKY, Júlio Roberto. *Brasília em Três Tempos*. Rio de Janeiro, Revan, 1991.

KOPP, Anatole. *Quando o Moderno não Era um Estilo e sim uma Causa*. Trad. Edi G. de Oliveira. São Paulo, Edusp, 1990.

LEMOS, Carlos A.C. *Arquitetura Brasileira*. São Paulo, Melhoramentos/Edusp, 1979.

MONTANER, Josep Maria. *Después del Movimiento Moderno. Arquitectura de la Segunda Mitad del Siglo XX*. Barcelona, GG, 1993.

_____. *La Modernidad Superada. Arquitectura: Arte y Pensamiento del Siglo XX*. Barcelona, GG, 1997.

NIEMEYER, Oscar. *A Forma na Arquitetura*. Rio de Janeiro, Avenir, 1978.

_____. *Meu Sósia e Eu*. Rio de Janeiro, Revan, 1992.

PAPADAKI, Stamo. *The Work of Oscar Niemeyer*. Nova York, Reinhold, 1950.

PENTEADO, Hélio (coord.). *Oscar Niemeyer*. São Paulo, Aimed, 1985.

PORTOGHESI, Paolo. *Depois da Arquitetura Moderna*. Trad. Maria Cristina Tavares Afonso. São Paulo, Martins Fontes, 1982.

PUNTONI, Álvaro (seleção, edição e revisão de textos). *Vilanova Artigas*. São Paulo, Instituto Lina Bo e P.M. Bardi/Fundação Vilanova Artigas, 1997.

SEGAWA, Hugo. *Arquiteturas no Brasil: 1900-1990*. São Paulo, Edusp, 1997.

SEGAWA, Hugo; SANTOS, Cecília Rodrigues dos & ZETN, Ruth Verde et al. (orgs.). *Arquiteturas no Brasil: Anos 80*. São Paulo, Projeto, 1988.

TAFURI, Manfredo. *Teorias e História da Arquitetura*. Trad. Ana de Brito e Luís Leitão. Lisboa, Editorial Presença, 1979.

TOCA, Antonio (ed.). *Nueva Arquitectura en América Latina: Presente y Futuro*. México, GG, 1990.

UNDERWOOD, David. *Oscar Niemeyer and the Architecture of Brazil*. Nova York, Rizzoli, 1994.

XAVIER, Alberto; LEMOS, Carlos & CORONA, Eduardo. *Arquitetura Moderna Paulistana*. São Paulo, Pini, 1983.

XAVIER, Alberto (org.). *Depoimento de uma Geração*. São Paulo, Pini/Abea/Fundação Vilanova Artigas, 1987.

Trabalhos acadêmicos

BUZZAR, Miguel Antônio. *João Batista Vilanova Artigas: Elementos para a Compreensão de um Caminho da Arquitetura Brasileira, 1938-1967.* Dissertação de mestrado, São Paulo, FAU-USP, 1996.

CORRÊA, Maria Luiza. *Artigas: Da Ideia ao Desenho.* FAU-USP, 1998.

GUEDES, Joaquim. *Um Projeto e Seus Caminhos.* Tese de livre-docência, São Paulo, FAU-USP, 1981.

LEE, Kyung Mi. *Severiano Mário Porto.* Dissertação de mestrado, São Paulo, FAU-USP, 1998.

MACHADO, Lúcio Gomes. *Rino Levi e a Renovação da Arquitetura Paulista.* São Paulo, FAU-USP, 1992.

MARTINS, Carlos Alberto. *Arquitetura e Estado no Brasil: O Discurso de Lúcio Costa.* São Paulo, FFLCH-USP,1987.

PEIXOTO, Elane Ribeiro. *Lelé, O Arquiteto João da Gama Fagueiras Lima.* Dissertação de mestrado, São Paulo, FAU-USP, 1996.

PEREIRA, Miguel Alves. *Architecture, Text and Context – The Discourse of Oscar Niemeyer.* The University of Sheffield, 1993.

THOMAZ, Dalva Elias. *Um Olhar sobre Vilanova Artigas e Sua Contribuição à Arquitetura Brasileira,* Dissertação de mestrado, São Paulo, FAU-USP, 1997.

Periódicos

ARCHITÉCTI, n. 19 e 20, ago./set./out. 1993 – n. dedicado ao Brasil.

L'ARCHITECTURE D'AUJOURD HUI, n. 251, jun. 1987 – n. dedicado ao Brasil.

AU ARQUITETURA E URBANISMO, São Paulo, Pini.

A & V MONOGRAFIAS DE ARQUITECTURA Y VIVIENDA, n. 3, 1985.

CJ ARQUITETURA, Rio de Janeiro, FC.

MÓDULO, Rio de Janeiro, Avenir.

PROJETO, São Paulo, Projeto Editores até n. 157; Arco Editorial, n. 158 em diante.

PAMPULHA, Belo Horizonte, Caminho Novo/IAB-MG.

PROCESS: ARCHITECTURE – MODERN BRAZILIAN ARCHITECTURE, n. 17, 1980.

SPAZIO E SOCIETÀ, n. 61, jan./mar.1993 – Hugo Segawa sobre Severiano Porto.

SPAZIO E SOCIETÀ, n. 67, jul./set. 1994 – Hugo Segawa sobre Joan Villa.

TECHNIQUES & ARCHITECTURE, n. 334, mar. 1981.

ZODIAC, v. 8, set. 1992/fev. 1993 – n. dedicado à América Latina.

ARTIGOS PRINCIPAIS

ACAYABA, Marlene Milan & FICHER Sylvia. "Arquitetura Brasileira: Tendências Atuais". *Projeto*, n. 16, nov. 1979, p. 23-30.

_____. "Arquitetura Brasileira: Caminhos e Descaminhos". *Projeto*, n. 80, out. 1985, p. 66-67.

ARTIGAS, Vilanova. Arguição na defesa de Notório Saber. Reproduzida na revista *Projeto*, n. 66, ago. 1984, p. 75-78.

AZEVEDO, Ricardo Marques de. "Acerca da Modernidade". *AU*, n. 4 fev. 1986, p. 73-76.

COMAS, Carlos Eduardo Dias. "Nemours-sur-Tietê, ou A Modernidade de Ontem". *Projeto*, n. 89, jul. 1986, p. 90-93.

COMAS, Carlos Eduardo Dias. "O Espaço da Arbitrariedade". *Projeto*, n. 91, set. 1986, p. 127-130.

_____. "Ofício e Paixão (Canibalismo, outras Bossas, Coisas Nossas)". Intervenção no ciclo de debates *Novas Tendências na Arquitetura Brasileira Contemporânea*. *AU*, n. 13, ago./set. 1987, p. 47-49.

_____. "O Lento e Gradual Retorno às Bases". *Projeto*, n. 129, jan./fev. 1990, p. 164-167.

_____. "Arquitetura Brasileira: Anos 80 – Um Fio de Esperança". *AU*, n. 28, fev./mar. 1990, p. 91-97.

_____. "II Bienal Internacional de Arquitetura: Década e Meia de Arquitetura Brasileira". *AU*, n. 49, ago./set. 1993, p. 73-76.

COSTA, Lúcio. "Entrevista". *Pampulha*, n. 1, nov./dez. 1979, p. 12-19.

COUSIN, Jean Pierre. "L'Apologie de la diversité". *L'Architecture d'aujourd hui*, n. 251, jun. 1987, p. 11-14.

COX, Cristián Fernandez. "Hacia una Modernidad Apropiada". *Summa*, n. 241, set. 1987.

_____. "Modernidade Apropriada, Revisada e Reencantada". Trad. Anita Regina Di Marco. *Projeto*, n. 146, out. 1991, p. 123-127.

_____. "Arquitetura da Transmodernidade na América Latina". Trad. Ruth Verde Zein. *Projeto*, n. 188, ago. 1995 p. 32-46.

DAHER, Luiz Carlos. "O Espaço Arquitetônico Brasileiro dos Últimos Vinte Anos e a Formação Profissional do Arquiteto". *Projeto*, n. 42, ed. especial, 1982, p. 90-100 (Prêmio Concurso Henrique Mindlin/1980).

FERRO, Sérgio. Entrevista concedida a Marlene Acayaba. "Reflexões sobre o Brutalismo Caboclo". *Projeto*, n. 86, abr. 1986, p. 68-70.

FRAMPTON, Kenneth. "*Anti-Tabula Rasa*: Verso un Regionalismo Critico". *Casabella*, Milão, n. 500, mar. 1984, p. 22-25.

_____. "Lugar, Forma e Identidade Cultural". Trad. Reynaldo Fukunaga. *AU*, n. 25, ago./set. 1989, p. 80-85.

GRAEFF, Edgar. "Cinco Anos de Recuperação". *Módulo*. Ed. especial arquitetura, mar. 1981, p. 9-12.

HUET, Bernard. "A Cidade como Espaço Habitável". *AU*, n. 9, dez. 86/jan. 87, p. 82-87.

KATINSKY, Júlio. "O Arquiteto e a Cultura Brasileira nos Anos 80". *Módulo*, n. 84, mar. 1985, p. 30-40.

LEMOS, Carlos Alberto de Cerqueira. "Arquitetura Bancária e outras Artes". *Projeto*, n. 26 jan. 1981, p. 27-28.

MAHFUZ, Edson da Cunha. "O Clássico, o Poético e o Erótico". *AU*, n. 15, dez. 1987/jan. 1988, p. 60-68.

_____. "Do Minimalismo e da Dispersão como Método Projetual". *AU*, n. 24, jun./jul. 1989, p. 42-47.

_____. "Muita Construção, Pouca Arquitetura". *AU*, n. 32, out./nov. 1990, p. 62-63.

MAHFUZ, Edson; CARSALADE, Flávio; BORSOI, Marco Antônio; NOGUEIRA, Mauro Neves; SANT' ANNA, Antônio Carlos & PADOVANO, Bruno. "Em Debate, A Crise dos Anos 80 e Tendências da Nova Década". *Projeto*, n. 129, jan./fev. 1990, p. 143-157.

MASSA, Jean. "Articulando um País Pluralista". *AU*, n. 4, fev. 1986, p. 84-89.

MELLO, Suzi de. "Os Sete Pecados Capitais da Arquitetura Brasileira". *Pampulha*, n. 12, jan./fev. 1984, p. 15.

MONDOLFO, Eduardo. "Arquitetura Pós-moderna. Hibernação Tropical – Primeira Parte". *Módulo*, n. 82, nov. 1984, p. 31-41.

MONDOLFO, Eduardo. "Arquitetura Pós-moderna. Hibernação Tropical – Segunda Parte". *Módulo*, n. 83, nov. 1984, p. 36-41.

_____. "O Fundo do Poço É Sempre um Espelho Crítico". *Projeto*, n. 96, fev. 1987, p. 71-75.

MOTTA, Flávio. "Arquitetura Brasileira para a Expo'70". *Acrópole*, n. 372, 1970, p. 27-31.

NIEMEYER, Oscar. "De Pampulha ao Memorial da América Latina". *Módulo*, n. 100, mar. 1989, p. 23.

NOGUEIRA, Mauro Neves. "O Formalismo e o Pluralismo na Arquitetura Brasileira". *Projeto*, n. 97, mar. 1987, p. 95-96.

PADOVANO, Bruno. "A Arquitetura Brasileira em busca de Novos Caminhos". *AU*, n. 4, fev. 1986, p. 79-83

PEREIRA, Miguel. "Recuperar as Utopias (A Recriação do Novo)". *AU*, n. 6, jun. 1986, p. 42-45.

PETRINA, Alberto. "Modernidade na América Latina – Arquitetura Regional como Transgressão". *AU*, n. 46, fev./mar. 1993, p. 13-71.

SANT'ANNA JR., Antonio Carlos. "Entre Dois Amores, O Afeto que se Amplia". Intervenção no ciclo de debates *Novas Tendências na Arquitetura Brasileira Contemporânea. AU*, n. 13, ago./set. 1987, p. 46-47.

SEGAWA, Hugo, "Dilemas da Modernidade e da Tradição na Arquitetura Brasileira", *Projeto*, n. 131, abr./maio 1990, p. 49-50.

_____. "Tendências/Mudanças dos Arquitetos Brasileiros". *Projeto*, n. 145, set. 1991, p. 42.

_____. "Um Mal Comportado Aluno do Racionalismo". *Novos Estudos*, Cebrap, n. 32, mar. 1992, p. 209-224.

_____. "A Pesada Herança. Dilema da Arquitetura Brasileira". *Projeto*, n. 168, out. 1993, p. 85-87.

SILVA, Dalva Thomaz & ARTIGAS, Rosa Camargo. "O Produto e a Embalagem". *AU*, n. 28, fev./mar. 1990, p. 103-105.

STROETER, João Rodolfo. "Moderno/Pós (Nem Contra nem a Favor...)". *AU*, n. 13, ago./set. 1987, p. 50-54.

WAISMAN, Marina. "O Centro se Desloca para as Margens". Trad. de Anita Regina Di Marco. *Projeto*, n. 129, jan./fev. 1990, p. 73-77.

XAVIER, Alberto. "Pós-Brasília, Pós-milagre, Pós-moderno". *Módulo*, n. 82, set. 1984, p. 42-52.

ZEIN, Ruth Verde. "O Pensamento, as Críticas, os Sonhos e as Reivindicações dos Arquitetos Brasileiros". *Projeto*, n. 42, jul./ago. 1982, p. 52-62.

_____. "Arquitetura Brasileira Atual". *Projeto*, n. 42, edição especial, 1982, p. 106-159.

_____. "Arquitetura Brasileira e outras Oposições". *Projeto*, n. 50, abr. 1983, p. 33.

_____. "As Tendências e as Discussões do Pós-Brasília". *Projeto*, n. 53, jul. 1983, p. 75-85.

_____. "Nos Últimos Anos Surgem os Novos Caminhos e Tendências". *Projeto*, n. 53, jul. 1983, p. 86-126.

_____. "Sacudindo a Poeira mas Valorizando o Patrimônio". *Projeto*, n. 75, maio 1985, p. 47-61.

_____. "O Futuro do Passado, ou As Tendências Atuais". *Projeto*, n. 104, out. 1987, p. 87-114.

_____. "No Século XXI, Fim das Utopias ou sua Realização". *Projeto*, n. 129, jan./fev. 1990, p. 68-72.

OUTROS ARTIGOS
Parte I

ACAYABA, Marlene Milan. "Vilanova Artigas: Amado Mestre". *Projeto*, n. 76, jun. 1985, p. 50-54.

ALFIERI, Bruno. *Zodiac*, n. 11, maio 1960.

APRESENTAÇÃO da obra. "Este Edifício Vai Centralizar a Administração da Petrobras". *A Construção em São Paulo*, n. 1250, jan. 1972, p. 6-12.

APRESENTAÇÃO da obra. "Edifício-sede da Petrobras". C.J. *Arquitetura*, n. 3, nov./dez. 1973/jan. 1974, p. 79-82.

APRESENTAÇÃO da obra. "Estação Rodoviária. Jaú, SP". *Módulo*, ed. especial de arquitetura, mar. 1981, p. 28-31.

ARANTES, Otília. "Minimalismo? Talvez um Anacronismo". Entrevista. *Projeto*, n. 175, jun. 1994, p. 81-88.

ARTIGAS, Rosa Camargo & SILVA, Dalva Thomaz. "Sobre Brutalismo, Mitos e Bares". *AU*, n. 17, abr./maio 1988, p. 61-63.

ARTIGAS, Vilanova. Arguição na defesa de Notório Saber. Reproduzida na revista *Projeto*, n. 66, ago. 1984, p. 75-78.

_____. "Em Branco e Preto". Texto-homenagem a Carlos Millan apresentado na sala especial dedicada ao arquiteto por ocasião da VIII Bienal de São Paulo, em 1965. Reproduzido na revista *AU*, n. 17, abr./maio 1988, p. 78.

_____. "Fragmentos de um Discurso Complexo". Depoimento a Lena Coelho Santos, em 1979. *Projeto*, n. 109, abr. 1988, p. 92-94.

CORDEIRO, Renato Caporali; PENNA, Lourival Caporali & PIMENTEL, Thaís Cougo. "Conjunto JK: Estrutura de uma Utopia Urbana". *Projeto*, n. 81, nov. 1985, p. 130-133.

COSTA, Lúcio. "Entrevista". *Pampulha*, n. 1, nov./dez. 1979, p. 12-19.

DAHER, Luiz Carlos. "O Espaço Arquitetônico Brasileiro dos Últimos Vinte Anos e a Formação Profissional do Arquiteto". *Projeto*, n. 42, ed. especial, 1982, p. 90-100 (Prêmio Concurso Henrique Mindlin/1980).

FERRO, Sérgio. "Reflexões sobre o Brutalismo Caboclo". Entrevista concedida a Marlene Acayaba. *Projeto*, n. 86, abr. 1986, p. 68-70.

GUEDES, Joaquim. "Le Corbusier e a Arquitetura Paulista". Entrevista concedida a Ruth Verde Zein. *Projeto*, n. 102, ago. 1987, p. 116-118.

GUEDES, Joaquim. "Lição que não se Esgotou". Entrevista. *AU*, n. 14, out./nov. 1987, p. 54-56.

LIMA, João Filgueiras. "João Filgueiras Lima: Arquiteto – Pensamento e Obra". Entrevista. *Módulo*, n. 57, fev. 1980, p. 78-93.

MASSA, Jean. "Articulando um País Pluralista". *AU*, n. 4, fev. 1986, p. 84-89.

MIRIM, Carlos. *Módulo*, n. 57, fev. 1980.

MONDOLFO, Eduardo. "Arquitetura Pós-moderna: Hibernação Tropical – Segunda Parte". *Módulo*, n. 83, nov. 1984, p. 36-41.

MOTTA, Flávio. "Arquitetura Brasileira para a Expo'70". *Acrópole*, n. 372, 1970, p. 27-31.

NIEMEYER, Oscar. "Depoimento". *Módulo*, n. 9, fev. 1958, p. 3-4.

PEREIRA, Miguel. "Recuperar as Utopias (A Recriação do Novo)". *AU*, n. 6, jun. 1986, p. 42-45.

PESKINE, Alain & Roullé, J.-P. "Salvador de Bahia, de la capitale coloniale a la métropole du 21e siècle". *Techniques & Architecture*, n. 334, mar. 1981, p. 80-86.

SEGAWA, Hugo. "Brazilian Architecture School e Outras Medidas". *Projeto*, n. 53, Jul. 1983, p. 70-73.

Segawa, Hugo. "A Pesada Herança. Dilema da Arquitetura Brasileira". *Projeto*, n. 168, out. 1993, p. 85-87. Comunicação inicialmente apresentada no VI Seminário de Arquitetura Latino-americana, Caracas, abr. 1993, com o título "A (Pesada) Herança da Arquitetura Moderna Brasileira".

_____. "Tecnologia com Sentido Social – João Filgueiras Lima". *Projeto*, n. 187, jul. 1995, p. 60.

Telles, Sophia Silva. "Documento Paulo Mendes da Rocha. A Casa no Atlântico". *AU*, n. 60, jun./jul. 1995, p. 69-81.

Thomaz, Dalva. "Documento; Vilanova Artigas". *AU*, n. 50, out./nov. 1993, p. 77-90.

Wolf, José. "Uma Pedra no Caminho". Depoimentos de críticos e arquitetos sobre arquitetura paulista. *AU*, n. 17, abr./maio 1988, p. 49-60.

Zein, Ruth Verde. "Arquitetura Brasileira – Tendências Atuais". *Projeto*, n. 42, jul./ago. 1982, p. 115-128.

_____. "Nos Últimos Anos Surgem os Novos Caminhos e Tendências". *Projeto*, n. 53, jun. 1983, p. 86-126.

_____. "Vilanova Artigas – A Obra do Arquiteto". *Projeto*, n. 66, ago. 1984, p. 79-91.

_____. "Sacudindo a Poeira mas Valorizando o Patrimônio". *Projeto*, n. 75, abr. 1985, p. 47-62.

_____. "Terminais Urbanos: Locais de Destaque na Paisagem". *Projeto*, n. 94, dez. 1986, p. 68-73.

_____. "O Futuro do Passado, ou As Tendências Atuais". *Projeto*, n. 104, out. 1987, p. 87-114.

Parte II

Apresentação da obra. "Núcleo Habitacional do Inocoop-Cafundá". *Projeto*, n. 32, ago. 1981, p. 63-72.

Apresentação da obra. "Escritório Luiz Paulo Conde. Alfabarra: Expressão Urbana e Arquitetura Habitacional". *Projeto*, n. 71, jan. 1985, p. 86.

Apresentação da obra. "Grandes Escritórios – Luiz Paulo Conde". *Projeto*, n. 171, jan./fev. 1994, p. HI-H8.

Botti, Alberto R. "Críticas Injustas". *Projeto*, n. 26, jan. 1981, p. 30.

Bratke, Carlos. "Carta de Ouro Preto". *AU*, n. 4, fev. 1986, p. 77-78.

Camargo, Maria Inês. "Projetos e Seus Caminhos na Caatinga Baiana". *Projeto*, n. 126, out. 1989, p. 103-107.

Comas, Carlos Eduardo. "Arquitetura Brasileira: Anos 80 – Um Fio de Esperança". *AU*, n. 28, fev./mar. 1990, p. 91-97.

_____. "II Bienal Internacional de Arquitetura: Década e Meia de Arquitetura Brasileira". *AU*, n. 49, ago./set. 1993, p. 73-76.

Curtis, William J.R. "Tipos para la Nueva Ciudad Industrial". *A&V*, n. 10, 1987, p. 8-23.

Cury, Pedro. "Ainda Arquitetura Bancária". *Projeto*, n. 29, maio 1981, p. 4.

Guimaraens, Cêça. "XXIV Premiação Anual: Breves Comentários para uma Arquitetura sem Retórica". *Módulo*, n. 93, jan./fev. 1987, p. 24.

Huet, Bernard. "A Cidade como Espaço Habitável". *AU*, n. 9, dez. 1986/jan. 1987, p. 82-87.

Lemos, Carlos A. de Cerqueira. "Arquitetura Bancária e outras Artes". *Projeto*, n. 26, jan. 1981, p. 27-28.

MAGALHÃES, Sérgio. "Uma Arquitetura de Compromisso Cultural". *Projeto*, n. 94, dez. 1986, p. 44-45.

MAZZA, Márcio. "Frustações de um Premiado". Entrevista concedida a HUGO SEGAWA. *Projeto*, n. 86, abr. 1986, p. 74.

NOGUEIRA, Mauro Neves. "Novas Gerações à Procura de Espaços". *Projeto*, n. 98, abr. 1987, p. 87-89.

PADOVANO, Bruno. "A Arquitetura Brasileira em busca de Novos Caminhos". *AU*, n. 4, fev. 1986, p. 79-83.

PAMPULHA. n. 1, nov./dez. 1979, p. 23.

PEREIRA, Miguel. "Recuperar as Utopias (A Recriação do Novo)". *AU*, n. 6, jun. 1986., p. 42-45.

PINI, Sandra Maria Alaga. "Joaquim Guedes: Documento". *AU*, n. 63, dez. 1995/ jan. 1996, p. 65-75

PIRES, Cecilia. "Uma nova Linguagem no Centro Cultural São Paulo". *Projeto*, n. 40, maio 1982, p. 31-40.

PROJETO. "A Nova Arquitetura Baiana", n. 42, 1982, p. 22.

_____. "Neorracionalismo nos Trópicos". *Projeto*, n. 171, jan./fev. 1994, p. H8.

REIS, Francisco de Assis. "Manifesto de um Baiano". *AU*, n. 6, jun. 1986, p. 32-36.

_____. "Fazer Arquitetura, um Difícil Aprendizado". *Projeto*, n. 94, dez. 1986, p. 43-47.

SABBAG, Haifa Y. "Do Momento (Retrato da Produção Arquitetônica Atual Segundo 4 Autores)". *AU*, n. 4, fev. 1986, p. 25-33.

SANTOS, Cecília Rodrigues dos. "Apenas uma Cidade". *Projeto*, n. 126, out. 1989, p. 87-97.

_____. "Porque as Catedrais não Eram Brancas". *Projeto*, n. 128, dez. 1989, p. 40-49.

SEGAWA, Hugo. "O IAB-SP e Sua Premiação: Anotações Indignadas". *Projeto*, n. 86, abr. 1986, p. 72-73.

_____. "Mimetismo ou Alternativa?". *Projeto*, n. 126, out. 1989, p. 99-102.

SUBIRATS, Eduardo. "Arquitetura e Poesia: Dois Exemplos Latino-americanos". Trad. Anita Regina Di Marco. *Projeto*, n. 143, jul. 1991, p. 75-79.

TEPERMAN, Sérgio. "De como Entrar numa Polêmica. Sem Querer". *Projeto*, n. 26, jan. 1981, p. 31-32.

TOZZI, Décio. "Entrevista". *Módulo*, n. 61, nov. 1980, p. 86-93.

ZANETTINI, Siegbert. "Arquitetura Bancária assim como todas as Artes". *Projeto*, n. 26, jan. 1981, p. 29-30.

ZEIN, Ruth Verde. "Centro Cultural São Paulo: Percorrendo Novas Dimensões". *Projeto*, n. 58, dez. 1983, p. 24-25.

_____. "Nem Ordem-Unida, Nem Eixo Monumental". *Projeto*, n. 86, abr. 1986, p. 71.

_____. "Fábrica da Pompeia, para Ver e Aprender". *Projeto*, n. 92, out. 1986, p. 44-55.

_____. "O Futuro do Passado, ou As Tendências Atuais". *Projeto*, n. 104, out. 1987, p. 87-114.

_____. "Razão e Paixão". *Projeto*, n. 126, out. 1989, p. 108.

_____. "Círculo de Giz....". *Projeto*, n. 139, mar. 1991, p. 23-24.

Parte III

APRESENTAÇÃO da obra. "O Complexo Têxtil da Hering do Nordeste S/A Malhas". *Projeto*, n. 46, dez. 1982, p. 51-69.

APRESENTAÇÃO da obra. "Estação Largo 13 de Maio". *Projeto*, n. 76, jun. 1985, p. 66-67.

APRESENTAÇÃO da obra. "Campus da Universidade do Amazonas". *Projeto*, n. 83, jan. 1986, p. 50-58.

APRESENTAÇÃO da obra (Plaza Shopping). "Centro Comercial Adapta-se ao Entorno e Facilita Expansão". *Projeto*, n. 99, maio 1987, p. 43-45.

APRESENTAÇÃO do projeto. "Escola de Formação Profissional Senac-São José dos Campos". *AU*, n. 23, abr./maio 1989, p. 106-107.

APRESENTAÇÃO do projeto. "Memorial do Anteprojeto Vencedor: Pavilhão do Brasil na Expo'92 Sevilha". *Projeto*, n. 138, fev. 1991, p. 40.

APRESENTAÇÃO da obra. "Senac São José dos Campos. Central de Projetos". *AU*, n. 45, dez. 1992/jan. 1993, p. 43-46.

ARANTES, Otília Beatriz Fiori, "Minimalismo? Talvez um Anacronismo". Entrevista. *Projeto*, n. 175, jun. 1994, p. 81-83.

BARDI, Pietro Maria. "O Jogo dos Estilos". *Projeto*, n. 92, out. 1986, p. 78.

BARELLI, Suzana. "A Polêmica de Sevilha e os Premiados no Concurso do Pavilhão do Brasil". *Projeto*, n. 139, mar. 1991, p. 62-63.

BERMAN, Marshall. "Marshall Berman: Para se Viver a Cidade". Entrevista concedida a Sérvulo Donizete Antunes. *AU*, n. 14, out./nov. 1987, p. 78-80.

BUCHANAN, Peter. "With Due Respect: Regionalism". *The Architecture Review* 173, n. 1035, maio 1983, p. 15-16.

CASÉ, Paulo. "Interpretação de um Instante Cultural". *AU*, n. 42, jun./jul. 1992, p. 31.

COLQUHOUN, Alan. "O Conceito de Regionalismo". *Projeto*, n. 159, dez. 1992, p. 75-78.

COMAS, Carlos Eduardo Dias. "Nemours-sur-Tietê, ou A Modernidade de Ontem". *Projeto*, n. 89, jul. 1986, p. 90-93.

_____. "Arquitetura Brasileira: Anos 80 – Um Fio de Esperança". *AU*, n. 28, fev./mar. 1990, p. 91-97.

_____. "Da Atualidade de Seu Pensamento". *AU*, n. 38, out/nov. 1991, p. 69-74.

_____. "O Esgotamento do Regionalismo". *AU*, n. 48, jun./jul. 1993, p. 25.

_____. "II Bienal Internacional de Arquitetura: Década e Meia de Arquitetura Brasileira". *AU*, n. 49, ago./set. 1993, p. 73-76.

CONDE, Luiz Paulo; NOGUEIRA, Mauro; ALMADA, Mauro & SOUZA, Eleonora Figueiredo de. "Protomodernismo em Copacabana". *AU*, n. 16, fev./mar. 1988, p. 68-75.

COSTA, Lúcio. "Entrevista". *Pampulha*, n. 1, nov./dez. 1979, p. 12-19.

_____. "Lúcio Costa: A Vanguarda Permeada com a Tradição". Entrevista concedida a Hugo Segawa. *Projeto*, n. 104, out. 1987, p. 145-154.

COX, Cristián Fernandez. "Modernidade Apropriada, Revisada e Reencantada". Trad. Anita Regina Di Marco. *Projeto*, n. 146, out. 1991, p. 123-127.

_____. "Arquitetura da Transmodernidade na América Latina. Trad. Ruth Verde Zein. *Projeto*, n. 188, ago. 1995 p. 32-46.

CZAJKOWSKI, Jorge. "Um Equacionamento Complexo". *AU*, n. 17, abr./maio 1988, p. 34.

DAHER, Luís Carlos. "A Linguagem do Arquiteto: O Croqui". Texto originalmente publicado no catálogo da exposição (Museu Lasar Segall, 1984)
e republicado na revista *Projeto*, n. 99, maio 1987, p. 95-97.

FRAMPTON, Kenneth. "Anti-tabula Rasa: Verso un Regionalismo Crítico". *Casabella*, Milão, n. 500, mar. 1984, p. 22-25.

_____. "El Regionalismo Crítico: Arquitectura Moderna e Identidad Cultural".
A&V Monografias de Arquitectura y Vivienda, n. 3, 1985, p. 20-25.

FRAMPTON, Kenneth. "Homenagem a Niemeyer". *AU*, n. 15, dez. 1987/jan.
1988, p. 58-59.

FRASCINO, Tito Lívio. "Reflexões sobre a Arquitetura". *Projeto*, n. 42, edição
especial, 1982, p. 88-89.

GAUDENZI, Luiz Américo. "Alguém Foi Desrespeitado?". *Projeto*, n. 140, abr.
1991, p. 10-12.

GUEDES, Joaquim. "Le Corbusier e a Arquitetura Paulista". Entrevista concedida a Ruth Verde Zein. *Projeto*, n. 102, ago. 1987, p. 116-118.

GUIMARAENS, Cêça de. "XXIV Premiação Anual: Breves Comentários para
uma Arquitetura sem Retórica". *Módulo*, n. 93, jan./fev. 1987, p. 24.

GULLAR, Ferreira. "Amanhã Será Pleno", *AU*, n. 15, dez. 1987/jan. 1988, p.
31-41.

KIEFER, Flávio. "O Que Há Contigo, Arquitetura Brasileira?". *Projeto*, n. 140,
abr. 1991, p. 10.

KUJAWSKI, Gilberto de Mello. "Niemeyer Flutua na Luz". *O Estado de S.
Paulo*, 27 ago. 1998.

LIMA, João Filgueiras. "Depoimento". *AU*, n. 11, abr./maio 1987, p. 24.

_____. "A Serviço do Bem e do Mal". Entrevista concedida a Bené Simões.
AU, n. 11, abr./maio 1987, p. 18-23.

MAHFUZ, Edson da Cunha. "O Clássico, o Poético e o Erótico". *AU*, n. 15,
dez. 1987/jan. 1988, p. 60-68.

_____. "Do Minimalismo e da Dispersão como Método Projetual". *AU*, n. 24,
jun./jul. 1989, p. 42-47.

MASSA, Jean. "Articulando um País Pluralista". *AU*, n. 4, fev. 1986, p. 84-89.

MAZZA, Márcio. "Vertiginosa Ascensão ao Anonimato ou Lânguida Preguiça".
Projeto, n. 140, abr. 1991, p. 12-14.

MEDEIROS, Heloisa. "Central de Projetos – Traço livre". *AU*, n. 23, abr./maio
1989, p. 102-105.

MONTANER, Josep Maria. "La Búsqueda de una Arquitectura Nacional". *A&V
Monografias de Arquitectura y Vivienda*, n. 3, 1985, p. 60-63.

_____. "Minimalismo: O Essencial como Norma". *Projeto*, n. 175, jun. 1994,
p. 36-44.

NIEMEYER, Oscar. "Forma e Função em Arquitetura". *Módulo*, n. 21, dez.
1960, p. 3.

_____. "Centro Administrativo de Pernambuco". *Módulo*, n. 58, abr./maio
1980, p. 62-75.

_____. "De Pampulha ao Memorial da América Latina". *Módulo*, n. 100, mar.
1989, p. 23.

_____. "Ato de Fé e Solidariedade". *Projeto*, n. 120, abr. 1989, p. 66.

NOBRE, Ana Luiza. "Sesc-Nova Iguaçu: Matriz Popular". *AU*, n. 42, jun./jul.
1992, p. 24-31.

NOGUEIRA, Mauro Neves. "O Formalismo e o Pluralismo na Arquitetura Brasileira". *Projeto*, n. 97, mar. 1987, p. 95-96.

_____. "Novas Gerações à Procura de Espaços". *Projeto*, n. 98, abr. 1987, p.
87-89.

_____. "Considerações sobre o Concurso Sesc-Nova Iguaçu". *Projeto*, n. 190, out. 1995, p. 60-62.

OLIVEIRA, Nildo Carlos. "A Cidade se Apropria das Raízes, Espaço e Cor da Nova Arquitetura". *Projeto*, n. 97, mar. 1987, p. 64-71.

PADOVANO, Bruno. "A Arquitetura Brasileira em busca de Novos Caminhos". *AU*, n. 4, fev. 1986, p. 79-83.

_____. "Lição de Coisas: Lugar e Técnica". Entrevista. Texto de Ruth Verde Zein & Guilherme Mazza Dorado (colaborador), *Projeto*, n. 153, jun. 1992, p. 30-47.

PEDREIRA, Lívia Álvares. "De Olho na Rua". *AU*, n. 8, out./nov. 1986, p. 34-36.

PETRINA, Alberto. "Uma Inspiração Latino-americana". Trad. Laila Massuh. *AU*, n. 38, out./nov. 1991, p. 61-68.

PIGNATARI, Décio. "Entre o Erudito e o Popular. *'Kitsch* é ser Mies'". Entrevista concedida a Haifa Y. Sabbag. *AU*, n. 8, out./nov. 1986, p. 48-51.

PROJETO. "É Preciso Sacudir a Poeira, Criticar, Discutir, se Encontrar", n. 42, edição especial, 1982, p. 78-89.

_____. "Premiação IAB-RJ: No Centro Empresarial Rio, A Entrega dos Prêmios", n. 95, jan. 1987, p. 32-37.

_____. "Museu da Escultura Enterra a Ideia de um Shopping nos Jardins". *Jornal Projeto*, n. 97, mar. 1997, p. 118-119.

_____. "Originalidade como Inquietação", n. 182, jan./fev. 1995, p. J8.

REIS, Assis. "Manifesto de um Baiano". *AU*, n. 6, jun. 1986, p. 32-36.

RIBEIRO, Darcy. Entrevista concedida a José Wolf. *AU*, n. 24, jun./jul. 1989, p. 56-57.

ROCHA, Paulo Mendes da. "Um Museu no Subsolo, para Reunir as Esculturas da Cidade". *Projeto*, n. 109, abr. 1988, p. 38-40.

SABBAG, Haifa Y. "Aço Rompe Linguagem Tradicional". *AU*, n. 16, fev./mar. 1988, p. 30-45.

_____. "Quando o Espaço É Personagem". *AU*, n. 17, abr./maio 1988, p. 24-35.

_____. "Na Fronteira da Realidade". *AU*, n. 22, fev./mar. 1989, p. 26-37.

SANT'ANNA JR. Antonio Carlos, "Residência dos Padres Claretianos". *Projeto*, n. 137, dez. 1990/jan. 1991, p. 30-34.

SAWAYA, Sylvio. "Com a Simplicidade do Gesto". *AU*, n. 15, dez. 1987/jan. 1988, p. 51.

SEGAWA, Hugo. "Uma Casa de Lúcio Costa". *Projeto*, n. 104, out. 1987, p. 115-120.

_____. "Liberdade nas Curvas e um Ponto de Inflexão". *Projeto*, n. 125, set. 1989, p. 76.

_____. "Dilemas da Modernidade e da Tradição na Arquitetura Brasileira". *Projeto*, n. 131, abr./maio 1990, p. 49-50.

_____. "Pavilhão do Brasil em Sevilha: Deu em Vão". *Projeto*, n. 138, fev. 1991, p. 34-38.

_____. "Ibero-América dos Outros". *Projeto*, n. 156, set. 1992, p. 76-79.

_____. "Severiano Porto: La Sfida dell'Amazzonia". *Spazio e Società*, n. 61, jan./mar. 1993, p. 8-17.

_____. "Resíduo da Utopia. O Desenho e a Tecnologia Minimalistas de Joan Villá". *Projeto*, n. 162, abr. 1993, p. 48-49.

_____. "Arquitetura Modelando a Paisagem". *Projeto*, n. 183, mar. 1995, p. 32-37.

_____. "Tecnologia com Sentido Social – João Filgueiras Lima". *Projeto*, n. 187, jul. 1995, p. 60.

SILVA, Maria Angélica da. "As Casas da Memória". *AU*, n. 38, out./nov. 1991, p. 78-85.

SOUZA, Ricardo Christiano de. "Verdade, Brasilidade, Modernidade". *AU*, n. 38, out./nov. 1991, p. 75-77.

STROETER, João Rodolfo. "Nenhuma Concessão". *AU*, n. 16, fev./mar. 1988, p. 41.

SUBIRATS, Eduardo. "Arquitetura e Poesia: Dois Exemplos Latino-americanos". Trad. Anita Regina Di Marco. *Projeto*, n. 143, jul. 1991, p. 75-79.

TELLES, Sophia. "Museu da Escultura". *AU*, n. 32, out./nov. 1990, p. 44-51.

TOCA F., Antonio. "Do Desconcerto à Certeza: Teses para uma Arquitetura Regional". *AU*, n. 17, abr./maio 1988, p. 88-94.

TOSCANO, João Walter. "A Arquitetura e o Emprego do Aço". *Projeto*, n. 95, jan. 1987, p. 71-74.

TZONIS, Alex & LEFAIVRE, Liane. "El Regionalismo Crítico y la Arquitectura Espanola Actual". *A & V Monografias de Arquitectura y Vivienda*, n. 3, 1985, p. 4-19.

VILLA, Joan. "Singular, Plural". *AU*, n. 22, fev./mar. 1989, p. 35.

_____. "A Periferia Impregnada de Arquitetura". Entrevista concedida a Denise Yamashiro; Guilherme Mazza Dorado & Hugo Segawa. *Projeto*, n. 162, abr. 1993, p. 50-58.

WAISMAN, Marina. "O Centro se Desloca para as Margens". Trad.de Anita Regina Di Marco. *Projeto*, n. 129, jan./fev. 1990, p. 73-77.

WOLF, José. "Escritório Hans Broos". *AU*, n. 50, out./nov. 1993, p. 93-100.

_____. "Escritório James Lawrence P. Vianna e Equipe". *AU*, n. 57, dez. 1994/ jan. 1995, p. 85-87.

XAVIER, Alberto. "A Trajetória de um 'Maquis'". *AU*, n. 1, jan. 1985, p. 20-21.

ZEIN, Ruth Verde. "Prêmio IAB-SP para a Hering Nordeste". *Projeto*, n. 60, fev. 1984, p. 30-33.

_____. "Um Arquiteto Brasileiro: Severiano Mário Porto". *Projeto*, n. 83, jan. 1986, p. 44-45.

_____. "Nem Ordem-Unida, Nem Eixo Monumental". *Projeto*, n. 86, abr. 1986, p. 71.

_____. "Fábrica da Pompeia, para Ver e Aprender". *Projeto*, n. 92, out. 1986, p. 44-55.

_____. "Terminais Urbanos: Locais de Destaque na Paisagem". *Projeto*, n. 94, dez. 1986, p. 68-73.

_____. "Construir a Identidade, com Diversidade". *Projeto*, n. 96, fev. 1987, p. 56-57.

_____. "Da Verdade Estrutural à Expressão Formal". *Projeto*, n. 97, mar. 1987, p. 63.

_____. "O Futuro do Passado, ou As Tendências Atuais". *Projeto*, n. 104, out. 1987, p. 87-114.

_____. "Uma Polêmica que não Interessa". *Projeto*, n. 116, nov. 1988, p. 64.

_____. "Descubra os Sete Erros". *Projeto*, n. 120, abr. 1989, p. 72-73.

_____. "No Século XXI: Fim das Utopias ou Sua Realização?". *Projeto*, n. 129, jan./fev. 1990, p. 68-72.

_____. "Centro Empresarial Terra Brasilis". *Projeto*, n. 137, dez. 1990/jan. 1991, p. 62-65.

Parte IV

APRESENTAÇÃO da obra (Ática shopping cultural). "Transparência da Fachada e Vazio do Átrio Valorizam Edifício Pensado como Extensão da Praça e da Cidade". *Projeto*, n. 210, jul. 1997, p. 40-47.

AZEVEDO, Ricardo Marques de. "Acerca da Modernidade". *AU*, n. 4, fev. 1986, p. 73-76.

CASÉ, Paulo. "Interpretação de um Instante Cultural". *AU*, n. 42, jun./jul. 1992, p. 31.

COMAS, Carlos Eduardo Dias. "Nemours-sur-Tietê, ou A Modernidade de Ontem". *Projeto*, n. 89, jul. 1986, p. 90-93.

_____. "O Espaço da Arbitrariedade". *Projeto*, n. 91, set. 1986, p. 127-130.

_____. "Ideologia Modernista y Ensenanza del Proyecto Arquitectónico: Dos Proposiciones en Conflicto". *Ideas en Arte y Tecnologia 5*, Buenos Aires, Universidade de Belgrano.

_____. "Arquitetura Brasileira: Anos 80 – Um Fio de Esperança". *AU*, n. 28, fev./mar. 1990, p. 91-97.

_____. "II Bienal Internacional de Arquitetura: Década e Meia de Arquitetura Brasileira". *AU*, n. 49, ago./set. 1993, p. 73-76.

COUTO, Edgard Tadeu Dias do. "O Novo em Espaços Urbanos Significativos". *Projeto* , n. 158, nov. 1992, p. 52-55.

MAHFUZ, Edson. "Muita Construção, Pouca Arquitetura". *AU*, n. 32, out./nov. 1990, p. 62-63.

ROCHA, Paulo Mendes da. "Recordações Singelas de uma Singela Casa". *Projeto*, n. 125, set. 1989, p. 89.

SILVA, Dalva Thomas & ARTIGAS, Rosa Camargo. "O Produto e a Embalagem". *AU*, n. 28, fev./mar. 1990, p. 103-105.

ZEIN, Ruth Verde. "Terminais Urbanos: Locais de Destaque na Paisagem". *Projeto*, n. 94, dez. 1986, p. 68-73.

_____. "O Futuro do Passado, ou As Tendências Atuais". *Projeto*, n. 104, out. 1987, p. 87-114.

_____. "No Século XXI: Fim das Utopias ou Sua Realização?". *Projeto*, n. 129, jan./fev. 1990, p. 68-72.

ARQUITETURA NA PERSPECTIVA

Este livro foi impresso na cidade de Cotia,
nas oficinas da Meta Brasil, para a Editora Perspectiva.